"十三五"国家重点出版物出版规划项目

|文|化|建|设|卷|

中国文化遗产保护与利用

CONSERVATION AND UTILIZATION OF CULTURAL HERITAGE IN CHINA

肖 波 等著

中国财经出版传媒集团
经济科学出版社
Economic Science Press

图书在版编目（CIP）数据

中国文化遗产保护与利用/肖波等著.—北京：经济科学出版社，2020.1（2022.9重印）

（中国道路·文化建设卷）

ISBN 978－7－5218－1211－4

Ⅰ.①中… Ⅱ.①肖… Ⅲ.①文化遗产－保护－研究－中国 Ⅳ.①K203

中国版本图书馆 CIP 数据核字（2020）第 021812 号

责任编辑：宋　涛
责任校对：郑淑艳　蒋子明
责任印制：李　鹏

中国文化遗产保护与利用

肖　波　等著

经济科学出版社出版、发行　新华书店经销
社址：北京市海淀区阜成路甲 28 号　邮编：100142
总编部电话：010－88191217　发行部电话：010－88191522
网址：www.esp.com.cn
电子邮件：esp@esp.com.cn
天猫网店：经济科学出版社旗舰店
网址：http：//jjkxcbs.tmall.com
北京季蜂印刷有限公司印装
710×1000　16 开　20 印张　260000 字
2020 年 3 月第 1 版　2022 年 9 月第 2 次印刷
ISBN 978－7－5218－1211－4　定价：66.00 元
（图书出现印装问题，本社负责调换．电话：010－88191510）
（版权所有　侵权必究　打击盗版　举报热线：010－88191661
QQ：2242791300　营销中心电话：010－88191537
电子邮箱：dbts@esp.com.cn）

《中国道路》丛书编委会

顾　　　问：魏礼群　马建堂　许宏才

总　主　编：顾海良

编委会成员：（按姓氏笔画为序）
　　　　　　马建堂　王天义　吕　政　向春玲
　　　　　　汪林平　陈江生　季正聚　季　明
　　　　　　竺彩华　周法兴　赵建军　逄锦聚
　　　　　　姜　辉　顾海良　高　飞　黄泰岩
　　　　　　傅才武　曾　峻　魏礼群　魏海生

文化建设卷

主　　　编：傅才武

《中国道路》丛书审读委员会

主 任：吕 萍

委 员：李洪波　陈迈利　柳　敏　樊曙华
　　　　刘明晖　孙丽丽　胡蔚婷

总　　序

　　中国道路就是中国特色社会主义道路。习近平总书记指出，中国特色社会主义这条道路来之不易，它是在改革开放三十多年的伟大实践中走出来的，是在中华人民共和国成立六十多年的持续探索中走出来的，是在对近代以来一百七十多年中华民族发展历程的深刻总结中走出来的，是在对中华民族五千多年悠久文明的传承中走出来的，具有深厚的历史渊源和广泛的现实基础。

　　道路决定命运。中国道路是发展中国、富强中国之路，是一条实现中华民族伟大复兴中国梦的人间正道、康庄大道。要增强中国道路自信、理论自信、制度自信、文化自信，确保中国特色社会主义道路沿着正确方向胜利前进。《中国道路》丛书，就是以此为主旨，对中国道路的实践、成就和经验，以及历史、现实与未来，分卷分册做出全景式展示。

　　丛书按主题分作十卷百册。十卷的主题分别为：经济建设、政治建设、文化建设、社会建设、生态文明建设、国防与军队建设、外交与国际战略、党的领导和建设、马克思主义中国化、世界对中国道路评价。每卷按分卷主题的具体内容分为若干册，各册对实践探索、改革历程、发展成效、经验总结、理论创新等方面问题做出阐释。在阐释中，以改革开放四十多年伟大实践为主要内容，结合新中国成立七十年的持续探索，对中华民族近代以来发展历程以及悠久文明传承的总结，既有强烈的时代感，又有深刻的历史感召力和面向未来的震撼力。

丛书整体策划，分卷作业。在写作风格上，注重历史和现实相贯通、国际和国内相关联、理论和实际相结合，对中国道路的重大理论和实践问题做出探索；注重对中国道路的实践经验、理论创新做出求实、求真的阐释；注重对中国道路做出富有特色的、令人信服的国际表达；注重对中国道路为发展中国家走向现代化的途径、为解决人类问题所贡献的中国智慧和中国方案的阐释。

在新中国成立特别是改革开放以来我国发展取得的重大成就基础上，近代以来久经磨难的中华民族实现了从站起来、富起来到强起来的历史性飞跃，焕发出强大生机活力，迈进中国特色社会主义道路发展的新时代。在新时代建设社会主义现代化强国的新的历史征程中，中国财经出版传媒集团经济科学出版社、中国特色社会主义经济建设协同创新中心精心策划、组织编写《中国道路》丛书有着更为显著的、重要的理论意义和现实意义。

《中国道路》丛书 2015 年策划启动，2017 年开始陆续推出。丛书 2016 年列入"十三五"国家重点出版物出版规划项目、主题出版规划项目。丛书第一批，2017 年列入国家"90 种迎接党的十九大精品出版选题"；2018 年获国家出版基金资助，作为馆藏图书被大英图书馆收藏；2019 年被中宣部遴选为"书影中的 70 年·新中国图书版本展"参展图书，并入选国家社科基金中华学术外译项目推荐选题目录。丛书第二批于 2019 年陆续推出。

《中国道路》丛书编委会
2019 年 9 月

目 录

绪　论　中国文化遗产保护与利用的历史轨迹 …………… 1
　　一、文化遗产的内涵与外延　/　1
　　二、中国文化遗产事业的发展脉络　/　14

第一章　中国文化遗产保护的历史进程 ………………… 26
　　一、不可移动文物发掘与保护　/　27
　　二、可移动文物管理与博物馆建设　/　67
　　三、非物质文化遗产保护　/　84

第二章　中国文化遗产利用的进程与模式 …………… 99
　　一、文化遗产利用的背景与内在逻辑　/　99
　　二、遗产利用的历史进程　/　103
　　三、遗产利用的模式　/　142

第三章　中国文化遗产管理体制的变迁 ……………… 162
　　一、遗产管理的奠基　/　162
　　二、遗产管理的开放与转型　/　219
　　三、遗产管理的创新与创意　/　241

第四章 中国文化遗产事业的成就、经验与前景……… 260
  一、成就、经验与问题 / 260
  二、新使命、新任务与前景展望 / 281

附表 / 297
  附表1 中国文物管理机构变迁 / 297
  附表2 中国非物质文化遗产管理机构组成 / 301
  附表3 中国重要文物政策文件一览 / 302
  附表4 中国重要非遗政策文件一览 / 308

后记 / 310

绪 论

中国文化遗产保护与利用的历史轨迹

文化遗产是历史留给我们的宝贵财富，我国丰富的文化遗产蕴含着中华民族特有的精神价值、思维方式和无尽的想象力，体现着中华民族的生命力和创造力，是中华民族智慧的结晶，也是全人类文明的瑰宝。我国对文化遗产的保护和利用，经历了长时期的实践探索，在不断的尝试和努力下，积累经验，循序渐进，逐步形成了具有中国特色的文化遗产保护利用之路，为世界文化的繁荣发展做出了杰出贡献。

一、文化遗产的内涵与外延

"文化遗产是物质文化遗产与非物质文化遗产的总称，是人类创造的具有历史、艺术和科学价值的物体，以及某一族群世代相传的、反映其特殊生活方式的知识、实践等传统文化形式"[①]。从存在形态上划分，文化遗产主要有两类：物质文化遗产（有形文化遗产）和非物质文化遗产（无形文化遗产）。

[①] 王云霞：《文化遗产的概念与分类探析》，中国社会科学网，2011年7月21日，http://www.cssn.cn/mzx/shwh/201310/t20131025_564566.shtml。

（一）从文物到文化遗产

1. 文物。

"文物"一词具有更悠久的历史，往往用来代表中华民族优秀的历史遗存。最初的"文"和"物"并不是连在一起使用，"文"指纹饰、纹理、文字、文章、美德、才学、文献、文字等，"物"本意指万物，又指牲畜的种类、事件、他人、标记、记号、社会环境等。"文物"一词连用首见于《左传》①。古代的"文物"含义与今日并不相同，往往用来代表礼器、祭器、前代遗物等。新中国成立以后，我国文物事业逐步发展，文物一词的内涵逐渐明晰。1961年国务院发布《文物保护管理暂行条例》，规定"文物"的范围为：

（1）与重大历史事件、革命运动和重要人物有关的、具有纪念意义和历史价值的建筑物、遗址、纪念物等；（2）具有历史、艺术、科学价值的古文化遗址、古墓葬、石窟寺、石刻等；（3）各时代有价值的艺术品、工艺美术品；（4）革命文献资料以及具有历史、艺术和科学价值的古旧图书资料；（5）反映各时代社会制度、社会生产、社会生活的代表性实物。②

1993年出版的《中国大百科全书——文物博物馆》卷将文物定义为"人类社会历史发展进程中遗留下来的、由人类创造或者与人类活动有关的一切有价值的物质遗存的总称。③"这一概念明确了文物的基本特征，即文物必须是由人类创造的或与人类活动相关的，并且已经成为历史，不可再创造的有价值的遗存物。

---

① 刘世锦、林家彬等：《中国文化遗产事业发展报告》，社会科学文献出版社2008年版，第82页。
② 《文物保护管理暂行条例》，载于《文物》1961年第Z1期。
③ 《中国大百科全书——文物博物馆卷》，中国大百科全书出版社1993年版，第2页。

绪　论　中国文化遗产保护与利用的历史轨迹

1982年，中华人民共和国第五届全国人民代表大会常务委员会第二十五次会议通过并颁布了《文物保护法》，是新中国成立以来第一部文物保护法。此后，经过多次修正，基本延续了《文物保护管理暂行条例》对文物的范围划定，并与时俱进地扩大文物的外延。2002年颁布的《文物保护法》相对于《文物保护管理暂行条例》而言，增加了历史文化名城（镇、村），"文物"涵盖了可移动和不可移动的一切历史文化遗存[①]。2017年修订的《中华人民共和国文物保护法》对"文物"的范畴做出了明确的界定，从法律角度具体列举了以下几类：

（1）具有历史、艺术、科学价值的古文化遗址、古墓葬、古建筑、石窟寺和石刻、壁画；（2）与重大历史事件、革命运动或者著名人物有关的以及具有重要纪念意义、教育意义或者史料价值的近代现代重要史迹、实物、代表性建筑；（3）历史上各时代珍贵的艺术品、工艺美术品；（4）历史上各时代重要的文献资料以及具有历史、艺术、科学价值的手稿和图书资料等；（5）反映历史上各时代、各民族社会制度、社会生产、社会生活的代表性实物。具有科学价值的古脊椎动物化石和古人类化石同文物一样受国家保护。[②]

2. 文化遗产。

文化遗产是一个国际性的概念。1985年，我国加入《保护世界文化和自然遗产公约》，文化遗产的概念被引入国内，并在长期的发展中逐渐为大众熟知。1972年，联合国教科文组织通过《保护世界文化和自然遗产公约》（以下简称《公约》），该《公约》将"文化遗产"分为"古迹""建筑群""遗址"三大类，其中：（1）古迹：从历史、艺术或科学角度看，具有突出

[①] 《中华人民共和国文物保护法（2002）》，法律法规网，2002年10月28日，https://code.fabao365.com/law_11740.html。

[②] 《中华人民共和国文物保护法（2017）》，国家文物局网，2017年11月28日，http://www.sach.gov.cn/art/2017/11/28/art_2237_7230.html。

的普遍价值的建筑物、碑雕和碑画、具有考古性质的成分或构造物、铭文、窟洞以及景观的联合体；（2）建筑群：从历史、艺术或科学角度看，在建筑式样、分布均匀或与环境景色结合方面具有突出的普遍价值的单立或连接的建筑群；（3）遗址：从历史、审美、人种学或人类学角度看，具有突出的普遍价值的人类工程或自然与人的联合工程以及包括有考古地址的区域[①]。该《公约》的颁布，旨在保护对全人类具有突出普遍价值的文化和自然遗产，让保护文化遗产的理念开始向全世界传播，文化遗产的保护意识开始增强。1976年11月，世界遗产委员会成立，开始受理缔约国提出的《世界遗产名录》提名申请，并每年举行一次会议进行审核，主要确定哪些遗产可以录入《世界遗产名录》。我国于1985年正式加入《保护世界文化和自然遗产公约》，并于1987年将长城、北京故宫、莫高窟、秦始皇陵、泰山、周口店北京人遗址6个遗产项目申报列入《世界遗产名录》，是我国文化遗产事业的成功开端。

3. 从文物到文化遗产。

在我国，"文物"一词得到更普遍的应用，往往指物质文化遗产。直到2005年，国务院出台《关于加强文化遗产保护的通知》（以下简称《通知》），首次在国家级文件里使用"文化遗产"一词，第一次从官方的角度明确了有中国特色的文化遗产的概念。该《通知》的发布，"加快了中国从'文物保护'走向'文化遗产保护'的发展进程，呈现出新的发展趋势。文化遗产事业的内涵逐渐深化，注重其在全球化背景下，保持文化多样性和民族独立性的重要作用，文化遗产事业的领域不断扩大，并由此引发了其要素、类型、空间、时间、性质、形态等各方面的深

[①] 联合国：《保护世界文化和自然遗产公约》，法律图书馆网，1972年11月12日，http://www.law-lib.com/law/law_view.asp?id=95300。

绪 论 中国文化遗产保护与利用的历史轨迹

刻变革"①。

《通知》明确了文化遗产包括物质文化遗产和非物质文化遗产。其中物质文化遗产是指具有历史、艺术和科学价值的文物,包括古遗址、古墓葬、古建筑、石窟寺、石刻、壁画、近代现代重要史迹及代表性建筑等不可移动文物,历史上各时代的重要实物、艺术品、文献、手稿、图书资料等可移动文物,以及在建筑式样、分布均匀或与环境景色结合方面具有突出普遍价值的历史文化名城(街区、村镇)。

与《保护世界文化和自然遗产公约》相比,我国文化遗产的概念,既有借鉴和遵循,又根据我国特点做出了区别,使之更符合我国的实际国情。我国文化遗产丰富多样,世界文化遗产数量不断增加。2019年7月6日,良渚古城遗址列入《世界遗产名录》。至此,我国世界遗产总数达到55处,其中世界文化遗产37处(见表0-1)、世界自然遗产14项、世界文化与自然双重遗产4项(见表0-2),总数与意大利并列世界第一。

表0-1　　　　　　　　我国世界文化遗产名单

遗产地	列入年份	遗产地	列入年份
周口店北京人遗址	1987	明清故宫(北京故宫、沈阳故宫)	1987、2004
秦始皇陵及兵马俑坑	1987	莫高窟	1987
长城	1987	承德避暑山庄及周围寺庙	1994
拉萨布达拉宫历史建筑群	1994、2000、2001	曲阜孔庙、孔林和孔府	1994
武当山建筑群	1994	庐山国家公园	1996
丽江古城	1997	平遥古城	1997

---

① 单霁翔:《留住城市文化的"根"与"魂":中国文化遗产保护的探索与实践》,科学出版社2010年版,第69页。

续表

遗产地	列入年份	遗产地	列入年份
苏州古典园林	1997、2000	北京皇家园林——颐和园	1998
北京皇家祭坛——天坛	1998	大足石刻	1999
明清皇家陵寝	2000、2003、2004	皖南古村落——西递、宏村	2000
青龙山——都江堰	2000	龙门石窟	2000
云冈石窟	2001	高句丽王城、王陵及贵族墓葬	2004
澳门历史城区	2005	殷墟	2006
开平碉楼与村落	2007	福建土楼	2008
五台山	2009	登封"天地之中"历史古迹	2010
杭州西湖文化景观	2011	元上都遗址	2012
红河哈尼梯田文化景观	2013	丝绸之路：长安—天山廊道的路网	2014
中国大运河	2014	土司遗址	2015
左江花山岩画	2016	鼓浪屿历史国际社区	2017
良渚古城遗址	2019		

资料来源：世界遗产中心网，http：//whc.unesco.org/zh/list/，多个时间点，第一时间为注册时间，其余为扩增部分时间。

表 0-2　　我国世界自然与文化双重遗产名单

遗产地	列入年份	遗产地	列入年份
泰山	1987	黄山	1990
峨眉山——乐山大佛	1996	武夷山	1999

（二）非物质文化遗产

文化遗产的另一个重要部分是非物质文化遗产。自《保护世界文化和自然遗产公约》公布以来，物质文化遗产保护工作大力推进。同样珍贵的通过口头流传的技艺、民俗、传统等不具物质实体形态的伟大创造，面临流失、消亡的危险，对这类遗产的保护同样迫切。1989 年 11 月，联合国教科文组织第 25 届大会通过《关于保护传统文化和民俗的建议》，要求成员方意识到传统文化、民俗等重要文化资源的珍贵性，采取措施实施保护。随后开展了遴选"人类口头与非物质遗产代表作"的工作。1998 年公布了《宣布人类口头和非物质遗产代表作条例（1998）》，该条例旨在鼓励各国政府、各非政府组织和各地方社区开展鉴别、保护和利用其口头和非物质遗产的活动。条例中规定：

"口头和非物质遗产"一词的定义是指"来自某一文化社区的全部创作，这些创作以传统为依据、由某一群体或一些个体所表达并被认为是符合社区期望的作为其文化和社会特性的表达形式；其准则和价值通过模仿或其他方式口头相传，它的形式包括：语言、文学、音乐、舞蹈、游戏、神话、礼仪、习惯、手工艺、建筑术及其他艺术。"除了这些例子以外，还将考虑传播与信息的传统形式[①]。

基于这一系列的工作基础，2003 年 10 月，联合国教科文组织第 32 届大会通过《保护非物质文化遗产公约》（以下简称《公约》），旨在保护以传统、口头表述、节庆礼仪、手工技能、音乐、舞蹈等为代表的非物质文化遗产。该《公约》将"口头与非物质文化遗产""传统文化与民俗"等正式定义为非物质文化遗产，第一次明确了非物质文化遗产的定义：

非物质文化遗产指被各群体、团体，有时是个人，视为其文化遗产组成部分的各种社会实践、观念表述、表现形式、知识、技能以及相关的工具、实物、手工艺品和文化场所。这种非物质文化遗产世代相传，在各社区和群体适应周围环境以及与自然和

---

① 联合国教科文组织：《宣布人类口头和非物质遗产代表作条例（1998）》，非物质文化遗产网，2010 年 4 月 21 日，http：//www.ihchina.cn/zhengce_details/15719。

历史的互动中，被不断地再创造，为这些社区和群体提供认同感和持续感，从而增强对文化多样性和人类创造力的尊重。在本公约中，只考虑符合现有的国际人权文件，各社区、群体和个人之间相互尊重的需要和顺应可持续发展的非物质文化遗产①。

《公约》明确了非物质文化遗产的范围：（1）口头传说和表述，包括作为非物质文化遗产媒介的语言；（2）表演艺术；（3）社会风俗、礼仪和节庆；（4）有关自然界和宇宙的知识和实践；（5）传统的手工艺技能②。由此，国际非物质文化遗产的保护跨出重要一步。

我国各族人民在长期生产生活实践中创造的丰富多彩的非物质文化遗产，是中华民族智慧的结晶，是连接民族情感的纽带和维系国家统一的重要基础。保护和利用好非物质文化遗产，不仅是国家和民族发展的需要，也是国际社会文明对话和人类社会可持续发展的必然要求。我国在2005年出台了《国务院办公厅关于加强我国非物质文化遗产保护工作的意见》，其中明确了非物质文化遗产的内涵和范围：

非物质文化遗产指各族人民世代相承的、与群众生活密切相关的各种传统文化表现形式（如民俗活动、表演艺术、传统知识和技能，以及与之相关的器具、实物、手工制品等）和文化空间。

非物质文化遗产可分为两类：（1）传统的文化表现形式，如民俗活动、表演艺术、传统知识和技能等；（2）文化空间，即定期举行传统文化活动或集中展现传统文化表现形式的场所，兼具空间性和时间性。

非物质文化遗产的范围包括：口头传统，包括作为文化载体的语言；传统表演艺术；民俗活动、礼仪、节庆；有关自然界和

---

①② 联合国教科文组织：《保护非物质文化遗产公约（2003）》，非物质文化遗产网，2003年12月8日，http://www.ihchina.cn/zhengce_details/11668。

宇宙的民间传统知识和实践；传统手工艺技能；与上述表现形式相关的文化空间①。

我国对非物质文化遗产的定义，与《保护非物质文化遗产公约》基本一致，又加入了"与传统文化表现形式相关的文化空间"，更进一步明确了非物质文化遗产的范围。2011年2月，我国正式出台《非物质文化遗产法》，其中进一步明确非物质文化遗产的含义：指各族人民世代相传并视为其文化遗产组成部分的各种传统文化表现形式，以及与传统文化表现形式相关的实物和场所。包括：（1）传统口头文学以及作为其载体的语言；（2）传统美术、书法、音乐、舞蹈、戏剧、曲艺和杂技；（3）传统技艺、医药和历法；（4）传统礼仪、节庆等民俗；（5）传统体育和游艺；（6）其他非物质文化遗产②。由此，我国非物质文化遗产的内涵和外延基本形成。

我国从2006年开始公布非物质文化遗产代表作名录，至2014年公布了第四批代表作名录，具体情况如表0-3所示。

表0-3　　　　　　非物质文化遗产名录概况

批次	总数	分类									
		民间文学	民间音乐	民间舞蹈	传统戏剧	曲艺	杂技与竞技	民间美术	传统手工技艺	传统医药	民俗
第一批	518	31	72	41	92	46	17	51	89	9	70
第二批	510	53	67	55	46	50	38	45	97	8	51
第三批	191	41	16	15	20	18	15	13	26	4	23
第四批	153	30	15	20	4	13	12	13	29	2	15

---

① 国务院办公厅：《关于加强我国非物质文化遗产保护工作的意见》，2005年3月26日，中国政府网，http://www.gov.cn/zhengce/content/2008-03/28/content_5937.htm。

② 全国人大常务委员会：《中华人民共和国非物质文化遗产法》（中华人民共和国主席令第42号），中国非物质文化遗产网·中国非物质文化遗产数字博物馆，2011年2月25日，http://www.ihchina.cn/zhengce_details/11569。

2003年10月17日，联合国教科文组织第32届大会通过了《保护非物质文化遗产公约》。该《公约》第四章第十六条明确："为了扩大非物质文化遗产的影响，提高对其重要意义的认识和从尊重文化多样性的角度促进对话，委员会应该根据有关缔约国的提名编辑、更新和公布人类非物质文化遗产代表作名录"①。表0-4是我国列入联合国教科文组织"人类非物质文化遗产代表作名录"的非物质文化遗产概况。

表0-4 我国列入联合国教科文组织非物质文化遗产概况

项目名称	列入年份	申报方式	项目名称	列入年份	申报方式
古琴艺术	2008	单独	妈祖信俗	2009	单独
昆曲	2008	单独	蒙古族呼麦歌唱艺术	2009	单独
蒙古族长调民歌	2008	联合（蒙古国、中国）	南音	2009	单独
新疆维吾尔木卡姆艺术	2008	单独	热贡艺术	2009	单独
中国篆刻	2009	单独	中国传统桑蚕丝织技艺	2009	单独
中国雕版印刷技艺	2009	单独	藏戏	2009	单独
中国书法	2009	单独	龙泉青瓷传统烧制技艺	2009	单独
中国剪纸	2009	单独	宣纸传统制作技艺	2009	单独

① 联合国教科文组织：《保护非物质文化遗产公约（2003）》，非物质文化遗产网，2003年12月8日，http://www.ihchina.cn/zhengce_details/11668。

续表

项目名称	列入年份	申报方式	项目名称	列入年份	申报方式
中国传统木结构营造技艺	2009	单独	西安鼓乐	2009	单独
南京云锦织造技艺	2009	单独	粤剧	2009	单独
端午节	2009	单独	中医针灸	2010	单独
中国朝鲜族农乐舞	2009	单独	京剧	2010	单独
格萨(斯)尔	2009	单独	中国皮影戏	2011	单独
侗族大歌	2009	单独	中国珠算——运用算盘进行数学计算的知识与实践	2013	单独
花儿	2009	单独	二十四节气——中国人通过观察太阳周年运动而形成的时间知识体系及其实践	2016	单独
玛纳斯	2009	单独	藏医药浴法——中国藏族有关生命健康和疾病防治的知识与实践	2018	单独

资料来源：联合国教科文组织非物质文化遗产名录（名册），中国非物质文化遗产网，http://www.ihchina.cn/directory_list.html。

（三）文化遗产的分类与分级

1. 可移动文物与不可移动文物。

1961年颁布的《文物保护管理暂行条例》中对文物做出了初步的分类，1982年第一部《文物保护法》对其做出更进一步的阐述，2002年《文物保护法》最终明确将文物分为不可移动文物和可移动文物两大类。不可移动文物包括古文化遗址、古墓葬、古建筑、石窟寺、石刻、壁画、近代现代重要史迹和代表性建筑等；可移动文物包括史上各时代重要实物、艺术品、文献、手稿、图书资料、代表性实物等①。此外，对保存文物特别丰富并且具有重大历史价值或者革命纪念意义的城镇、街道、村庄，由省、自治区、直辖市人民政府核定公布为历史文化街区、村镇。《文物保护法》同时明确了文物的分级，不可移动文物"根据它们的历史、艺术、科学价值，可以分别确定为全国重点文物保护单位，省级文物保护单位，市、县级文物保护单位"②。可移动文物根据其价值分为"珍贵文物和一般文物；珍贵文物分为一级文物、二级文物、三级文物（见图0-1）"③。

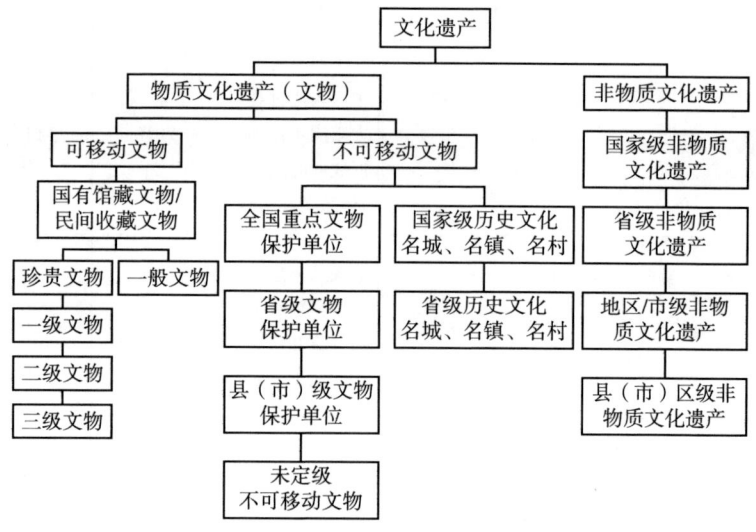

图0-1　我国文化遗产的分类与分级

资料来源：贾鸿雁、张天来：《中国文化遗产概览》，南京大学出版社2015年版，第21页。

---

①②③《中华人民共和国文物保护法（2002修正）》，法律法规网，2002年10月28日，https://code.fabao365.com/law_11740.html。

2. 物质文化遗产和非物质文化遗产。

2005年，国务院出台《关于加强文化遗产保护的通知》（以下简称《通知》），文化遗产的概念在我国正式确立，由此推动了文物事业走向文化遗产事业，该《通知》与国际文化遗产分类相结合，将文化遗产分为物质文化遗产和非物质文化遗产，并明确指出："物质文化遗产是具有历史、艺术和科学价值的文物，包括古遗址、古墓葬、古建筑、石窟寺、石刻、壁画、近代现代重要史迹及代表性建筑等不可移动文物，历史上各时代的重要实物、艺术品、文献、手稿、图书资料等可移动文物；以及在建筑式样、分布均匀或与环境景色结合方面具有突出普遍价值的历史文化名城（街区、村镇）"①。这里的物质文化遗产很大程度上等同于"文物"，同时又扩大了范围，把"历史文化名城"等大型遗产纳入其中。

《通知》同时明确："非物质文化遗产是指各种以非物质形态存在的与群众生活密切相关、世代相承的传统文化表现形式，包括口头传统、传统表演艺术、民俗活动和礼仪与节庆、有关自然界和宇宙的民间传统知识和实践、传统手工艺技能等以及与上述传统文化表现形式相关的文化空间"②。与联合国教科文组织《保护非物质文化遗产公约》基本一致。

我国非物质文化遗产分为四级：国家级、省级、地区（市）级、县（市、区）级。在国家级非物质文化遗产的评定中，从民间文学、传统音乐、传统舞蹈、传统戏剧、曲艺、传统体育、游艺与杂技、传统美术、传统技艺、传统医药和民俗10个类别来进行。

---

①② 《国务院关于加强文化遗产保护的通知》，中国政府网，2005年12月22日，http://www.gov.cn/gongbao/content/2006/content_185117.htm。

二、中国文化遗产事业的发展脉络

（一）新中国成立前的文化遗产事业

1. 近代的文化遗产事业。

鸦片战争以来，我国文物遭受严重的掠夺，大量文物流失、破坏。据不完全统计，1870～1910年40年间，外国学者仅在西北地区就进行了一百多次探险及考古活动①，导致我国文物的大量外流。晚清以来，有识之士逐渐认识到文物保护的重要性，并躬身实践。

1905年，张謇分别上书清政府学部和张之洞，即《上学部请设博览馆议》和《上南皮相国请京师建设帝国博览馆议》，主张先在京师设立帝室博览馆，并以此为模范推广至各行省②。这两个提议并未得到清政府的采纳，张謇回乡自行创办了第一所近代博物馆——南通博物苑，并对外开放，使普通民众有机会接触到文物。这是我国第一座独立创办的博物馆，是我国博物馆事业的发祥地，是国人文物保护意识兴起的表现。1909年，清政府颁布了我国历史上第一个文物保护专章——《保存古迹推广办法》，在一定程度上抑制了外国人对我国文物的肆意掠夺，对当时的文物保护起了很大作用③。

2. 民国时期的文化遗产事业。

1912年，民国教育部决定在北京设立历史博物馆，是中国

---

① 黄翔瑜：《古物保存法的制定及实施困境（1930～1949）》，载于《国史馆馆刊（台湾地区）》2012年第32期。
② 李明勋、尤世玮：《张謇全集·公文》，上海辞书出版社2012年版，第114～118页。
③ 李建：《我国文物保护法制化的发端——论清末〈保存古迹推广办法〉及其历史作用》，载于《山东大学学报（哲学社会科学版）》2015年第6期。

第一座国立博物馆,这便是中国历史博物馆的前身。1914 年,古物陈列所成立,是一个主要保管陈列清廷辽宁、热河两行宫文物的机构,首开皇宫社会化的先河,代表了我国 20 世纪早期博物馆的水平,在当时产生了广泛而积极的影响,这一陈列所于 1948 年 3 月与故宫博物院合并。1916 年 3 月,北洋政府内务部颁发了《为切实保存前代文物古迹致各省民政长训令》,规定国内一切古籍古物,不得转售外人①。同年 10 月,该部又颁发《保存古物暂行办法》。虽然这些文件推行成效甚微,但一定程度上体现了文物保护意识的出现。

1920 年以后,我国文化遗产事业开始步入新的时期。1922 年,北京大学设立考古研究所,后设立考古学系,考古事业开始发展。1925 年 10 月,北京故宫博物院建立,是博物馆事业发展的重要节点。1927 年南京国民政府成立后,出台了一系列文物保护的法律法规。如 1928 年 9 月,南京国民政府内政部颁布《名胜古迹古物保存条例》,对全国文物及名胜古迹展开调查,要求各地方详细填写文物名称、时代、地址、所有者、现状、保管、备考等情况②。同年设立"中央古物保管委员会",这是第一个由政府设立的文物保管的机构。1930 年 6 月 7 日,《古物保存法》颁布,这是中国历史上由中央政府公布的第一个文物保护成文法。1931 年 7 月 3 日公布《古物保存法施行细则》,对如何施行《古物保存法》作了详细解释。1935 年 1 月 11 日,旧都文物整理委员会在北平正式宣告成立,其主要职责是指挥监督关于执行整理旧都文物的各项事宜;审核有关整理旧都文物的设计;筹划保管有关旧都文物整理的款项等。自 1935 年 5 月起旧都文物整理委员会陆续开工,修缮项目包括天坛、东南角楼、西直门

---

① 季剑青:《"私产"抑或"国宝":民国初年清室古物的处置与保存》,载于《近代史研究》2013 年第 6 期。
② 周宇:《中国官方文物调查历程》,载于《中国文物报》2017 年 9 月 1 日。

箭楼、正阳门五牌楼、东西长安牌楼、东四牌楼、西四牌楼、东交民巷牌楼、西安门、地安门、颐和园内桥梁、先农坛西墙、明长陵等项目,至1936年9月,大多都已完工[①](见表0-5)。

表0-5　　　　　　　　民国时期文物政策

政策	颁布年份
《大总统禁止古物出口令》	1914
《古物保存暂行办法》	1916
《鉴定禁运古籍须知》	1920
《名胜古迹保存条例》	1928
《古物保存法》	1930
《古物保存法施行细则》	1931
《中央古物保管委员会组织条例》	1932
《暂定古物之范围及种类大纲》	1935
《古物出国护照规则》	1935
《采掘古物规则》	1935

1929年,营造学社在北京成立,开始系统运用科学方法研究中国建筑,以梁思成、刘敦桢为代表的我国第一代建筑史学家们从1932年开始,花费了12余年的时间,倾尽营造学社有限的人力和财力,对中国11省190县市共2 783处古建筑遗存做了大量现代意义的实地考察,绘制了大量实测图纸,收集了大量第一手珍贵材料,从而为中国建筑遗产的保护奠定了坚实基础[②]。营造学社对我国古建筑的保护做出了极大贡献,其形成的文化遗产保护理念,至今仍产生着深远的影响。

[①] 季剑青:《20世纪30年代北平"文化城"的历史建构》,载于《文化研究》2013年第2期。

[②] 王运良:《中国"文物保护单位"制度研究》,复旦大学博士学位论文,2009年。

抗日战争期间，大量文物遭到损毁、掠夺，文物保护事业陷入低谷。战争胜利后，对流失文物的追索和战后文物的修复工作逐步展开，文物保护事业渐渐恢复。1947年9月，全国土地会议通过的《中国土地法大纲》明确规定："名胜古迹应妥为保护。被接收的有历史价值或学术价值的特殊的图书、古物、美术品等，应开具清单，呈交各地高级政府"①。1948年东北文物管理委员会成立，颁布《东北解放区文物古迹保管办法》等文件，注意在土改中保护文物。这些努力都为新中国成立后文物事业的恢复奠定了基础。

（二）改革开放前（1949～1978年）的文化遗产事业

新中国成立以后，党和政府高度重视文化遗产事业，制定了一系列有关文物保护和考古发掘的方针政策，对我国的文物保护事业做出了重大贡献。1950年5月24日，中华人民共和国中央人民政府政务院颁布了第一个文物法规《禁止珍贵文物图书出口暂行办法》，此后相继颁布了《古迹、珍贵文物、图书及稀有生物保护办法》《古文化遗址及古墓葬之调查发掘暂行办法》《关于保护文物建筑的指示》等文件，这些文件均出自政务院、文化部等机构，可见中央高层对文物事业的关切程度。

1950年颁布的《禁止珍贵文物图书出口暂行办法》，对文物出口实行严格的许可证制度，结束了近代中国大量文物被掠夺、盗运出口、流失海外的历史，捍卫了国家的文化主权。1953年政务院在其颁布的《关于在基本建设工程中保护历史及革命文物的指示》中分析了当时文物保护事业之急迫，明令"各级人民政府对历史及革命文物负有保护责任，应加强文物保护的经常工作。各级人民政府文化主管部门应加强文物保护政策、法令的宣

---

① 中央档案馆：《中共中央文件选集（1945－1947）》，中共中央党校出版社1987年版，第724页。

传，教育群众爱护祖国文物"①。诸如此类的文件联系实际，从政策层面高度关注了当时的文物保护形势，及时决策，可谓新中国成立之初文物事业的"及时雨"。

1961 年，国务院公布了第一批"全国重点文物保护单位"名单，共计 180 处。同时颁布了《文物保护管理暂行条例》，首次明确了"县、市级"—"省、自治区、直辖市级"—"国家级"的较为严密的"文物保护单位"分级管理体制，建立了我国"文物保护单位"名录体系②，是现代中国文物保护史上的重要里程碑。1963 年，文化部颁发《文物保护单位保护管理暂行办法》，详细列出了对"文物保护单位"必须进行的工作，对"文物保护单位保护范围的划定""标志说明""记录档案"等做出了细致的规定③（见表 0-6）。

表 0-6　　　　　　新中国的相关文物政策

政策	颁布年份	颁布机构
《禁止珍贵文物图书出口暂行办法》	1950	政务院
《古迹、珍贵文物、图书及稀有生物保护办法》	1950	政务院
《古文化遗址及古墓葬之调查发掘暂行办法》	1950	政务院
《关于保护文物建筑的指示》	1950	政务院
《关于管理名胜古迹职权分工的规定》	1951	文化部、内务部
《关于在基本建设工程中保护历史及革命文物的指示》	1953	政务院
《关于在农业生产建设中保护文物的通知》	1956	国务院
《文物保护暂行管理条例》	1961	国务院

---

① 《中央人民政府政务院关于在基本建设工程中保护历史及革命文物的指示》，1953 年 10 月 12 日，北大法宝，https://www.pkulaw.com/chl/f40d5633f5ba050cbdfb.html。

② 《文物保护管理暂行条例》，载于《文物》1961 年第 Z1 期。

③ 文化部：《文物保护单位保护管理暂行办法》，1963 年 4 月 17 日，法律教育网，http://www.chinalawedu.com/falvfagui/fg22598/23718.shtml?t=1459736019612。

绪　论　中国文化遗产保护与利用的历史轨迹

续表

政策	颁布年份	颁布机构
《关于进一步加强文物保护和管理工作的指示》	1961	国务院
《文物保护单位保护管理暂行办法》	1963	文化部
《革命纪念建筑、历史纪念建筑、古建筑、石窟寺修缮暂行管理办法》	1963	文化部
《古遗产、古墓葬调查、发掘暂行管理办法》	1964	国务院

这一系列的工作对文物保护做出重要部署，对传承我国优秀历史文化，保护优秀历史遗存，塑造民族认同起到重要作用。1966年以后，"文化大革命"对文物保护产生了不良影响，文物保护事业陷入停滞状态。

（三）改革开放以来的文化遗产事业

"文化大革命"结束之后，文化遗产事业开始逐渐恢复。1978年党的十一届三中全会以后，党中央高度重视文物保护，批转《关于加强古建筑和文物古迹保护管理工作的请示报告》《关于加强文物工作的请示报告》《关于加强文物市场保护管理的请示报告》，颁布《加强历史文物保护工作的通知》等。1981年，展开第二次全国文物普查，文物保护管理系统逐步恢复。

1982年《中华人民共和国文物保护法》颁布，成为我国第一部文化遗产保护的法律，这是我国首次以国家法律形式规范我国文化遗产管理工作，标志着我国文物保护工作走上依法管理的轨道，也奠定了保护工作在我国文化遗产管理中的核心地位[①]。1992年颁行的《中华人民共和国文物保护法实施细则》，对文物保护的具体工作做出指导。国务院于1984年1月颁布了《城市

---

① 王京传：《新中国文化遗产管理制度的发展演变》，中国社会科学网，2018年1月24日，http://www.cssn.cn/glx/glx_xzlt/201801/t20180124_3826367_1.shtml。

规划条例》，指出"城市规划应当切实保护文物古迹，保持与发扬民族风格和地方特色"[①]。对城市规划中的文物保护做出部署。1985年，我国加入《保护世界文化和自然遗产公约》，我国的文化遗产事业开始与国际接轨。1987年，我国的黄山、故宫、长城等名胜古迹列入世界文化遗产名录，对有形物质文化遗产的保护力度逐渐加大。随着世界遗产地的申请成功，人们对文化遗产的认知度逐渐提高，遗产旅游开始发展。这一阶段，非遗保护也逐步开始，1990年我国颁布了《著作权法》，对无形智力产品实施保护。1997年，《传统工艺美术保护条例》颁布，对传统工艺的保护也提上了日程。

进入21世纪之后，文化遗产事业提速发展，文化遗产政策体系逐步推进，不断完善。该阶段的标志性事件首推2002年，第九届全国人大常委会修订通过了新的《中华人民共和国文物保护法》，并于2003年公布施行《中华人民共和国文物保护法实施条例》，从此我国的文物保护事业进入了新的发展时期。2004年，确立了我国文化遗产日和我国文化遗产的标志。

2005年《关于加强文化遗产保护的通知》提出了文化遗产事业发展的关键节点和总体目标，即"通过采取有效措施，文化遗产保护得到全面加强。到2010年，初步建立比较完备的文化遗产保护制度，文化遗产保护状况得到明显改善。到2015年，基本形成较为完善的文化遗产保护体系，具有历史、文化和科学价值的文化遗产得到全面有效保护；保护文化遗产深入人心，成为全社会的自觉行动"[②]，为文化遗产的发展进程提出了具体要求。从2005年开始，我国文化遗产保护由文物过渡到文化遗产，

---

① 国务院：《城市规划条例》，法律图书馆，1984年1月5日，http://www.law-lib.com/law/law_view1.asp?id=45786。

② 《国务院办公厅关于加强我国非物质文化遗产保护工作的意见》，中国政府网，2005年3月26日，http://www.gov.cn/zhengce/content/2008-03/28/content_5937.htm。

适时适度地丰富了文化遗产事业的内涵，与时俱进地贴合文化遗产事业发展要求。

此外，改革开放以来，文物保护专项经费投入不断增加。1973~2005年，中央财政先后设立了三个文物保护专项资金——"国家重点文物保护专项经费""抢救性文物保护设施建设专项资金""大遗址保护专项经费"，总投入35.1亿元。"十五"期间中央和省级财政文物保护专项资金投入38.3亿元，其中中央投入17.35亿元（占45%），比"九五"增长137%，年均递增32.4%，2005年的中央投入比2000年增加4.04亿元，增幅为261%[①]。这些专项经费的增加，体现了国家对文化遗产的高度重视。2008年，全国文化文物系统博物馆全面免费开放，中央财政安排免费开放专项经费逾40亿元，重点补助地方博物馆、纪念馆免费开放所需资金[②]。扩大免费开放，让民众走进博物馆、文化馆，充分享受文化发展福利，极大地增进了民众的文化遗产意识，更进一步推动遗产全民保护的发展。

我国非遗在21世纪更是取得突破性的发展。2001年，昆曲艺术入选首批"人类口述和非物质遗产代表作"。2003年，古琴艺术入选。这些成功推动了非遗的保护，同时也提高了民众对非遗的关注度。2004年，我国签署《保护非物质文化遗产公约》，标志着我国正式进入联合国教科文组织非遗保护工作体系。2005年，国务院办公厅发布《关于加强我国非物质文化遗产保护工作的意见》，同时下发了《国家级非物质文化遗产代表作申报评定暂行办法》，在政策引领下，非遗保护大力发展。同时，政府加大了非遗保护的资金投入，截至2009年7月，中央财政已累计投入6.59亿元非遗保护专项资金。各地采取多种方式，充分调动

---

① 《文物事业：经费的支撑与约束》，中国文物信息网，2013年1月6日，http://www.ccrnews.com.cn/index.php/Xinwenzixun/content/id/28845.html。

② 刘世锦、林家彬等：《中国文化遗产事业发展报告》，社会科学文献出版社2008年版，第10页。

社会各界包括社会团体、组织和个人的积极性,筹措保护经费,不断加大非遗保护的投入力度。据不完全统计,2005~2009年,地方省级财政共投入约11.3亿元。保护经费的增加,有力地保障了非遗保护工作的开展①。2011年,《中华人民共和国非物质文化遗产法》出台,非遗保护步入规范化、法制化阶段(见表0-7)。

表0-7　　　　　　　　文化遗产相关政策文件

类型	政策文件	颁布年份
物质文化遗产	《中华人民共和国文物保护法》	2002
	《国务院关于加强文化遗产保护的通知》	2005
	《长城保护条例》《世界文化遗产保护管理办法》《古人类化石和古脊椎动物化石保护管理办法》	2006
	《历史文化名城名镇名村保护条例》	2008
	《文物认定管理暂行办法》《国家考古遗址公园管理办法(试行)》	2009
非物质文化遗产	《关于实施中国民族民间文化保护工程的通知》	2004
	《关于加强我国非物质文化遗产保护工作的意见》	2005
	《国家非物质文化遗产保护专项资金管理暂行办法》	2006
	《关于开展非物质文化遗产专题博物馆、民俗博物馆和传习所调查工作的通知》	2007
	《关于加强老字号非物质文化遗产保护工作的通知》《关于印发中国非物质文化遗产标识管理办法的通知》	2007
	《国家级非物质文化遗产项目代表性传承人认定与管理暂行办法》	2008
	《中华人民共和国非物质文化遗产法》	2011
	《关于处理涉及佛教寺庙、道教宫观管理有关问题的意见》	2012

---

① 《非遗保护基础工作扎实推进8省区出台相关法规》,中国网,2010年5月4日,http://news.china.com.cn/txt/2010-05/04/content_19968316.htm。

（四）党的十八大以来的文化遗产事业

"要系统梳理传统文化资源，让收藏在禁宫里的文物、陈列在广阔大地上的遗产、书写在古籍里的文字都活起来"[1]。这是党的十八大以来文化遗产事业的主基调。基于新中国成立以来数十年的努力，我国文化遗产事业尝试在新时代更进一步，突破发展，奋力开创有中国特色的文化遗产保护利用之路。党的十八大以来，以习近平同志为核心的党中央高度重视文化遗产工作。习近平总书记对文物工作做出重要指示批示近40次，出席或见证文物领域重大活动10多次，莅临文物博物馆单位考察指导20多次，明确要求努力走出一条符合国情的文物保护利用之路[2]。政府主导、部门协作、社会参与的文物保护格局正在形成，文物事业呈现出前所未有的良好态势。

摸清家底，开展文物普查。2012年开始，我国开始了第一次全国可移动文物普查，这是我国首次针对可移动文物开展的普查，是在我国文化遗产领域开展的重大国情国力调查项目。力求全面掌握和科学评价我国文物资源情况和价值，健全文物登录备案机制和文物保护体系，加大文物保护力度，保障文物安全，进一步促进文物资源整合利用。这次普查覆盖我国100多万个国有单位，其范围之广、程度之深可见一斑。截至2016年10月31日，普查全国可移动文物共计108 154 907件/套。其中，按照普查统一标准登录文物完整信息的为26 610 907件/套（实际数量64 073 178件），全国各级综合档案馆馆藏纸质历史档

---

[1] 刘峣：《习近平谈世界遗产》，中国共产党新闻网，2019年6月6日，http://cpc.people.com.cn/n1/2019/0606/c64094-31123868.html。

[2] 李韵：《激活文化遗产的时代"芯"——十八大以来我国推进文化遗产保护传承述评》，中国共产党新闻网，2017年9月13日，http://cpc.people.com.cn/n1/2017/0913/c412690-29533517.html。

案 81 544 000 卷/件①。

加大物质文化遗产保护力度，促进合理适度利用。这一阶段的主要工作如加强对不可移动文物的保护，实施了平安故宫等一大批重点工程项目，进一步加强对长城、革命文物、大运河、大遗址的保护；加强可移动文物保护。党的十八大以来，累计完成可移动文物修复和博物馆藏品预防性保护项目 1 000 余项，修复文物 4 万余件；提升考古发掘保护能力。2013 年以来共实施考古发掘保护项目 3 000 余个，取得重大发现；着力加强文物安全工作，落实文物安全责任制，开展全国文物安全状况大排查和专项整治行动。持续加大文物违法犯罪打击力度。2013 年以来海关共查获非法进出境文物 1.2 万余件；努力发挥文物资源促进经济社会发展、惠及民生的积极作用②。文化遗产由注重保护到保护与利用并重，更加落实文化遗产保护的社会效益与经济效益的发挥。

非遗保护和利用方面，随着 2011 年非遗法的正式颁布实施，我国非遗保护法律体系和工作机制日趋完善。全国有 26 个省区市颁布了非遗保护条例；国家设立了非遗保护专项资金；各地设立了非遗处和非遗保护中心。文化部通过中央财政支持生态区建设了 151 个非遗综合性传习中心；2016 年，通过中央财政安排 2 390 万元，支持 18 个国家级生态区 62 个非遗传习中心的建设与运营工作，并安排 2 520 万元在生态区增设 287 个非遗传习点；2017 年，继续支持生态区开展整体性保护和普及教育工作③。诸如此类的举措，积极推动非遗保护传承，促进中华优秀传统文化创造性转化、创新性发展，各项工作成效显著。

---

① 《第一次全国可移动文物普查数据公报》，国家文物局网，2017 年 4 月 7 日，http：//www.sach.gov.cn/art/2017/4/7/art_722_139374.html。
② 雒树刚：《国务院关于文化遗产工作情况的报告》，人大新闻网，2017 年 12 月 25 日，http：//npc.people.com.cn/n1/2017/1225/c14576-29726955.html。
③ 《党的十八大以来我国非遗保护工作综述》，中国政府网，2017 年 10 月 17 日，http：//www.gov.cn/zhuanti/2017-10/17/content_5232430.htm。

同时，该阶段还确定了文化遗产事业的发展目标，架构了宏观战略体系。2018年7月6日，中共中央办公厅、国务院办公厅发布《关于加强文物保护利用改革的若干意见》，提出了文物保护利用的总体目标："到2025年，紧紧围绕走出一条符合我国国情的文物保护利用之路，文物依法保护水平显著提升，文物保护利用传承体系基本形成，文物安全形势明显好转，文物机构队伍更加优化，文物领域社会参与活力不断焕发，文物工作在坚定文化自信、推动中华文化走出去、促进经济社会发展中的重要作用进一步发挥，文物保护利用成果更多更好惠及人民群众，文物治理体系和治理能力现代化初步实现"[①]。这一总体目标清晰定位了我国文化遗产事业的发展蓝图，给文化遗产事业下一步的稳健发展以更好的指引。

---

① 《中共中央办公厅、国务院办公厅关于加强文物保护利用改革的若干意见》，国家文物局网，2018年10月8日，http://www.sach.gov.cn/art/2018/10/8/art_722_152023.html。

第一章

中国文化遗产保护的历史进程

新中国成立以来，文化遗产保护工作经历了长期艰苦的开拓，特别是经过改革开放 40 年的不懈探索，中国文化遗产的保护和利用取得了令人瞩目的成就，初步建立了一套完整的法律法规体系、行政监管体制及文物保护制度，为新时代的大发展、大繁荣创造了良好条件。随着社会生产力的强劲发展和物质条件的日益提升，保护历史文化遗产的工作得到了越来越多的资金保障和技术支持。党的十八大以来，以习近平同志为核心的党中央高度重视文化遗产工作。习近平总书记多次就保护弘扬中华优秀传统文化发表重要讲话，做出重要指示批示。党的十九大报告提出"加强文物保护利用和文化遗产保护传承"的任务[1]。这些重要论述和决策部署，为做好文化遗产工作提供了根本遵循，为中国文化遗产保护和传承创造了大好机遇。

中国文化遗产的保护体现在文物和非物质文化遗产两个方面。其中，文物包括不可移动文物和可移动文物两大类。

---

[1] 习近平：《决胜全面建成小康社会夺取新时代中国特色社会主义伟大胜利——在中国共产党第十九次全国代表大会上的报告》，央广网，2017 年 10 月 27 日，http://news.cnr.cn/native/gd/20171027/t20171027_524003098.shtml。

一、不可移动文物发掘与保护

我国对不可移动文物的保护,主要方式是设立文物保护单位、文物点,进行抢救性考古发掘。在做好不可移动文物单体保护的基础上,还评定了历史文化名城、名镇、名村,进行连片保护。数十处优质文化遗产成功申报了联合国教科文组织"世界遗产"。根据文化遗产的特征和类型,对接国际文化遗产领域的新进程,还分出了工业遗产、水下遗产等专门类别。

(一) 文物保护单位

文物保护单位为中国对确定纳入保护对象的不可移动文物的统称,指具有历史、艺术、科学价值的古文化遗址、古墓葬、古建筑、石窟寺和石刻,并对文物保护单位本体及周围一定范围实施重点保护的区域。《文物保护法》规定将具有重要历史、科学、艺术价值的古文化遗址、古墓葬、古建筑、石窟寺、石刻、壁画、近现代重要史迹和代表性建筑等公布为各级文物保护单位[①]。

1. 文物保护单位的申报。

新中国成立后不久,政务院发布了《古遗址和古墓葬调查发掘暂行办法》,开启了对文物的保护工作。1950年,中央人民政府发布政令,做出了《关于保护古建筑的批示》,并颁布了《古文化遗址及古墓葬之调查发掘暂行办法》《关于地方文物名胜古迹保护管理办法》《关于征集革命文物的命令》。1956年国务院着手组织第一次全国文物普查,1981年和2004年先

---

① 《中华人民共和国文物保护法》,中国人大网,2017年11月28日,http://www.npc.gov.cn/npc/xinwen/2017-11/28/content_2032718.htm。

后进行了第二次、第三次全国文物普查，登记不可移动文物近40万处，为发展中国文物事业奠定了基础。紧接着1958年将"国家保护名胜古迹、珍贵文物和其他重要历史文化遗产"的法律规定正式写进了《中华人民共和国宪法》。1961年3月4日，国务院发布《文物保护暂行条例》，正式规定全国重点文物保护单位、省（自治区、直辖市）级文物保护单位、县（市）级文物保护单位三级保护管理体制。之后，国务院以及各省、自治区、直辖市和县（市）级人民政府多次公布文物保护单位，使之成为文物管理工作的重要内容之一。1963年4月17日，文化部颁布《文物保护单位保护管理暂行办法》。1963年8月27日，文化部颁布《革命纪念建筑、历史纪念建筑、古建筑、石窟寺修缮暂行管理办法》。1964年初，文化部文物局在河北省易县召开了全国重点文物保护单位中大型古遗址保护工作座谈会，交流了勘察大型古遗址、划定保护范围、树立保护标志、建立科学记录档案等经验，进一步推动了全国重点文物保护单位的保护管理工作[1]。1982年11月29日，《中华人民共和国文物保护法》的颁布实施，为文物保护单位管理提供了法律依据。

根据《中华人民共和国文物保护法》第十三条的规定，"国务院所属的文物行政部门（国家文物局）在省级，市、县级文物保护单位中，选择具有重大历史、艺术、科学价值者确定为全国重点文物保护单位，或者直接确定，并报国务院核定公布。全国重点文物保护单位的保护范围和记录档案，须由省、自治区、直辖市人民政府的文物行政部门报国务院文物行政部门备案"[2]。

---

[1] 国家文物局：《中国文化遗产事业法规文件汇编（1949-2009）上册》，文物出版社2009年版，第54页。

[2] 《中华人民共和国文物保护法》，中国人大网，2017年11月28日，http://www.npc.gov.cn/npc/xinwen/2017-11/28/content_2032718.htm。

全国重点文物保护单位申报原则为：第一，价值优先，突出强调文物在中华文明中的标志性地位和全国性意义。申报项目要有利于突出中华文明历史文化价值、有利于体现中华民族精神追求、有利于向世人展示全面真实的古代中国和现代中国。第二，突出重点，以完善全国重点文物保护单位体系结构、填补空白为主。申报重点是反映中华民族创造力与精神追求，承载国家记忆、传承红色基因，与历史上的重大事件、重要人物存在直接联系，反映新中国和改革开放成就的重要文物遗存。第三，确保质量，坚持真实性和完整性原则。文物构成明确清晰，文物保护状况良好，文物研究、展示、管理工作成果卓著。

2. 文物保护单位的批次。

中国文物保护单位级别分为全国重点文物保护单位、省级文物保护单位、市级和县级文物保护单位。全国重点文物保护单位不得拆除，需要迁移的，须由省、自治区、直辖市人民政府报国务院批准[①]。目前共有国家级文物保护单位七批 4 295 处，省级文物保护单位 5 705 处，市县级文物保护单位 24 244 处。在地域分布上，文物大省山西以 181 处位居首位，其他如河南 168 处、湖南 123 处、河北 110 处、江苏 105 处等省份也位居前列。湖南、重庆、青海、新疆等地数量增长幅度较大。与前几批国保单位相比，第七批国保单位包含了较多的工业遗产、乡土建筑、文化景观等新型文化遗产，少数民族地区文物数量也增长明显（见表 1-1）。

---

① 《中华人民共和国文物保护法》，中国人大网，2017 年 11 月 28 日，http://www.npc.gov.cn/npc/xinwen/2017-11/28/content_2032718.htm。

表1-1　　第一批到第七批国家级文物保护单位情况

批次	时间	总数	撤销、恢复与增补情况	保护数量 ①	②	③	④	⑤	⑥
第一批	1961年3月4日	180	1964年10月26日撤销1项（太平天国忠王府）；1981年10月16日恢复1项（太平天国忠王府）	33	14	77	11	26	19
第二批	1982年2月23日	62	无	10	5	28	2	10	7
第三批	1988年1月13日	258	无	41	11	111	17	49	29
*第四批后的文物保护单位相关类别名产生更动				a	b	c	d	e	f
第四批	1996年11月20日	250	无	56	22	110	10	50	2
第五批	2001年6月25日	518	里耶古城遗址，2002年11月22日公布；阿尔寨石窟，2003年3月2日公布；焦裕禄烈士墓，2003年4月3日公布	144	50	248	31	40	5
第六批	2006年5月25日	1 080	安江农校杂交水稻纪念园，湖南省怀化市，2009年8月公布						
第七批	2013年5月3日	1 943	无						

注：①革命遗址及革命纪念建筑物；②石窟寺；③古建筑及历史纪念建筑物；④石刻；⑤古遗址；⑥古墓葬。

a 表示古遗址；b 表示古墓葬；c 表示古建筑；d 表示石窟及石刻；e 表示近现代重要史迹及代表性建筑；f 表示其他。

2018年6月，第八批全国重点文物保护单位开始申报。

从这些文物保护单位的管理归属来看，文物部门专门机构管理的有62.69%，文物部门非专门机构管理的占24.43%，其余12.88%则分别归口民族事务、国土、建设、环保、林业、旅游、宗教、民政、文化、教育、军队、村委会等部门管理。

从空间分布特征上看，全国重点文物保护单位分布以黄河中下游地区最为密集，包括关中、豫西、晋南、京津冀北、鲁西等区域，其次为长江流域的长三角、四川盆地、江汉平原和东南沿海的珠三角、闽浙沿海等地。不同类型文保单位具有不同的集聚特点。古遗址和古墓葬以黄河中下游的黄土高原及华北平原分布最为密集，古建筑以山西省和北京地区最为丰富，石窟寺及石刻的分布与佛教、道教的传播路线和分布范围紧密相关，近现代重要史迹及代表性建筑集中分布于北京、上海、广州等近现代大城市及周边地区[①]。由于我国重点文物保护单位数量繁多，此处选取了北京、山西与河南三个具有代表性的省市，通过表1-2展示了三地被核定为全国重点文物保护单位的名录。

表1-2　北京、山西与河南全国重点文物保护单位名录

省（市）	全国重点文物保护单位
北京	北京大学红楼，天安门，人民英雄纪念碑，故宫，天坛，智化寺，国子监，雍和宫，皇史宬，古观象台，北京城东南角楼，正阳门，太庙，社稷坛，北京孔庙，崇礼住宅，北京鼓楼、钟楼，可园，孚王府，东交民巷使馆建筑群，袁崇焕墓和祠，地坛，柏林寺，京师大学堂分科大学旧址，清陆军部和海军部旧址，亚斯立堂，协和医学院旧址，孙中山行馆，明北京城城墙遗存，文天祥祠，普度寺，东堂，基督教中华圣经会北京分会旧址，北京大学地质学馆旧址，妙应寺白塔，北海及团城，北京宋庆龄故居，恭王府及花园，郭沫若故居，牛街礼拜寺，天宁寺塔

---

① 奚雪松、许立言等：《中国文物保护单位的空间分布特征》，载于《人文地理》2013年第28期。

续表

省（市）	全国重点文物保护单位
北京	大高玄殿，历代帝王庙，南堂，景山，白云观，法源寺，先农坛，利玛窦和外国传教士墓地，德胜门箭楼，月坛，中南海，关岳庙，醇亲王府，广济寺，安徽会馆，报国寺，清农事试验场旧址，西什库教堂，国立蒙藏学校旧址，北京国会旧址，京师女子师范学堂旧址，国民政府财政部印刷局旧址，大栅栏商业建筑，北平图书馆旧址，北京鲁迅旧居，万松老人塔，明北京城城墙遗存，克勤郡王府，基督教中华圣公会教堂，西交民巷近代银行建筑群，辅仁大学本部旧址，盛新中学与佑贞女中旧址，李大钊旧居，梅兰芳旧居，北京东岳庙，清净化域塔，元大都城墙遗址，日坛，四九一电台旧址，真觉寺金刚宝座塔，颐和园，圆明园遗址，觉生寺，景泰陵，碧云寺，大慧寺，十方普觉寺，未名湖燕园建筑，清华大学早期建筑，元大都城墙遗址，大觉寺，静明园，健锐营演武厅，万寿寺，辛亥滦州起义纪念园，摩诃庵，慈寿寺塔，卢沟桥，金中都水关遗址，镇岗塔，长辛店"二七"大罢工旧址，法海寺，承恩寺，八宝山革命公墓，房山云居寺塔及石经，周口店遗址，琉璃河遗址，万佛堂、孔水洞石刻及塔，十字寺遗址，金陵，良乡多宝佛塔，姚广孝墓塔，琉璃河大桥，居庸关云台，十三陵，银山塔林，京张铁路南口段至八达岭段，戒台寺，潭柘寺，爨底下村古建筑群，灵岳寺，万里长城——八达岭，延庆古崖居，通州近代学校建筑群，焦庄户地道战遗址
山西	**太原市**：晋祠，龙山石窟，晋阳古城遗址，窦大夫祠，天龙山石窟，王家峰墓群，狐突庙，净因寺，清源文庙，不二寺，明秀寺，多福寺，永祚寺，古交遗址，娄烦古城遗址，帖木儿塔，阳曲大王庙大殿，太原大关帝庙，太原清真寺，太原纯阳宫，前斧柯悬泉寺，辛庄开化寺，太山龙泉寺，崇善寺大悲殿，唱经楼，晋源阿育王塔，晋源文庙，清徐尧庙，古交千佛寺，太原文庙，山西大学堂旧址，太原天主堂，中共太原支部旧址 **大同市**：平型关战役遗址，云冈石窟，善化寺，华严寺，悬空寺，平城遗址，许家窑遗址，曲回寺石像冢，方山永固陵，大同九龙壁，荆庄大云寺大雄宝殿，觉山寺塔，浑源永安寺，沙梁坡墓群，古城堡墓群，栗毓美墓，禅房寺塔，水神堂，云林寺，慈云寺，大同煤矿万人坑，山西省立第三中学旧址，浑源圆觉寺塔，大同关帝庙大殿，律吕神祠，浑源文庙，大同观音堂 **阳泉市**：关王庙，大王庙，府君庙，坡头泰山庙，冠山天宁寺双塔，藏山祠，冠山书院，开河寺石窟

续表

省（市）	全国重点文物保护单位
山西	**长治市**：八路军总司令部旧址，法兴寺，天台庵，大云院，龙门寺，崇庆寺，正觉寺，观音堂，潞安府城隍庙，淳化寺，明惠大师塔，九天圣母庙，沁县大云院，洪济院，武乡县大云寺，会仙观，三嵕庙，原起寺，佛头寺，灵泽王庙，东邑龙王庙，回龙寺，普照寺大殿，昭泽王庙，天王寺，夏禹神祠，长治玉皇观，真泽二仙宫，宝峰寺，襄垣文庙，潞安府衙，金灯寺石窟，黄崖洞兵工厂旧址，西周黎侯墓群，先师和尚舍利塔，小张碧云寺大殿，布村玉皇庙，韩坊尧王庙大殿，长子崔府君庙大殿，襄垣永惠桥，李庄文庙，义合三教堂，下霍护国灵贶王庙，前万户汤王庙，庄头天仙庙，中漳伏羲庙，襄垣昭泽王庙，长宁大庙，南涅水洪教院，马厂崇教寺，武乡真如寺，襄垣五龙庙，辛村天齐王庙，大中汉三嵕庙，北和炎帝庙，北社三嵕庙，北社大禹庙，北甘泉圣母庙，李庄武庙，关村炎帝庙，石室蓬莱宫，灵空山圣寿寺，西青北大禹庙，黎城城隍庙，南涅水石刻，太岳军区司令部旧址 **晋城市**：青莲寺，玉皇庙，晋城二仙庙，南、北吉祥寺，姬氏民居，龙岩寺，泽州岱庙，小会岭二仙庙，崔府君庙，西溪二仙庙，崇明寺，开化寺，游仙寺，定林寺，塔水河遗址，下交汤帝庙，北义城玉皇庙，周村东岳庙，开福寺，西李门二仙庙，润城东岳庙，玉泉东岳庙，石掌玉皇庙，中坪二仙宫，白玉宫，二郎庙，南神头二仙庙，寺润三教堂，三圣瑞现塔，崇安寺，清梦观，大阳汤帝庙，古中庙，海会寺，柳氏民居，郭壁村古建筑群，湘峪古堡，窦庄古建筑群，郭峪村古建筑群，砥洎城，羊头山石窟，碧落寺，河底成汤庙，高都景德寺，大周村古寺庙建筑群，高平嘉祥寺，尹西东岳庙，西顿济渎庙，北马玉皇庙，三王村三嵕庙，坛岭头岱庙，良户玉虚观，南庄玉皇庙，川底佛堂，董峰万寿宫，建南济渎庙，史村东岳庙，南召文庙，水东崔府君庙，薛庄玉皇庙，石末宣圣庙，陈廷敬故居，仙翁庙，坪上汤帝庙，府城关帝庙 **朔州市**：佛宫寺释迦塔，崇福寺，广武汉墓群，净土寺，广武城 **晋中市**：平遥城墙，镇国寺，双林寺，旌介遗址，榆次城隍庙，祆神楼，八路军前方总部旧址，介休后土庙，慈相寺，平遥文庙，资寿寺，乔家大院，洪山窑址，什贴墓群，普光寺，安禅寺，无边寺，张壁古堡，兴梵寺，福祥寺，真圣寺，崇圣寺，懿济圣母庙，清虚观，回銮寺，金庄文庙，晋祠庙，福田寺，介休东岳庙，光化寺，昔阳崇教寺，左权文庙大成殿，利应侯庙，灵石后土庙，平遥清凉寺，王家大院，孟家沟龙泉寺，曹家大院，净信寺，渠家大院，平遥城隍庙，日升昌旧址，太和岩牌楼，介休五岳庙，八路军一二九师司令部旧址，梁村遗址，

续表

省（市）	全国重点文物保护单位
山西	苇则寿圣寺，寺坪普照寺大殿，襄垣慈胜寺，介休城隍庙，新村妙觉寺，范村圆智寺，干坑南神庙，静升文庙，云峰寺石佛殿，北依涧永福寺过殿，梁家滩白云寺，平遥惠济桥，雷履泰旧居，平遥市楼，介休源神庙，南政隆福寺，石马寺石窟，山西铭贤学校旧址，孔家大院，大寨人民公社旧址 **忻州市**：南禅寺大殿，佛光寺，白求恩模范病室旧址，岩山寺，显通寺（五台山古建筑群），广济寺大雄宝殿，阿育王塔，边靖楼，洪福寺，金洞寺，定襄关王庙，延庆寺，三圣寺，代县文庙，公主寺，秘密寺，徐向前故居，西河头地道战遗址，繁峙正觉寺大雄宝殿，原平惠济寺，罗睺寺，阎家大院，南茹八路军总部旧址 **吕梁市**：则天庙，晋绥边区政府及军区司令部旧址，马茂庄墓群，兴东垣东岳庙，太符观，香严寺，安国寺，南村城址，卦山天宁寺，义居寺，汾阳五岳庙，善庆寺，碛口古建筑群，汾阳文峰塔，天贞观，杏花村汾酒作坊，中阳楼，东龙观墓群，上贤梵安寺塔，柏草坡龙天土地庙，孝义三皇庙，孝义天齐庙，交城玄中寺，后土圣母庙，孝义慈胜寺，玉虚宫下院 **临汾市**：广胜寺，丁村遗址，侯马晋国遗址，丁村民宅，陶寺遗址，曲村——天马遗址，牛王庙戏台，霍州州署大堂，千佛庵，柿子滩遗址，大悲院，洪洞玉皇庙，柏山东岳庙，霍州窑址，老君洞，乡宁寿圣寺，汾城古建筑群，东羊后土庙，霍州观音庙，四圣宫，普净寺，王曲东岳庙，南撖东岳庙，乔泽庙戏台，尧陵，铁佛寺，师家沟古建筑群，娲皇庙，羊舌墓地，郎寨砖塔，麻衣寺砖塔，灵光寺琉璃塔，东许三清庙献殿，襄陵文庙大成殿，南林交龙泉寺，洪洞关帝庙，永和文庙大成殿，隰县鼓楼，洪洞商山庙，石四牌坊和木四牌坊，樊店关帝庙，净石宫，七里脚千佛洞石窟 **运城市**：永乐宫，万荣东岳庙，解州关帝庙，西侯度遗址，禹王城遗址，司马光墓，西阴村遗址，绛州大堂及三楼，万荣后土庙，东下冯遗址，蒲津渡与蒲州故城遗址，马村砖雕墓，万荣稷王庙，清凉寺，广仁王庙，芮城城隍庙，泛舟禅师塔，临晋县衙，太阴寺，福胜寺，稷益庙，青龙寺，上郭城址和邱家庄墓群，黄河栈道遗址，崔家河墓群，妙道寺双塔，白台寺，舜帝陵庙，乔沟头玉皇庙，后稷庙，龙香关帝庙，新绛龙兴寺，稷山稷王庙，景云宫玉皇殿，大洋泰山庙，二郎庙北殿，埝堆玉皇庙，寨里关帝庙献殿，郭村泰山庙大殿，三官庙，古垛后土庙，

第一章 中国文化遗产保护的历史进程

续表

省（市）	全国重点文物保护单位
山西	万泉文庙，董封戏台，常平关帝庙，匼河遗址，坡头遗址，金胜庄遗址，东庄遗址，西王村遗址，周家庄遗址，古魏城遗址，下阳城遗址，虞国古城遗址，虞坂古盐道，程村遗址，猗氏故城，玉壁城遗址，冯古庄墓地，山王墓地，横北倗国墓地，薛嵩墓，北阳城砖塔，巷口寿圣寺砖塔，闫原头永兴寺塔，张村圣庵寺塔，万荣稷王山塔，中里庄八龙寺塔，万荣旱泉塔，南阳村寿圣寺塔，运城太平兴国寺塔，宋村永兴寺，长春观，河津台头庙，南柳泰山庙，上冯圣母庙，南阳法王庙，夏县文庙大成殿，泉掌关帝庙，绛县文庙，薛瑄家庙及墓地，运城关王庙，池神庙及盐池禁墙，绛州文庙，北池稷王庙，玄帝庙，南樊石牌坊及碑亭，乔寺碑楼，郭家庄仇氏石牌坊及碑亭，闫景李家大院，稷山大佛
河南	**郑州市：** 太室阙，少室阙，启母阙，嵩岳寺塔，观星台，郑州商代遗址，郑韩故城，巩县石窟，宋陵，净藏禅师塔，打虎亭汉墓，西山遗址，王城岗及阳城遗址，初祖庵及少林寺塔林，裴李岗遗址，大河村遗址，古城寨城址，荥阳故城，巩义窑址，后周皇陵，康百万庄园，会善寺，永泰寺塔，法王寺塔，中岳庙，大唐嵩阳观纪圣德感应之颂碑，织机洞遗址，新砦遗址，唐户遗址，大师姑城址，小双桥遗址，大周封祀坛遗址，欧阳修墓，李诫墓，新郑轩辕庙，崇唐观造像，刘碑寺碑，郑州二七罢工纪念塔和纪念堂，李家沟遗址，尚岗杨遗址，后庄王遗址，青台遗址，秦王寨遗址，人和寨遗址，花地嘴遗址，曲梁遗址，娘娘寨遗址，稍柴遗址，南洼遗址，望京楼遗址，祭伯城遗址，华阳故城，京城古城址，苑陵故城，汉霸二王城，铁生沟冶铁遗址，密县瓷窑遗址，苌村汉墓，后士郭壁画墓，少林寺，千尺塔，寿圣寺双塔，凤台寺塔，清凉寺，南岳庙，郑州城隍庙（含文庙大成殿），登封城隍庙，郑州清真寺，密县县衙，慈云寺石刻，张祜庄园，刘镇华庄园 **开封市：** 祐国寺塔，北宋东京城遗址（含繁塔、延庆观），开封城墙，山陕甘会馆，焦裕禄烈士墓，鹿台岗遗址，尉氏兴国寺塔，朱仙镇清真寺，开封东大寺，刘青霞故居，河南留学欧美预备学校旧址，段岗遗址，启封故城，朱仙镇岳飞庙（含关帝庙），相国寺，天主教河南总修院旧址，国共黄河归故谈判旧址 **洛阳市：** 龙门石窟，白马寺，汉魏洛阳故城，二里头遗址，尸乡沟商城遗址，隋唐洛阳城遗址，千唐志斋石刻，邙山陵墓群，恭陵，潞泽会馆，王湾遗址，滑国故城，范仲淹墓，两程故里，洛阳周公庙，关林，河南府文庙，祖师庙，洛阳山陕会馆，升仙太子碑，八路军洛阳办事处

续表

省（市）	全国重点文物保护单位
河南	旧址，七里坪遗址，北窑遗址，土门遗址，桥北村遗址，西王村遗址，洛阳东周王城，刘国故城，宜阳韩都故城，新安函谷关，宋陵采石场，洛南东汉帝陵，魏明帝高平陵，后晋显陵，程颐、程颢墓，五花寺塔，灵山寺，水泉石窟，万佛山石窟，大宋新修会圣宫铭碑，洛阳西工兵营，洛阳涧西苏式建筑群 **平顶山市**：风穴寺及塔林，清凉寺汝官窑遗址，蒲城店遗址，叶邑故城，望城岗冶铁遗址，段店窑址，张公巷窑址，应国墓地，法行寺塔，三苏祠和墓，郏县文庙，叶县县衙，汝州文庙，元次山碑，李楼遗址，煤山遗址，小李庄遗址，文集遗址，父城遗址，舞钢冶铁遗址群，严和店窑址，香山寺大悲观音大士塔及碑刻，临沣寨，郏县山陕会馆，豫陕鄂前后方工作委员会旧址 **安阳市**：殷墟，修定寺塔，羑里城遗址，灵泉寺石窟，汤阴岳飞庙，安阳天宁寺塔，明福寺塔，小南海石窟，三杨庄遗址，红旗渠，白营遗址，固岸墓地，安阳高陵，阳台寺双石塔，大兴寺塔，兴阳禅寺塔，韩王庙与昼锦堂，高阁寺，彰德府城隍庙，林州惠明寺，西蒋村马氏庄园，洪谷寺塔与千佛洞石窟，袁林 **鹤壁市**：大伾山摩崖大佛及石刻，卫国故城，云梦山摩崖，大赉店遗址，宋庄东周贵族墓地，玄天洞石塔，浚县古城墙及文治阁，碧霞宫，田迈造像 **新乡市**：潞简王墓，比干庙，孟庄遗址，百泉，共城城址，白云寺，望京楼，西明寺造像碑，琉璃阁遗址，沙门城址，玲珑塔，广唐寺塔，天王寺善济塔，香泉寺石窟，尊胜陀罗尼经幢，陀罗尼经幢，新乡文庙大观圣作之碑，河朔图书馆旧址 **焦作市**：府城遗址，朱载堉墓，天宁寺三圣塔，妙乐寺塔，嘉应观，慈胜寺，山阳故城，当阳峪窑址，韩愈墓，胜果寺塔，百家岩寺塔，沁阳北大寺，千佛阁，青天河摩崖，徐堡古城址，西金城遗址，商村遗址，于国故城，汉献帝禅陵，许衡墓，药王庙大殿，显圣王庙，寨卜昌村古建筑群，青龙宫，西关清真寺，窄涧谷太平寺石窟，水南关清真寺阿文碑 **濮阳市**：戚城遗址，唐兀公碑，冀鲁豫边区革命根据地旧址，西水坡遗址，濮阳卫国故城

第一章　中国文化遗产保护的历史进程

续表

省（市）	全国重点文物保护单位
河南	**许昌市**：钧台钧窑遗址，瓦店遗址，石固遗址，扒村窑址，乾明寺塔，许昌文峰塔，灵井"许昌人"遗址，许由寨遗址，刘庄遗址，鄢国故城，十二连城，汉魏许都故城，后汉皇陵，明周王墓，兴国寺塔，坡街关王庙大殿，襄城文庙，襄城城墙，襄城乾明寺，天宝宫，许昌关帝庙，禅静寺造像碑 **漯河市**：贾湖遗址，小商桥，受禅碑与受禅台，郝家台遗址，许慎墓，彼岸寺碑，阿岗寺遗址 **三门峡市**：仰韶村遗址，虢国墓地，北阳平遗址，庙底沟遗址，宝轮寺塔，鸿庆寺石窟，不召寨遗址，卢氏城隍庙，陕县安国寺，庙上村地坑窑院 **南阳市**：社旗山陕会馆，张衡墓，张仲景墓及祠，南阳武侯祠，内乡县衙，八里岗遗址，南阳知府衙门，荆紫关古建筑群，瓦房庄冶铁遗址，泗洲寺塔，鄂城寺，仓房香严寺，福胜寺塔，杏花山与小空山遗址，黄山遗址，太子岗遗址，八里桥遗址，邓窑遗址，镇平菩提寺，佛沟摩崖造像 **商丘市**：汉梁王墓群，归德府城墙，王油坊遗址，李庄遗址，宋国故城，阎庄圣寿寺塔，崇法寺塔，造律台遗址，柘城孟庄遗址，芒砀山汉代礼制建筑基址，柘城故址，大运河商丘南关码头遗址，徐堌堆墓群，商丘淮海战役总前委旧址 **信阳市**：鄂豫皖革命根据地旧址，红二十五军长征出发地，番国故城遗址，城阳城址，黄国故城，陈元光祖祠，邓颖超祖居，中国工农红军第二十五军司令部旧址，蒋国故城，永济桥，鸡公山近代建筑群 **周口市**：平粮台古城遗址，太昊陵庙，周口关帝庙，鹿邑太清宫遗址，商水寿圣寺塔，太康文庙，吕潭学校旧址，段寨遗址，南顿故城，刘崇墓，高贤寿圣寺塔，邓城叶氏庄园，袁寨古民居 **驻马店市**：中共中央中原局旧址，蔡国故城，酒店冶铁遗址，杨台寺遗址，下河湾冶铁遗址，宝严寺塔，悟颖塔，嵖岈山卫星人民公社旧址，董桥遗址，台子寺遗址，天堂寺遗址，葛陵故城，沈国故城，正阳石阙，秀公戒师和尚塔 **济源市**：济渎庙，大明寺，奉仙观，轵国故城，柴庄延庆寺塔，阳台宫，五龙口古代水利设施

资料来源：《第一批至第七批全国重点文物保护单位目录》，搜狐网，2018 年 1 月 13 日，http://www.sohu.com/a/216406685_266006。

中国是历史悠久的文明古国，拥有极为丰富的文化遗产。保护和利用好文物，对于继承和发扬民族优秀文化传统、增进民族团结和维护国家统一、增强民族自信心和凝聚力、促进社会主义精神文明建设，都具有重要而深远的意义。

3. 文物保护单位的实践管理。

我国《文物保护法》并未明确提出文物保护单位保护规划的概念，仅规定"核定为文物保护单位的不可移动文物的具体保护措施，并公告施行"。2003年《文物保护工程管理办法》颁布。该办法第四条明确规定："文物保护单位应当制定专项的总体保护规划"①。同年，国家文物局颁布《全国重点文物保护单位保护规划编制审批管理办法》，规定："文物保护单位保护规划是实施文物保护单位保护工作的法律依据，是各级人民政府指导、管理文物保护单位保护工作的基本手段；文物保护单位保护规划可根据文物保护单位的规模和复杂程度分为总体规划和专项规划；规模特大、情况复杂的文物保护单位应首先进行可行性研究并编制总体保护规划纲要"②。《全国重点文物保护单位保护规划编制要求》对文物保护规划的深度也做出了明确规定，指出文物保护单位保护规划的"规划文本内容一般应包括各类专项评估、规划原则与目标、保护区划与措施、若干专项规划、分期与估算五部分基本内容；规模特大、情况复杂的文物保护单位规划文本还应包括土地利用协调、居民社会调控、生态环境保护等相关内容"③。《中国文物古迹保护准则》中指出："制定保护规划必须根据评估的结论，首先要确定主要的保护目标和恰当的保护措施。一般规划应包括保护措施、利用功能、展陈方案和管理手

---

① 文化部：《文物保护工程管理办法》，文化和旅游部网，2003年4月1日，https://zwfw.mct.gov.cn/zcfg/zcfgDetail? uuid=370。

② 国家文物局：《全国重点文物保护单位保护规划编制审批管理办法》，载于《文物工作》2004年第8期。

③ 国家文物局：《全国重点文物保护单位保护规划编制要求》，国家文物局网，2007年10月28日，http://www.sach.gov.cn/art/2007/10/28/art_2208_56623.html。

段四方面内容,特殊的对象可制定分区、分类等专项规划。"①《关于〈中国文物古迹保护准则〉若干重要问题的阐述》指出:"凡是具有环境要素的和群体规模的保护单位都应当编制保护总体规划,内容应包括以下 6 部分:基本情况、保护总原则和预期总目标、保护措施、规定利用功能、展示陈列方案和管理手段"②。

按《文物保护法》的规定,文物保护单位在修缮、保养、迁移以及使用时必须遵守不改变文物原状的原则,不得损毁、改正、添建或者拆除。在保护文物保护单位、历史文化街区(村、镇)、历史文化名城这三个层次的保护体系中,现行的法规政策针对不同的类型,采取了原物保护、原貌保护、风貌保护等不同保护方法,这对厘清保护策略、协调保护与发展的矛盾有重要的实践意义。对于文物保护单位,要坚持《文物保护法》确定的原则,保护其真实性和完整性,保存它们的全部历史信息。保存其历史的真实性,从横向的范围讲,应按《世界遗产公约实施指南》的说法,包括形式、材料、功能、技术、位置、非物质文化遗产、情感因素七个方面;从纵向的时间讲,包括始建时完整的状态、历史上多次改建后的状态、长期受损后残缺的状态③。

关于文物保护单位保护范围,《文物保护法》规定,"在文物保护单位的保护范围和建设控制地带内,不得建设污染文物保护单位及其环境的设施,不得进行可能影响文物保护单位安全及

---

① 国家文物局:《中国文物古迹保护准则(2015)》,国际古迹遗址理事会网,2015 年 4 月 22 日,http://www.icomoschina.org.cn/uploads/download/20150422100909_download.pdf。

② 国际古迹遗址理事会、中国国家委员会:《关于〈中国文物古迹保护准则〉若干重要问题的阐述》,载于《中国长城博物馆》2013 年第 2 期。

③ 联合国教科文组织:《世界遗产公约实施指南(2015)》,联合国教科文组织亚太地区世界遗产培训中心网,2015 年 8 月 7 日,http://www.whitr-ap.org/themes/73/userfiles/download/2015/8/7/motf3siyz18ejus.pdf。

其环境的活动。对已有的污染文物保护单位及其环境的设施,应当限期治理。文物保护单位的保护范围内不得进行其他建设工程或者爆破、钻探、挖掘等作业。但是,因特殊情况需要在文物保护单位的保护范围内进行其他建设工程或者爆破、钻探、挖掘等作业的,必须保证文物保护单位的安全,并经核定公布该文物保护单位的人民政府批准,在批准前应当征得上一级人民政府文物行政部门同意;在全国重点文物保护单位的保护范围内进行其他建设工程或者爆破、钻探、挖掘等作业的,必须经省、自治区、直辖市人民政府批准,在批准前应当征得国务院文物行政部门同意"。《历史文化名城名镇名村保护条例》规定:"在历史文化名城、名镇、名村保护范围内禁止进行下列活动:(1)开山、采石、开矿等破坏传统格局和历史风貌的活动;(2)占用保护规划确定保留的园林绿地、河湖水系、道路等;(3)修建生产、储存爆炸性、易燃性、放射性、毒害性、腐蚀性物品的工厂、仓库等;(4)在历史建筑上刻画、涂污"①。1992年出台的《文物保护法实施细则》规定:"全国重点文物保护单位和国家文物局认为有必要由其审查批准的省、自治区、直辖市级文物保护单位的修缮计划和设计施工方案,由国家文物局审查批准。省、自治区、直辖市级和县、自治县、市级文物保护单位的修缮计划和设计施工方案,由省、自治区、直辖市人民政府文物行政管理部门审查批准。文物修缮保护工程应当接受审批机关的监督和指导。工程竣工时,应当报审批机关验收"②。

全国重点文物保护单位是中华人民共和国对不可移动文物所核定的最高保护级别——国家级文物保护单位。2013年以来,中央共安排文化遗产保护相关资金约656亿元,其中

---

① 国务院:《历史文化名城名镇名村保护条例》,中国政府网,2008年4月29日,http://www.gov.cn/flfg/2008-04/29/content_957342.htm。
② 国家文物局:《中国文化遗产事业法规文件汇编(1949~2009)上册》,文物出版社2009年版,第291页。

安排资金525.9亿元用于支持全国重点文物保护单位维修保护、中央级文博单位免费开放、非物质文化遗产保护等工作"①。文物是文化遗产的重要组成部分，蕴含着中华民族特有的精神价值、思维方式、想象力，体现着中华民族的生命力和创造力。

（二）其他不可移动文物保护类型

随着文物保护事业的发展和全社会对文物保护重要性认识的提高，文物保护单位的数量在扩大，不可移动文物保护的内涵在深化，还增加了许多新的文物古迹类型：如世界遗产、乡土建筑、工业遗产、近现代建筑等。

世界遗产是指被联合国教科文组织和世界遗产委员会确认的人类罕见的、目前无法替代的财富，是全人类公认的具有突出意义和普遍价值的文物古迹及自然景观。世界遗产包括文化遗产、自然遗产、文化与自然遗产、文化景观遗产四类。中国自1985年加入世界遗产公约，至2018年7月3日，共有53个项目被联合国教科文组织列入《世界遗产名录》，其中世界文化遗产32处，世界自然遗产13处，世界文化和自然遗产4处，世界文化景观遗产4处。

乡土建筑，即广大乡村里土生土长的建筑，包括农村的寺庙、祠堂、住宅、商店、书院、村楼、戏台、桥、亭等。其特点和价值在于植根乡土、生长于乡土，和当地人的生活密切相通。它还有许多非物质文化的要素，是物质和非物质文化遗产的结合，是活的文化遗产。浙江诸葛长乐村、贵州郎德上寨等91个村落建筑群被公布为全国重点文物保护单位。安徽西递宏村、福

---

① 张雪：《中央共安排文化遗产保护相关资金约656亿元》，载于《经济日报》2017年12月24日。

建土楼、广东开平碉楼等村落被列入了《世界遗产名录》。①《第三次全国文物普查实施方案》要求:"在全面调查、登录各类不可移动文物的基础上,应重视乡土建筑和建筑群,大遗址和遗址群,跨省区的线形遗址和遗迹的调查登录"。2007年4月中旬,在江苏无锡的会议通过了中国首部关于乡土建筑保护的纲领性文件《中国乡土建筑保护——无锡倡议》,倡导全社会关注乡土建筑,重视对乡土建筑和它所体现的地方文化多样性的保护"②。2012年12月17日,住房城乡建设部、文化部、财政部决定将北京市房山区南窖乡水峪村等第一批共646个具有重要保护价值的村落列入中国传统村落名录。此后,又分别于2013年8月26日、2014年11月7日、2016年11月9日、2018年12月10日分别公布了第二批(915个)、第三批(2 555个)、第四批(1 602个)、第五批(2 646个)名单。

工业遗产,根据《下塔吉尔宪章》等对"工业遗产"的定义,工业遗产指具有历史、技术、社会、建筑或科学价值的工业文化遗迹,包括建筑和机械、厂房、生产作坊和工厂、矿场以及加工提炼遗址和仓库货栈,生产、转移和使用的场所,交通运输及其基础设施以及用于居住、宗教崇拜或教育等和工业相关的社会活动场所,商号商标、票证、招牌以及记忆口述等历史符号记录,无论在时间、范围还是内容方面,工业遗产具有丰富的内涵和外延,为工业化进程中留存的物质文化遗产和非物质文化遗产的总和③。2018年1月27日,第一批"中国工业遗产保护名录"公布,包括江南机器制造总局、汉阳铁厂、京张铁路等100个项目。这批名录覆盖了造船、军工、铁路等门类,是具有代表性、

---

① 国家文物局:《第三次全国文物普查实施方案》,国家文物局网,2007年7月26日,http://www.sach.gov.cn/art/2007/7/26/art_2184_34808.html。
② 薛颖旦、贾梦雨等:《中国乡土建筑保护无锡倡议获通过》,载于《新华日报》2007年4月12日。
③ 国际工业遗产保护联合会:《工业遗产之下塔吉尔宪章》,载于《建筑创作》2006年第8期。

第一章 中国文化遗产保护的历史进程

突出价值的工业遗产。2019年4月12日,"中国工业遗产保护名录(第二批)"发布会在中国科技会堂举行,董家渡船坞、上海船厂、青岛栈桥等100项工业文化遗产项目入选(见图1-1)。

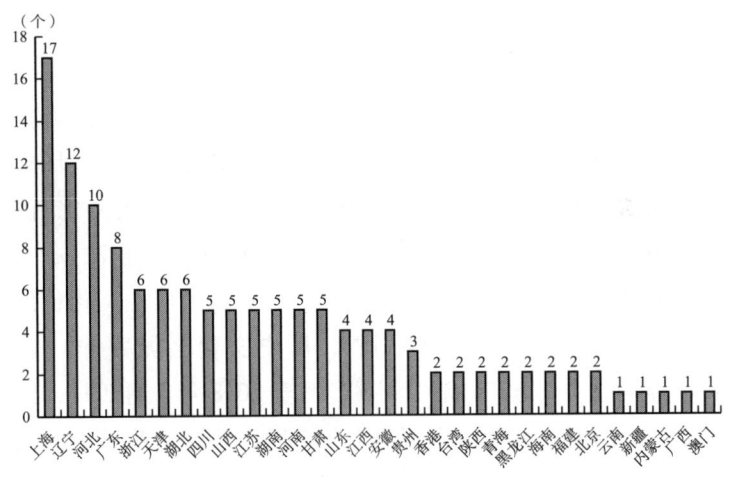

图1-1 第二批中国工业遗产保护名录地域分布情况

近现代建筑指的是从1840年鸦片战争开始,到1949年中华人民共和国成立为止的重要建筑。这类建筑体现了我国古代先民杰出的创造力,直接并综合体现了中华民族和中华文明的起源与发展,是彰显中华5000多年文明史史迹的载体,反映中国古代历史各个发展阶段涉及政治、宗教、军事、科技、工业、农业、建筑、交通、水利等方面的历史文化信息,包括规模宏大、价值重大、影响深远特点的大型聚落、城址、宫室、陵寝墓葬等遗址、遗址群及文化景观。2015年8月27日,首批中国20世纪建筑遗产项目入选名录公布,包括人民大会堂、民族文化宫、人民英雄纪念碑、中国美术馆、中山陵、重庆人民大礼堂、上海外滩建筑群、厦门大学旧址、武汉大学早期建筑、圣·索菲亚教堂、陕西历史博物馆等98项。2017年12月

11日，第二批项目入选名录公布，包括国立中央博物院（旧址）、鼓浪屿近现代建筑群、开平碉楼、黄埔军校旧址、中国人民革命军事博物馆、故宫博物院宝蕴楼、金陵女子大学旧址等100项；2018年11月24日，第三批项目入选名录公布，包括上海市图书馆、马鞍山钢铁厂、北京友谊医院、中央广播大厦等100项①。

历史文化名城、名镇、名村。1982年2月，为了保护那些曾经是古代政治、经济、文化中心或近代革命运动和重大历史事件发生地的重要城市及其文物古迹免受破坏，"历史文化名城"的概念被正式提出。根据《中华人民共和国文物保护法》，"历史文化名城"是指保存文物特别丰富，具有重大历史文化价值和革命意义的城市。从行政区划看，历史文化名城并非一定是"市"，也可能是"县"或"区"②。截至2018年5月2日，国务院已将135座城市列为国家历史文化名城，并对这些城市的文化遗迹进行了重点保护（见表1-3～表1-6）。

表1-3　第一批（1982年2月8日）历史文化名城概况

1. 北京	7. 杭州	13. 开封	19. 遵义
2. 承德	8. 绍兴	14. 荆州	20. 昆明
3. 大同	9. 泉州	15. 长沙	21. 大理
4. 南京	10. 景德镇	16. 广州	22. 拉萨
5. 苏州	11. 曲阜	17. 桂林	23. 西安
6. 扬州	12. 洛阳	18. 成都	24. 延安

---

① 中国建筑学会：《第三批中国"20世纪建筑遗产项目"入选名录发布》，中国建筑学会网，2018年11月27日，http://www.chinaasc.org/news/126810.html。
② 王蒙徽：《学习贯彻习近平总书记关于历史文化保护的重要论述扎实做好历史文化名城名镇名村保护工作》，载于《时事报告》2019年第2期。

表1-4　第二批（1986年12月8日）历史文化名城概况

1. 天津	11. 阆中	21. 敦煌	31. 淮安
2. 保定	12. 宜宾	22. 银川	32. 宁波
3. 济南	13. 自贡	23. 喀什	33. 歙县
4. 商丘	14. 镇远	24. 呼和浩特	34. 寿县
5. 安阳	15. 丽江	25. 上海	35. 亳州
6. 南阳	16. 日喀则	26. 徐州	36. 福州
7. 武汉	17. 韩城	27. 平遥	37. 漳州
8. 襄阳	18. 榆林	28. 沈阳	38. 南昌
9. 潮州	19. 武威	29. 镇江	
10. 重庆	20. 张掖	30. 常熟	

表1-5　第三批（1994年1月4日）历史文化名城概况

1. 正定	11. 长汀	21. 岳阳	31. 建水
2. 邯郸	12. 赣州	22. 肇庆	32. 巍山
3. 新绛	13. 青岛	23. 佛山	33. 江孜
4. 代县	14. 聊城	24. 梅州	34. 咸阳
5. 祁县	15. 邹城	25. 雷州	35. 汉中
6. 哈尔滨	16. 临淄	26. 柳州	36. 天水
7. 吉林	17. 郑州	27. 琼山	37. 同仁县
8. 集安	18. 浚县	28. 乐山	
9. 衢州	19. 随州	29. 都江堰	
10. 临海	20. 钟祥	30. 泸州	

历史文化名城增补情况：2001年：山海关区（2001.8.10）、凤凰县（2001.12.17）。2004年：濮阳市（2004.10.1）。2005年：安庆市（2005.4.14）。2007年：泰安市（2007.3.9）、海口市（2007.3.13）、金华市（2007.3.18）、绩溪县（2007.3.18）、吐鲁番市（2007.4.27）、特克斯县（2007.5.6）、无锡市（2007.9.15）。2009年：南通市（2009.1.2）。2010年：北海市（2010.11.9）。2011年：宜兴市（2011.1.27）、嘉兴市（2011.1.27）、太原市（2011.3.17）、中山市（2011.3.17）、蓬莱市（2011.5.1）、会理县（2011.11.8）。2012年：库车县

(2012.3.15)、伊宁市（2012.6.28）。2013年：泰州市（2013.2.10）、会泽县（2013.5.18）、烟台市（2013.7.28）、青州市（2013.11.18）。2014年：湖州市（2014.7.14）、齐齐哈尔市（2014.8.6）。2015年：常州市（2015.6.1）、瑞金市（2015.8.19）、惠州市（2015.10.3）。2016年：温州市（2016.5.4）、高邮市（2016.11.23）、永州市（2016.12.16）。2017年：长春市（2017.7.3）、龙泉市（2017.7.16）。2018年：蔚县（2018.5.2）。

表1-6　　　　历史文化名镇名村概况

批次	类别	总计（项）	案例
第一批	历史文化名镇	10	江苏省昆山市周庄镇、浙江省桐乡市乌镇
	历史文化名村	12	北京市门头沟区斋堂镇爨底下村、山西省临县碛口镇西湾村
第二批	历史文化名镇	34	上海市金山区枫泾镇、江苏省苏州市吴中区木渎镇
	历史文化名村	24	山西省沁水县土沃乡西文兴村、内蒙古土默特右旗美岱召镇美岱召村
第三批	历史文化名镇	41	河南省社旗县赊店镇、湖北省洪湖市瞿家湾镇
	历史文化名村	36	浙江省永康市前仓镇厚吴村、安徽省黄山市徽州区潜口镇唐模村
第四批	历史文化名镇	58	重庆市永川区松溉镇、四川省巴中市巴州区恩阳镇
	历史文化名村	36	四川省汶川县雁门乡萝卜寨村、贵州省赤水市丙安乡丙安村
第五批	历史文化名镇	38	福建省顺昌县元坑镇、江西省吉安市青原区富田镇
	历史文化名村	61	天津市蓟县渔阳镇西井峪村、河北省井陉县南障城镇大梁江村
第六批	历史文化名镇	71	广东省大埔县三河镇、广西壮族自治区兴安县界首镇
	历史文化名村	102	江苏省南京市江宁区湖熟街道杨柳村、浙江省苍南县桥墩镇碗窑村

(三) 考古发掘

考古发掘是指为了科学研究，经文物行政部门批准，根据发掘计划，对埋藏文物的古文化遗址、古墓葬进行调查、勘探和发现、挖掘文物的活动或工作。

1. 考古发掘的探索成果。

在中国，近代考古学的出现虽然可以上溯到 20 世纪 20 年代，但考古事业的"黄金时代"是随着新中国的成立而迎来的。半个世纪以来，在党和政府的领导下，经过广大文物考古工作者的共同努力，我国的文物考古事业取得了辉煌的成就。

1950 年，中国科学院恢复了已中断 13 年的殷墟发掘。20 世纪前期中国考古学的一项最重要的工作，是 1928~1937 年河南安阳殷墟的十五次发掘及与之相关的研究。殷墟的发掘和研究，不仅证实了商代历史的客观存在，而且将当时文明的灿烂辉煌展示在世界眼前。1950 年，在河南辉县琉璃阁与郑州二里岗的发掘中，确认了早于殷墟的商代前期遗存。此后，这一主题也成了当时考古工作的重点。1955 年，郑州商代前期的城址被发现，经多年探查，知道其城垣周长近 7 公里，城内外有宫殿建筑基址和各种作坊遗迹，以及墓葬、窖穴等。近年又发现有范围更大的郭城（1983 年又发现了始建年代与郑州商城相距不远的偃师商城）[①]。

20 世纪 70 年代以来，大量战国秦汉简牍帛书被发现。其间如山东临沂银雀山汉墓竹简、湖南长沙马王堆汉墓帛书、湖北云梦睡虎地秦墓竹简、湖北江陵张家山汉墓竹简等，都在学术界引起热烈的讨论。1972 年 4 月，山东临沂银雀山西汉墓发掘出土了竹简 7 500 余枚，内容多系先秦文献，古代兵书占有较大比重。这批竹简的出土，引起国内外学术界的广泛关注。1974 年，

---

① 李学勤：《五十年来的中国考古学与古代文明研究》，载于《中国史研究》1999 年第 4 期。

银雀山汉简兵书初步整理的成果公之于世，中外学术界为之震惊。美、法、波兰、日本、马来西亚等国家以及中国香港、台湾地区的各界人士纷纷发表文章，都认为这一重大发现是对世界文化的巨大贡献。国内的军事专家对这一发现也极为重视，认为70年代以来，出土兵书种类最多、数量最大、内容最丰富的首推银雀山汉简。银雀山汉简兵书的内容主要有：《孙子兵法》《孙膑兵法》《六韬》《尉缭子》《守法守令》等13篇；论兵的篇章有《将败》《将失》《兵之恒失》《为国之过》《务过》《分土》《三乱三危》《地典》《客主人分》《善者》《五名五恭》《起师》《奇正》《将义》《观法》《程兵》《将德》《将过》《曲将之法》《雄牝城》《五度九夺》《积疏》《选卒》《十阵》《十问》《略甲》等；另外还有阴阳杂占方面的《曹氏阴阳》《天地八风客主五音之居》等20余篇。如此多的古代军事文献集中出土，在中国历史上尚属首次，这是中国考古史上一次罕见的重大发现[①]。

20世纪80~90年代，我国考古进入玉器出土的"黄金时代"。80年代后期至今，除良渚文化玉器、东北地区除红山玉器不断发现外，还将大量考古成果扩大成"东北系玉器"的大发现；1990年初，在河南三门峡市北部上村岭一带虢国墓地，发现了虢国的国君墓，经前后两期的田野发掘，共出土文物1万多件，其中第2001号墓（M2001）和第2009号墓（M2009）均为九鼎大墓，仅出土玉器就有数百件（组）之多。第2001号墓为重棺单撑墓，出土文物计有3 200余件，其中玉器有150余件（组），种类繁多、造型多样[②]。

进入21世纪，随着科学技术的发展和考古挖掘能力的进步，我国考古工作步入了全新的阶段。金沙遗址是21世纪中国第一个重大的考古发现，是世界上同时期出土古代象牙最集中的遗址

---

① 吴九龙：《银雀山汉简及近年来出土兵书概述》，载于《军事历史》2002年第1期。
② 张彦修：《上村岭虢国墓地铁器的历史考察》，载于《信阳师范学院学报（哲学社会科学版）》1994年第3期。

之一，是中国同时期出土金器、玉器最多的遗址之一。金沙遗址位于成都市西郊苏坡乡金沙村，金沙遗址是四川省继广汉三星堆之后最为重大的考古发现之一，被评为2001年度全国十大考古新发现，是成都地区迄今发现的规模最大的商周时期文化遗址。金沙遗址分布约4平方公里，规模仅次于三星堆，再现了商代晚期至西周时期古蜀文化的辉煌[1]。再如大河口西周墓地位于山西省临汾市翼城县，占地面积约4万余平方米，有墓葬千余座。从2009年开始，考古工作者对墓地进行的大面积发掘已揭露面积15 000余平方米，发现墓葬615座、车马坑22座。墓葬内不仅首次发现了漆木俑、原始瓷器等国宝，而且首次发现西周时期三足铜盂、三足鼎式簋等珍稀青铜器，个别墓葬甚至发现有金器，3000年前的这些宝器为研究古代封国的历史提供了重要史料[2]。2011年4月25日，山西翼城县"大河口西周墓地"入围2010年中国十大考古新发现。还有西汉海昏侯墓即南昌西汉海昏侯墓（又称南昌西汉大墓），位于江西省南昌市新建区大塘坪乡观西村附近，是目前我国发现的面积最大、保存最好、内涵最丰富的汉代列侯等级墓葬，主墓、墓园及周边侯国都城遗址的完整性在国内独一无二，并于2015年入选中国十大考古新发现。自2011年发掘以来，已出土1万余件（套）珍贵文物，对研究中国汉代政治、经济、文化具有重要意义。墓园由两座主墓、七座陪葬墓、一座陪葬坑、园墙、门阙、祠堂、厢房等建筑构成，内有完善的道路系统和排水设施，具有汉代高等级墓葬所包含的许多重要元素，反映了西汉列侯的墓园制度，对研究西汉列侯的园寝制度价值非常巨大[3]。

1990年，由国家文物局领导，中国文物报社、中国考古学会

---

[1] 曲志红：《2001年度"全国十大考古新发现评选"揭晓》，载于《中国民营科技与经济》2002年第Z1期。

[2] 谢亭尧、王金平等：《山西翼城县大河口西周墓地》，载于《考古》2011年第7期。

[3] 刘修兵：《专家点评2010年度中国考古新发现》，载于《中国文化报》2011年6月13日。

主办"十大考古新发现"评选活动开始,迄今为止已评选29届"考古新发现"。纵观近年来入选"考古新发现"入选的项目,能够看出,近年来我国考古挖掘成果愈显丰硕(见表1-7)。

表1-7　　2015~2018年入选的"中国十大考古新发现"

年份	入选项目	发掘单位
2015	远古人类生活的完整图景——云南江川甘棠箐旧石器遗址	云南省文物考古研究所玉溪市文物管理所、江川县文物管理所
	文明扩张的见证——江苏兴化、东台蒋庄遗址	南京博物院兴化博物馆东台博物馆
	5000年前王国的伟大工程——浙江余杭良渚古城外围大型水利工程的调查与发掘	浙江省文物考古研究所、杭州余杭良渚遗址管理区管委会、山东大学、南京大学
	构建海南完整的史前文化史——海南东南部沿海地区新石器时代遗存	中国社会科学院考古研究所、海南省博物馆
	古老都邑的新认识——陕西宝鸡周原遗址	陕西省考古研究院、北京大学考古文博学院、中国社会科学院考古研究所
	古代矿冶工人的足迹——湖北大冶铜绿山四方塘遗址墓葬区	湖北省文物考古研究所、大冶市铜绿山古铜矿遗址保护管理委员会、北京大学考古文博学院、北京科技大学冶金与材料史研究所
	西汉王侯的地下奢华——江西南昌西汉海昏侯刘贺墓	江西省文物考古研究所、南昌市博物馆南昌市新建区博物馆
	紫禁城始祖——河南洛阳汉魏洛阳城太极殿遗址	中国社会科学院考古研究所、洛阳汉魏城工作队
	大辽贵妃的长眠地——内蒙古多伦辽代贵妃家族墓葬	内蒙古文物考古研究所、锡林郭勒盟文物站、多伦县文物局
	发现英雄军舰——辽宁"丹东一号"清代沉船(致远舰)水下考古调查	国家文物局水下文化遗产保护中心、辽宁省文物考古研究所

续表

年份	入选项目	发掘单位
2016	宁夏青铜峡鸽子山遗址	宁夏文物考古研究所、中国科学院古脊椎动物与古人类研究所、青铜峡市文物管理所
	贵州贵安新区牛坡洞洞穴遗址	中国社会科学院考古研究所、贵州省文物考古研究所、贵安新区社会事务管理局
	湖北天门石家河遗址	湖北省文物考古研究所、北京大学考古文博学院、天门市博物馆
	福建永春苦寨坑原始青瓷窑址	福建博物院、泉州市博物馆、永春县博物馆
	陕西凤翔雍山血池秦汉祭祀遗址	陕西省考古研究院、中国国家博物馆、宝鸡市考古研究所、凤翔县文物旅游局、凤翔县博物馆、宝鸡先秦陵园博物馆
	北京通州汉代路县故城遗址	北京市文物研究所、通州区文化委员会
	浙江慈溪上林湖后司岙唐五代秘色瓷窑址	浙江省文物考古研究所、国家文物局水下文化遗产保护中心、宁波市文物考古研究所、慈溪市文物管理委员会办公室
	上海青浦青龙镇遗址	上海博物馆
	山西河津固镇宋金瓷窑址	山西省考古研究所、河津市文物局
	湖南桂阳桐木岭矿冶遗址	湖南省文物考古研究所、北京大学考古文博学院、桂阳县文物管理所

续表

年份	入选项目	发掘单位
2017	新疆吉木乃通天洞遗址	新疆维吾尔自治区文物考古研究所、北京大学考古文博学院
	山东章丘焦家遗址	山东大学考古学与博物馆学系
	陕西高陵杨官寨遗址	陕西省考古研究院、高陵区文体广电旅游局
	宁夏彭阳姚河塬商周遗址	宁夏文物考古研究所、彭阳县文物管理所
	河南新郑郑韩故城遗址	河南省文物考古研究院
	陕西西安秦汉栎阳城遗址	中国社会科学院考古研究所、西安市文物保护考古研究院
	河南洛阳东汉帝陵考古调查与发掘	洛阳市文物考古研究院、郑州大学历史学院
	江西鹰潭龙虎山大上清宫遗址	江西省文物考古研究院、江西省鹰潭市博物馆
	吉林安图宝马城金代长白山神庙遗址	吉林省文物考古研究所、吉林大学边疆考古研究中心
	四川彭山江口明末战场遗址	四川省文物考古研究院、国家文物局水下文化遗产保护中心、眉山市彭山区文物保护管理所
2018	广东英德青塘遗址	广东省文物考古研究所北京大学考古文博学院
	湖北沙洋城河新石器时代遗址	中国社会科学院考古研究所湖北省文物考古研究所
	陕西延安芦山峁新石器时代遗址	陕西省考古研究院西北大学文化遗产学院延安市文物研究所

续表

年份	入选项目	发掘单位
2018	新疆尼勒克吉仁台沟口遗址	新疆维吾尔自治区文物考古研究所、中国人民大学
	山西闻喜酒务头商代墓地	山西省考古研究所
	陕西澄城刘家洼东周遗址	陕西省考古研究院渭南市博物馆、澄城县文体广电局
	江苏张家港黄泗浦遗址	南京博物院苏州市考古研究所、张家港博物馆
	河北张家口太子城金代城址	河北省文物研究所、张家口市文物考古研究所、崇礼区文广新局
	重庆合川钓鱼城范家堰南宋衙署遗址	重庆市文化遗产研究院
	辽宁庄河海域甲午沉舰遗址（经远舰）水下考古调查	国家文物局水下文化遗产保护中心、辽宁省文物考古研究院、大连市文物考古研究所

我国历史悠久，埋藏在地下的文物非常丰富，考古工作成果丰硕。地下文物发掘既是一项科学研究工作，又是文物一种保护的手段，同时涉及基本建设的选厂选线以及城市建设和农业建设。因此，考古发掘必须把是否有利于文物保护作为根本的立足点。对于发掘后文物难以保护的，又不是因基本建设工程急需的古遗址和古墓葬，尤其是大、中型古墓葬和宫殿基址，都不要进行发掘，应加强勘察工作，确保重点区域不受破坏。此外，要把配合经济建设的考古发掘作为长期的战略方针。在社会主义经济建设中随时随地都有文物发现，40年来很多重要文物都是在配合经济建设中发现的。必须尽可能客观地、完整地、系统地揭示历史的本来面貌，反对草率从事的工作作风。考古发掘从项目的确定、人员配备、经费预算直到资料的整理和报告的编写发表，每个环节都是复杂的过程，要求有明确的目的性、严密的计划以

及完善的组织工作和实施方案。当代，必须摒弃旧考古学"为考古而考古"的错误方法，要用历史唯物主义的新历史学观点方法来建树古为今用的新的考古学①。

2. 考古发掘与遗产保护历程。

19世纪末至20世纪初，英、法、德、俄、日等帝国主义国家的探险队在中国的西北和东北地区进行了掠夺性的考古挖掘，使中国大量珍贵文物流失国外。文化之殇为中国敲响了警钟，加快步伐进行考古发掘工作、科学保护文化遗产势在必行。

中国的考古发掘工作开始于20世纪20年代，考古发掘管理工作也产生于这个时期。1928年，南京国民政府设立中央古物保管委员会，下设审核科，管理考古发掘。1930年国民政府公布的《古物保存法》以及1935年国民政府行政院公布的《采掘古物规则》，都对考古发掘的审批等做了规定②。但是这些规定在当时并没有得到认真执行。

中华人民共和国成立后，在文化部设立了文物局，管理全国考古发掘工作。1950年5月，政务院颁发了《古文化遗址及古墓葬之调查发掘暂行办法》，规定："任何团体或个人，在未得中央人民政府文化部批准前，不得擅自进行发掘。"同时对发掘申请、发掘工作和出土文物的保管等也做了相应的规定，把考古调查发掘的工作置于法令监督之下。1961年3月4日，国务院颁布了《文物保护管理暂行条例》，对考古发掘做了相应的规定。1964年8月29日，国务院批准《古遗址、古墓葬调查、发掘暂行管理办法》，对考古发掘的方针、要求以及申请、审批、出土文物的处理等，作了较全面的规定。大规模的考古发掘实际上是在改革开放之后全面铺开的。很多古代遗存因为基本建设的原因

---

① 阎文儒：《中国考古学史》，广西师范大学出版社2004年版，第165页。
② 鲜乔蓥：《中国文物法制化管理的开端——简析南京国民政府的〈古物保存法〉》，载于《中华文化论坛》2010年第2期。

被揭露出来，据统计有 70%～80% 的考古发掘是抢救性清理，主动的考古发掘比重较小，大概占 10%～20%。1982 年 11 月，《中华人民共和国文物保护法》颁布实施，为考古发掘管理工作提供了法律依据；1983 年，文化部颁发了《中华人民共和国考古发掘申请书》《中华人民共和国考古发掘证照》；1984 年，又颁发了《田野考古工作规程（试行）》；1989 年，国务院颁布了《中华人民共和国水下文物保护管理条例》。同年，国家文物局对考古发掘的团体单位和考古发掘项目、个人领队的资格进行了审定。自此以后，我国考古发掘的管理建立在了坚实的法律和科学的基础之上。

根据 2007 年 12 月全国人民代表大会常务委员会修订的《中华人民共和国文物保护法》规定："一切考古发掘工作，必须履行报批手续；从事考古发掘的单位，应当经国务院文物行政部门批准。地下埋藏的文物，任何单位或者个人都不得私自发掘"。该法还规定："考古发掘的文物，应当登记造册，妥善保管，按照国家有关规定移交给由省、自治区、直辖市人民政府文物行政部门或者国务院文物行政部门指定的国有博物馆、图书馆或者其他国有收藏文物的单位收藏。经省、自治区、直辖市人民政府文物行政部门或者国务院文物行政部门批准，从事考古发掘的单位可以保留少量出土文物作为科研标本。考古发掘的文物，任何单位或者个人不得侵占"①。

近年来，有关考古发掘的政策不断出台，制度体系日渐完善。2015 年，国家文物局印发《关于做好当前基本建设考古工作保障重大建设项目顺利实施的通知》，指导各级文物部门与考古单位进一步加强基本建设考古工作组织协调，理顺工作程序，保质提效，为国家重点建设工程提供有力保障。2012～2015 年，

---

① 《中华人民共和国文物保护法》，中国人大网，2017 年 11 月 28 日，http://www.npc.gov.cn/npc/xinwen/2017-11/28/content_2032718.htm。

全国共实施基本建设考古发掘项目 1 803 项，考古发掘面积近 100 万平方米，西气东输、高速公路铁路建设、重大水利设施建设项目、棚户区和城乡危房改造等基本建设工程中的考古工作及时、全面开展，为各项工程顺利实施提供了有利条件，为实现当前形势下国家宏观经济发展目标，以及"京津冀一体化""长江经济带""一带一路"建设等重大战略做出了应有的贡献。2017 年 2 月，国家文物局印发《国家文物局 2017 年工作要点》，该要点提出："加强中国流失海外文物数据库建设，推动文物追索返还取得新成果，着力提升文物工作管理水平，强化文物安全监管，深入开展打击防范文物犯罪活动"。3 月，对《中华人民共和国文物保护法实施条例》进行修订，考古发掘项目从"实行领队负责制度"，变为"实行项目负责人负责制度"。8 月，为规范我国考古勘探工作的程序、内容和技术要求，进一步提升考古勘探和相关管理工作的水平，国家文物局印发《考古勘探工作规程》，切实加强考古勘探工作管理，确保考古勘探工作质量不断得到提高。11 月，国家文物局印发《关于规范文物博物馆单位使用地图的通知》，强调了地图使用的重要性，并对文博单位使用地图提出规范管理，涉及文博单位引用、展览展示、微博、微信等多个方面。2018 年，中办、国办连续出台文物保护利用改革和革命文物保护利用工程两大政策文件，以改革引领发展，是为文物领域对改革开放 40 周年的最好纪念。《关于加强文物保护利用改革的若干意见》将文物事业改革发展整体纳入全面深化改革战略部署，是新时代文物保护利用改革的多领域全方位制度供给。《关于实施革命文物保护利用工程（2018~2022 年）的意见》是推动实施中华优秀传统文化传承发展工程的重大举措。还印发《丝绸之路经济带和 21 世纪海上丝绸之路文化遗产保护与交流合作专项规划》，完成《长城保护总体规划》和《大运河文化保护传承利用总体规划纲要》编制，推动文物保护的科学化发展①。考古发掘研究证明了五千多年中华文明是看得见、摸得着、可感受感悟的文明，增强了全民族文化自信。

多年来，国家文物局持续加大对考古单位建设发展的支持力度，2012～2018年批准新增考古发掘资质单位17家，全国具备考古发掘资质单位达到84家（见表1-8）②。

表1-8　　　　　　全国84家考古发掘资质单位

序号	单位名称	序号	单位名称
1	中国社会科学院考古研究所	17	黑龙江省文物考古研究所
2	中国科学院古脊椎动物与古人类研究所	18	上海博物馆
3	中国国家博物馆	19	南京博物院
4	中国文化遗产研究院	20	南京市博物馆
5	故宫博物院	21	苏州文物考古研究所
6	中国文物信息咨询中心	22	无锡市文化遗产保护和考古研究所
7	国家文物局水下文化遗产保护中心	23	徐州博物馆
8	北京市文物研究所	24	浙江省文物考古研究所
9	天津市文化遗产保护中心	25	宁波市文物考古研究所
10	河北省文物研究所	26	杭州市文物考古研究所
11	山西省考古研究所	27	安徽省文物考古研究所
12	大同市考古研究所	28	福建博物院
13	内蒙古自治区文物考古研究所	29	江西省文物考古研究所
14	辽宁省文物考古研究所	30	山东省文物考古研究所
15	沈阳市文物考古研究所	31	烟台市博物馆
16	吉林省文物考古研究所	32	济南市考古研究所

---

① 刘玉珠：《谱写新时代文物保护利用改革新篇章》，载于《求是》2018年第24期。
② 宋新潮：《近年全国考古工作的新趋势》，载于《中国文物报》2017年1月24日。

续表

序号	单位名称	序号	单位名称
33	河南省文物考古研究所	57	秦始皇兵马俑博物馆
34	洛阳市文物考古研究院	58	甘肃省文物考古研究所
35	郑州市文物考古研究院	59	青海省文物考古研究所
36	湖北省文物考古研究所	60	宁夏回族自治区文物考古研究所
37	荆州博物馆	61	新疆维吾尔自治区文物考古研究所
38	武汉市文物考古研究所	62	北京大学
39	湖南省文物考古研究所	63	吉林大学
40	长沙市文物考古研究所	64	南京大学
41	广东省文物考古研究所	65	四川大学
42	深圳市文物考古鉴定所	66	西北大学
43	广州市文物考古研究所	67	山东大学
44	珠海市博物馆	68	郑州大学
45	广西文物保护与考古研究所	69	武汉大学
46	广西壮族自治区自然博物馆	70	中山大学
47	海南省文物考古研究所	71	厦门大学
48	重庆市文物考古所	72	南京师范大学
49	重庆中国三峡博物馆	73	山西大学
50	四川省文物考古研究院	74	中国人民大学
51	成都市文物考古研究所	75	河南大学
52	贵州省文物考古研究所	76	北京联合大学
53	云南省文物考古研究所	77	文物考古研究所
54	西藏自治区文物保护研究所	78	复旦大学
55	陕西省考古研究院	79	中央民族大学
56	西安市文物保护考古所	80	镇江博物馆

续表

序号	单位名称	序号	单位名称
81	青岛市文物保护考古研究所	83	敦煌研究院
82	宝鸡市考古研究所	84	扬州市文物考古研究所

资料来源：国家文物局：《资质名录》，国家文物局网，2019年4月5日，http://www.nach.gov.cn/col/col1701/index.html。

截至2017年12月，我国文化（文物）单位共有32.64万个，比上年末增加1.58万个；从业人员248.30万人，增加13.50万人。全年接待观众114 773万人次，比上年增长13.3%。年末，全国共有各类文物机构9 931个，比上年末增加977个。其中，文物保护管理机构3 518个，占35.4%；全国文物机构从业人员16.16万人，比上年末增加1.01万人。其中高级职称9 221人，占5.7%，中级职称20 136人，占12.5%[①]（见图1-2和图1-3）。

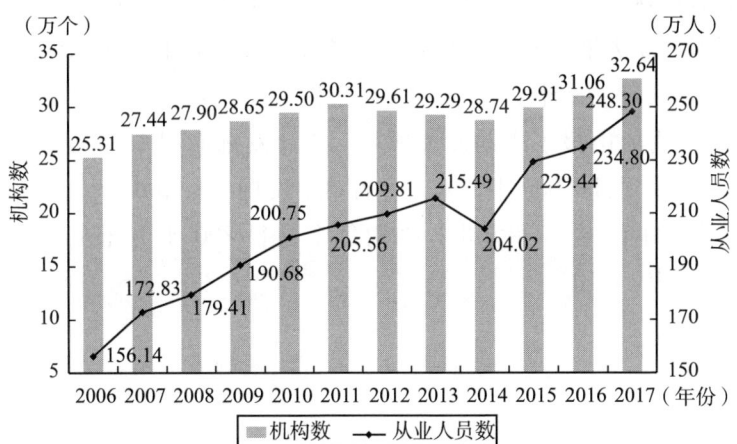

图1-2 2006~2017年全国文化（文物）单位机构数及从业人员数

---

① 文化与旅游部：《2017年文化发展统计公报》，文化和旅游部网，2018年5月31日，http://zwgk.mct.gov.cn/auto255/201805/t20180531_833078.html?keywords=。

图1-3　2006~2017年全国文物机构数及从业人员数

基本建设中的考古工作占有相当重要的地位,达到每年考古发掘量的80%~90%,主动考古发掘项目一般不超过10%。2012~2015年,中国主动实施考古发掘项目1 803项,考古发掘面积近100万平方米。2017年10月,国家文物局公布了"国家文物局2017年度批复立项主动性考古项目"名单,共215个主动发掘项目,总计发掘面积19.4万平方米。共有15所学校联合地方考古所申报了主动发掘项目。总计发掘面积1.59平方米,平均每个项目1 000平方米。各省申报发掘项目200个,总计发掘面积约17.8万平方米,平均每个项目890平方米①(见表1-9、表1-10)。

---

① 佚名:《我国主动性考古项目每年突破200项》,新浪网,2018年9月20日,http://collection.sina.com.cn/yjjj/2018-09-20/doc-ihkhfqnt1869537.shtml。

表1-9　2017年高校申报主动挖掘项目

序号	承担单位	项目名称	项目负责人	保护级别	发掘类别	发掘面积（平方米）	发掘时间
高校实习项目							
1	辽宁省文物考古研究所、辽宁大学历史学院考古学系	辽宁省阜新县沙拉镇六家子村他尺西沟遗址	陈山	D	A	1 000	2017年6月~2017年11月
2	吉林省文物考古研究所、吉林大学边疆考古研究中心	吉林省梨树县小城子镇长山遗址	井中伟	B	A	1 000	2017年7月~2017年11月
3	安徽省文物考古研究所、武汉大学	安徽省固镇县杨庙乡庙新村集东遗址	陈冰白	B	A	500	2017年7月~2018年1月
4	南京大学	安徽省郎溪县磨盘山遗址	水涛	B	A	1 000	2017年7月~2018年1月
5	厦门大学、南平市文管办、浦城县博物馆	福建省浦城县仙阳镇殿基村马道坪遗址	蔡保全	D	A	800	2017年9月~2018年1月
6	山东大学	山东省邹城市峰山镇邾国故城遗址	王青	A	A	1 000	2017年3月~2017年7月
7	河南省文物考古研究院、北京联合大学	河南省杜旗县毛堂村遗址	杨文胜	D	A	2 000	2017年8月~2017年12月
8	郑州大学	河南省荥阳市高村乡官庄遗址	郜向平	B	A	1 000	2017年8月~2018年1月

续表

序号	承担单位	项目名称	项目负责人	保护级别	发掘类别	发掘面积（平方米）	发掘时间
9	河南大学、焦作市文物考古研究所	河南省焦作市文昌街道李屯遗址	刘中伟	C	A	1 300	2017年4月~2017年9月
10	广东省文物考古研究所、中山大学社会学与人类学学院	广东省和平县大坝镇上正村老瓷遗址	邓宏文	D	A	500	2017年9月~2017年12月
11	云南省文物考古研究所、四川大学考古系	云南省剑川县甸南镇天马村海门口遗址	闵锐	A	A	1 200	2017年9月~2018年1月
12	陕西省考古研究院、北京大学考古文博学院、中国社会科学院考古研究所	陕西省扶风县周原召陈北建筑、庄白西墓地	孙庆伟	A	A	2 000	2017年4月~2018年1月
13	西北大学、陕西省考古研究院	陕西省旬邑县张洪镇孙家村遗址	钱耀鹏	D	A	1 000	2017年4月~2017年12月
14	大同市考古研究所、山西大学历史文化学院	山西省大同县吉家庄遗址	李树云	B	A	800	2017年4月~2017年6月
15	中国人民大学、辽宁省文物考古研究所	辽宁省喀喇沁左翼蒙古族自治县山嘴子镇土城子遗址	吕学明	D	A	800	2017年7月~2017年11月

资料来源：《国家文物局办公室关于开展2017年度主动性考古项目和赴外考古项目实施状况评估工作的通知》，国家文物局网，2017年10月11日，http://www.sach.gov.cn/art/2017/10/11/art_2180_96411.html。

表 1-10　　　　2017年各省申报主动挖掘项目

省份	发掘面积（平方米）	项目数量（个）
北京	4 440	3
河北	9 420	11
山西	13 170	10
内蒙古	9 695	5
辽宁	4 925	10
吉林	4 450	6
黑龙江	2 000	3
上海	1 100	2
江苏	10 300	10
浙江	16 600	10
安徽	5 720	5
福建	1 300	3
江西	2 900	6
山东	4 400	5
河南	26 030	25
湖北	9 500	11
湖南	2 800	6
广东	2 520	3
广西	230	2
海南	500	1
重庆	6 580	7
四川	4 000	5
贵州	720	3
云南	3 020	4
西藏	1 250	3
陕西	12 810	15
甘肃	4 250	10

续表

省份	发掘面积(平方米)	项目数量(个)
青海	500	1
宁夏	2 200	3
新疆	6 850	9
江西	4 000	3
合计	178 180	200

资料来源:《国家文物局办公室关于开展2017年度主动性考古项目和赴外考古项目实施状况评估工作的通知》,国家文物局网,2017年10月11日,http://www.sach.gov.cn/art/2017/10/11/art_2180_96411.html。

2018年主动性考古发掘项目共218项,包括山西省大同市大同县吉家庄乡吉家庄遗址、湖北省黄冈市陈策楼镇寨上遗址、江苏省南京市鼓楼区清凉山石头城北垣遗址等。科学深入的考古发掘和研究工作有助于揭示遗产对象的真实面貌、历史细节、年代特征、独特内涵和演变过程,进而提炼出世界文化遗产的"突出普遍价值"以助力申遗行动,也有利于世界文化遗产的保护、利用及其可持续发展[①]。

3. 考古遗产保护方式。

"考古遗产"(archaeological heritage)是国内外已经和正在不断使用的一个泛考古学的概念,既与考古有关,又与遗产相连。二战后,由于对古迹、建筑的保护需要,国际古迹遗址理事会(ICOMOS)于1965年在波兰华沙成立。随着考古遗存也面临着不断被破坏的威胁,ICOMOS又将目光投向考古这一特殊领域,并且在1985年成立了考古遗产管理国际委员会(ICAHM),并对"考古遗产"做出定义,通过1990年的《考古遗产保护和管理宪章》(《洛桑宪章》)确定下来:"根据考古方法提供主要

---

① 贺云翱、陈思妙:《考古发掘与世界文化遗产申报——以明孝陵为例》,载于《东南文化》2019年第1期。

资料实物遗产部分,考古遗产包括人类生存的各种遗存,它是由与人类活动各种表现有关的地点、被遗弃的结构、各种各样的遗迹(包括地下和水下的遗址)以及与上述有关的各种可移动的文化资料所组成"①。

发掘中的考古遗产,在遗产利用中往往被忽视,却能为公众认识参与考古提供新的思路。它们是考古遗产的进行时状态,能够以最形象的方式向公众普及考古学,国内也已开始了积极的探索。2007年"文化遗产日"活动期间,文化部和国家文物局宣布有条件的考古发掘工地也将有组织地向公众开放。杜金鹏先生提出把考古发掘现场作为遗址公园展示的重要项目之一,建议"不仅应当允许公众参观考古工地,有条件时还应邀请部分公众直接参与考古工作"②。

大遗址是与考古遗产紧密相关的保护措施。大遗址大多与城乡建设关系密切,遗址内有人居住且从事着农业或其他生产活动,对这类大遗址要综合考虑保护与居住者的生活与就业,协调多方面的利益关系,解决好参观与继续考古发掘的关系,采取科学的展示方法。2013年,国家文物局、财政部联合印发《大遗址保护"十二五"专项规划》,引导各有关部门和各级地方人民政府进一步强化责任、加大投入,推进一批重点保护展示工程和遗址博物馆建设,形成规模和联动效应,极大地改善了重要遗址保护管理工作的整体面貌。各地遗址保护的基础工作不断加强,考古遗址公园建设工作积极推进。2016年11月,国家文物局印发了《大遗址保护"十三五"专项规划》,分为指导思想、基本原则、总体目标、主要指标、主要任务、保障措施六部分。值得关注的是,规划提出将在"十三五"期间新建成10~20个专门

---

① 国际古迹遗址理事会:《考古遗产保护和管理宪章》,载于《中国长城博物馆》2013年第2期。
② 杜金鹏:《大遗址保护与考古遗址公园建设》,载于《东南文化》2010年第1期。

的考古工作基地（站）；20~30个遗址博物馆；10~15个国家考古遗址公园；8~10处大遗址保护片区；形成一批大遗址保护的理论和科技成果等基本指标。我国较为典型的大遗址有：长城（北京、天津、河北、山西、内蒙古、辽宁、吉林、山东、陕西、甘肃、宁夏、青海、新疆、河南、黑龙江），丝绸之路（新疆、甘肃、青海、宁夏、陕西、河南），大运河（北京、天津、河北、江苏、浙江、安徽、山东、河南），万里茶路（河北、山西、内蒙古、福建、江西、河南、湖北、湖南），秦直道（内蒙古、陕西、甘肃），茶马古道（云南、四川、西藏、贵州、青海、甘肃、陕西），明清海防（辽宁、河北、天津、山东、江苏、上海、浙江、福建、广东、广西、海南），蜀道（陕西、四川、重庆）等[①]。2018年6月，《中华人民共和国文化和旅游部2017年文化发展统计公报》指出，要继续开展"考古中国"重大研究，推进大遗址保护。国家考古遗址公园是大遗址的典型代表类别，目前已经评定了三批。第一批立项共计23个，包括山西晋阳古城考古遗址公园、辽宁牛河梁考古遗址公园、吉林渤海中京考古遗址公园、江苏扬州城考古遗址公园、江西御窑厂考古遗址公园等。第二批立项共计31个，包括河北元中都考古遗址公园、泥河湾考古遗址公园、赵王城考古遗址公园、山西蒲津渡与蒲州故城考古遗址公园、内蒙古辽上京考古遗址公园等。第三批立项共计32个，包括河南仰韶村考古遗址公园、湖北屈家岭考古遗址公园、湖北盘龙城国家考古遗址公园、湖南城头山国家考古遗址公园等。

水下遗产与考古发掘工作亦联系紧密。联合国教科文组织（UNESCO）在2001年《保护水下文化遗产公约》中指出："'水下文化遗产'系指至少100年来，周期性地或连续地，部分或全

---

① 陈文秀：《国家文物局公布大遗址保护"十三五"专项规划》，载于《江南都市报》2016年11月28日。

部位于水下的具有文化、历史或考古价值的所有人类生存的遗迹,例如,遗址、建筑、房屋、工艺品和人的遗骸,及其有考古价值的环境和自然环境;船只、飞行器、其他运输工具或上述三类的任何部分,所载货物或其他物品,及其有考古价值的环境和自然环境;具有史前意义的物品。海底铺设的管道和电缆不应视为水下文化遗产;海底铺设的管道和电缆以外的,且仍在使用的装置,不应视为水下文化遗产"。我国的水下考古事业,开端于20世纪50年代,标志性事件是山东省梁山县城北9公里的宋金故道古沉船的挖掘。1985年,米歇尔·哈彻的打捞事件极大地刺激到了我国考古界,自此,我国水下考古遗产的探索之路更加紧迫。随着1982年《文物保护法》和1989年《水下文物保护管理条例》的出台,水下文化遗产考古事业稳步推进,迄今为止已经取得了"南海1号""南澳1号""碗礁1号""华光礁1号""小白礁1号""三道岗沉船"等一批重要的水下考古发掘成果;出版了《泉州湾宋代沉船发掘与研究》《绥中三道岗元代沉船》《福建连江定海湾沉船考古》《西沙水下考古(1998~1999)》《东海平潭碗礁1号出水瓷器》《蓬莱古船与登州古港》等一批沉船发掘与水下考古报告。近年来,有关水下考古、海上丝绸之路、海洋史、造船史等相关领域的研究机构也纷纷涌现,中国社会科学院、广东省社会科学院、国家海洋局海洋三所、厦门大学、武汉大学、中山大学、武汉理工大学、中国海洋大学(青岛)、大连海事大学等研究机构和高等院校都已设立专门机构或研究团队,开展相关的教学与科研工作。

二、可移动文物管理与博物馆建设

可移动文物管理和博物馆建设是我国文化遗产保护历史中重

要的环节。其中文物管理包括文物保藏、文物法规及专项管理等。可移动文物是文化遗产中的重要环节和关键部分，应当准确理解与把握其价值内在，要将文化遗产保护与中华文明的传承和发展相结合，将文化遗产保护同社会主义精神文明建设及社会主义核心价值观的弘扬相对接，并在此基础上为文化遗产生态保护营造良好的政策环境与社会氛围[①]。

（一）可移动文物管理及保护

可移动文物管理是一项庞大的系统工程，从宏观控制到微观保护，包括的内容极为丰富，涉及的方面极为广阔。就其主要方面而言，一般分为法规管理、计划管理、技术管理、专项管理等。2013年12月31日，我国开展了第一次全国可移动文物普查。截至2016年10月31日，普查全国可移动文物共计108 154 907件/套。其中，按照普查统一标准登录文物完整信息的为26 610 907件/套（实际数量64 073 178件），全国各级综合档案馆馆藏纸质历史档案81 544 000卷/件。

可移动文物数量最多的五个省（直辖市）分别是：北京市11 615 758件，数量占比18.13%；陕西省7 748 750件，数量占比12.09%；山东省5 580 463件，数量占比8.71%；河南省4 783 457件，数量占比7.47%；山西省3 220 550件，数量占比5.03%。以上五省（直辖市）合计32 948 978件，占可移动文物总量的51.42%[②]。

按收藏单位所属行业统计，文化、体育和娱乐业收藏可移动文物55 657 751件，数量占比86.87%；公共管理、社会保

---

① 蔡武进、傅才武：《我国文博管理制度改革发展的基本路径》，载于《福建论坛（人文社会科学版）》2017年第10期。
② 国家文物局：《第一次全国可移动文物普查数据公报》，国家文物局网，2017年4月7日，http://www.sach.gov.cn/art/2017/4/7/art_722_139374.html。

障和社会组织收藏可移动文物3 744 018件,数量占比5.84%;教育行业收藏可移动文物2 819 254件,数量占比4.40%。以上三个行业合计收藏可移动文物62 221 023件,数量占比97.11%。

按文物级别统计,珍贵文物共计3 856 268件,数量占比6.02%,珍贵文物分为一、二、三级;一般文物24 353 746件,数量占比38.01%;未定级文物35 863 164件,占比55.97%[1](见表1-11)。

表1-11　　　　　　可移动文物按级别统计

可移动文物级别	可移动文物实际数量(件)	数量占比(%)
合计	64 073 178	100.00
一级	218 911	0.34
二级	551 192	0.86
三级	3 086 165	4.82
一般	24 353 746	38.01
未定级	35 863 164	55.97

珍贵文物中,数量最多的五个类别是:钱币558 247件,数量占比14.48%;陶器465 340件,数量占比12.07%;书法、绘画393 109件,数量占比10.19%;瓷器381 260件,数量占比9.89%;古籍图书263 745件,数量占比6.84%。以上五个类别合计2 061 701件,占珍贵文物总量的53.46%[2](见表1-12)。

---

[1][2] 国家文物局:《第一次全国可移动文物普查数据公报》,国家文物局网,2017年4月7日,http://www.sach.gov.cn/art/2017/4/7/art_722_139374.html。

表 1-12　　可移动文物按珍贵文物类别统计

珍贵文物类别	珍贵文物实际数量（件）	数量占比（%）
合计	3 856 268	100.00
玉石器、宝石	181 989	4.72
陶器	465 340	12.07
瓷器	381 260	9.89
铜器	218 051	5.65
金银器	54 796	1.42
铁器、其他金属器	24 377	0.63
漆器	9 602	0.25
雕塑、造像	186 732	4.84
石器、石刻、砖瓦	116 367	3.02
书法、绘画	393 109	10.19
文具	46 005	1.19
甲骨	14 661	0.38
玺印符牌	59 820	1.55
钱币	558 247	14.48
牙骨角器	50 809	1.32
竹木雕	54 222	1.41
家具	8 347	0.22
珐琅器	7 323	0.19
织绣	58 382	1.51
古籍图书	263 745	6.84
碑帖拓本	106 430	2.76
武器	49 583	1.29
邮品	36 837	0.96
文件、宣传品	95 713	2.48
档案文书	117 368	3.04
名人遗物	42 791	1.11

第一章　中国文化遗产保护的历史进程

续表

珍贵文物类别	珍贵文物实际数量（件）	数量占比（%）
玻璃器	38 000	0.99
乐器、法器	16 548	0.43
皮革	10 268	0.27
音像制品	12 113	0.31
票据	33 819	0.88
交通、运输工具	1 558	0.04
度量衡器	3 981	0.10
标本、化石	8 384	0.22
其他	129 691	3.36

可移动文物的保藏除了本身的装置设备，如囊、匣、袱、套、箱、架、橱、柜等的保护设备外，在建库房时还必须满足保藏功能要求。文物库房的修建和改建，在设计阶段要涉及许多专业工种，如建筑、结构、暖卫、通风、给水、排水、电照等。总的原则是适用、经济，在可能条件下注意美观，设计出满足保证文物收藏需要的条件[1]。根据《文物保护单位保护管理暂行办法》，文物保护单位设置的专门机构，在保护管理方面应进行下列工作：第一，经常进行保养、整理环境工作，防止人为和自然的破坏，有条件的可以开展有关保护、修复的试验研究工作；第二，调查搜集有关历史资料、文献及实物，组织和参加有关调查、勘察工作；第三，定期进行全面检查工作，向上级汇报，如发生特殊情况，应及时汇报；第四，引导参观，向群众进行文物保护和文物知识的宣传工作[2]。

---

[1] 蒋博光：《博物馆文物库房建筑有关保藏功能要求的研究》，载于《中国博物馆》1995年第4期。

[2] 国家文物局：《中国文化遗产事业法规文件汇编（1949～2009）上册》，文物出版社2009年版，第51页。

（二）博物馆建设的历史进程

博物馆是可移动文物保藏展出的重要载体。近代以来，随着资本主义科学、文化的传播，有关外国博物馆的情况也被介绍到国内来。在林则徐负责翻译和编辑的地理百科全书中，已经存在了类似的描述。

1. 博物馆建设历程。

（1）近代博物馆建设。中国最早的博物馆是由传教士建造的，如19世纪在上海创立了Zikawei博物馆的法国耶稣会。外国殖民主义者在中国创办博物馆大约开始于19世纪中期。1868年法国神父韩伯禄在上海徐家汇建立震旦博物院（亦称徐家汇博物院），主要收藏中国植物标本，也收藏东南亚等地物产标本，但不对外开放。1874年，英国皇家亚洲文会华北分会在上海建立亚洲文会博物院，内设考古、动植物、古生物、地质等组，长期搜罗我国秦汉古物、甲骨、石器等文物[1]。外国在中国开办博物馆实质上是帝国主义文化的一种表现。正如毛泽东在《新民主主义论》中论述中国近代文化思想时指出的："在中国，有帝国主义文化，这是反映帝国主义在政治上经济上统治中国的东西"[2]。

19世纪末20世纪初，中国的改革派决心建立博物馆，作为教育公众和启迪国民的一种方式。1884年，张之洞在广州实学馆的基础上建立了博物馆，聘请詹天佑为教员。不久，改为广东水陆师学堂。中国自主创办的第一个公共博物馆，是张謇1905年筹建的南通博物馆[3]。1935年，中国的几家博物馆联合参加了在英国伦敦举办的国际中国艺术展。这是中国第一次在西方展示

---

[1] 张小澜：《上海自然博物馆前身溯源：兼谈对自然博物馆收藏研究功能定位的思考》，载于《中国博物馆》2013年第4期。
[2] 毛泽东：《毛泽东选集》，人民出版社、解放军出版社1991年版，第662页。
[3] 牛大勇、曹宏、王思渤：《从初创到改革：中国特色社会主义文物事业的探索之路》，载于《河北学刊》2019年第39期。

其迷人的文化和历史。中国博物馆协会成立于同年。此后中国学者开始研究国内外博物馆的运作,并将博物馆理论引入中国。

在接下来的10年里,中国陷入战争动荡,许多博物馆都被关闭。1937年,日本帝国主义发动大规模侵略中国的战争,使博物馆事业受到严重摧残。北方和沿海地区的博物馆或者被毁,或者被迫辗转内迁。国民党统治区仅存的少数博物馆也无法开展更多的活动,博物馆事业处于停滞状态,全国只有8家博物馆开放。但这些不利条件并没有阻止一些学者进行研究,1941年,博物馆学在重庆璧山国立社会教育研究所成立[①]。

总的来看,旧中国的博物馆事业带有半殖民地半封建社会的深刻烙印,博物馆数量少、布局差,有些博物馆因经济困难中途停闭,社会影响较大者寥寥无几。虽然新中国成立前的博物馆事业发展步履维艰,但是仍然有一些别具特色、发展至今的案例。如1944年成立的国立敦煌艺术研究所,1950年改组为敦煌文物研究所,1984年扩建为敦煌研究院。目前,已发展成为一个主要从事石窟文物保护研究,壁画、塑像修复及工程加固为一体的科研实体。再如1925年成立的故宫博物院,1945年抗日战争胜利,北平收复,国民党政府再度接收故宫博物院,马衡继任院长,三处南迁文物复集中于重庆,并于1947年运回南京。1947年9月,古物陈列所合并至故宫博物院。1949年2月,北平解放,故宫博物院由中国人民解放军北平军事管制委员会文化接管委员会接管。同年10月1日,中华人民共和国建立,故宫博物院隶属中央人民政府文化部[②]。故宫博物院如今已经蜚声海内外,成为中华民族文化的伟大缩影。

(2) 新中国博物馆建设。1949年中华人民共和国成立,我

[①] 安来顺:《历史博物馆与博物馆的历史》,载于《回顾与展望:中国博物馆发展百年——2005年中国博物馆学会学术研讨会文集》,2005年。

[②] 佚名:《故宫博物院》,中国网,2006年2月21日,http://www.china.com.cn/zhuanti2005/txt/2006-02/21/content_6125015.htm。

国博物馆事业有了旧时代所不能比拟的大发展，成为我国社会主义科学文化事业的重要组成部分。

1956年全国博物馆工作会议，是总结新中国成立七年来博物馆工作经验的一次重要会议。会议明确提出博物馆的基本性质是"科学研究机关""文化教育机关""物质文化和精神文化遗存以及自然标本的收藏所"；基本任务是"为科学研究服务，为广大人民群众服务"（即"三性二务"）。①

在20世纪50年代和60年代，每个省、自治区、直辖市都建立了博物馆，其中包含有关中国传统文化和历史的综合展览。还建立了纪念馆和专业博物馆，使中国的博物馆总数达到160个。

1962年8月，文化部文物局制定了《关于博物馆和文物工作的几点意见》（即十一条），总结了1958年"大跃进"以来博物馆的经验教训，针对当时的情况和问题，提出了博物馆工作的指导原则和意见。十一条指出，博物馆要根据"调整、巩固、充实、提高"的方针，实行"五定"即进一步确定博物馆的性质、方针、任务和发展方向；拟定五年计划；拟定组织机构和各部门职责，进一步确定干部的工作岗位和专业方向；拟定经常的工作制度和学习制度，建立正常秩序。同时对陈列、保管、科研、群众教育、培养干部等工作提出了具体要求②。

1966~1976年的"文化大革命"，使党、国家和人民遭到新中国成立以来最严重的挫折和损失。博物馆事业也不例外，同样经受了一场灾难。许多博物馆被长时间关闭，基本陈列被拆光，一些省、市、县级博物馆甚至一度被取消了建制。1973年国家文物事业管理局成立，博物馆事业逐步从动乱中苏醒。北京和各地的博物馆先后恢复工作。

---

① 佚名：《全国博物馆工作会议纪要》，载于《文物参考资料》1956年第6期。
② 国家文物局：《中国文化遗产事业法规文件汇编（1949~2009）上册》，文物出版社2009年版，第44页。

1978年8月，国家文物局在大庆召开全国文物、博物馆、图书馆座谈会，强调了博物馆整顿和发展、建立和恢复等各项工作。10月，在苏州开展博物馆文物保管工作，修订了《博物馆藏品保管试行办法》，拟定了《博物馆一级藏品鉴选标准》。博物馆有关专业学科和博物馆学理论的研究也空前活跃起来。据不完全统计，1979～1981年各地报刊发表了有关博物馆工作和博物馆学方面的文章约二百余篇，并成立了中国博物馆协会筹备委员会、中国自然科学博物馆协会、中国文物保护技术协会。一些省市，如江苏、黑龙江、山东、天津、吉林、辽宁等地方博物馆的群众性学术团体也相继成立。为了给博物馆培养专门人才，南开大学、杭州大学、复旦大学等高等学校都开办了博物馆专业。博物馆事业正在走向适合国情、循序渐进、讲求实效、稳定发展的新阶段。

自20世纪80年代以来，中国的博物馆发展迅速，中小型博物馆数量以惊人的速度增长。除历史博物馆外，其他类型的博物馆几乎涵盖了所有主题，并以多种不同方式运作。据国家文物局公布的数据，1978年全国文物部门登记博物馆数量为349个，年均参观人次约百万级；到20世纪末，博物馆数量已超过2 000个。90年代起，中国博物馆的发展趋势由数量上的快速增长转向现代化大馆的重点建设。

改革开放以来的博物馆事业尤其注重海外交流，并取得了一定成果。1983年7月，中国博物馆代表团出席在伦敦召开的国际博协第31届大会，恢复了中国在国际博物馆界的席位；1989年3月，国际博协亚太地区大会在北京举行；1994年9月，中国主办国际博协博物馆学委员会年会，大大提高了中国博物馆的地位，中国博物馆界开始在国际舞台上发声并提出自己的观点。

40年来，伴随着改革开放不断深入的伟大实践，文物价值和文物保护成为社会普遍共识，文物事业发展取得了全面进步。截至2017年底，中国有4 721家博物馆，现如今博物馆数量近

5 000 个，年参观人数将近 9 亿人次。

（3）博物馆建设发展成果。近年来，我国博物馆建设日臻完善，基本形成了以博物馆纪念馆为代表的文物公共服务体系。①博物馆体系日臻完善，特别是各部门、各系统、各行业和民间兴办的博物馆有了很大的发展，办馆主体呈现多元化，行业、部门以及企业、团体、个人等社会力量兴办的博物馆日渐增多，地域分布更加广泛。②藏品保管逐步规范，绝大部分省级以上博物馆及部分新建的地市、县级博物馆设施齐全，藏品保存、展示环境有了明显改观。③社会效益显著提升，全国博物馆积极融入社会，更新服务理念，强化服务意识，充实服务内容，探索展示艺术和表现手法，注重馆藏珍品的完美组合，注重高新技术和材料的合理利用，使基本陈列和专题展览的主题内容、科技含量和艺术感染力都有较大提高。④免费开放取得突破，2008 年开始，全国博物馆向社会免费开放工作正式启动①。

1996～2017 年，中国博物馆规模逐年快速增长，1996 年仅有 1 219 个，到 2017 年，数量达到 4 721 个，占文物机构的 47.5%。1996～2017 年，年复合增长率达 6.6%。近 5 年，我国博物馆数量持续上升，就业人数稳步增长，博物馆藏品数量以及一级藏品数量剧增。根据文化与旅游部、文物局所公布的数据，截至 2017 年，全国文物机构拥有文物藏品 5 096.32 万件，比上年末增长 14.4%，其中，博物馆文物藏品 3 938.32 万件/套，占文物藏品总量的 77.3%②（见图 1-4～图 1-7）。

---

① 陈波、耿达：《博物馆免费开放绩效评价指标体系研究》，载于《艺术百家》2013 年第 29 期。

② 国家统计局：《博物馆相关数据统计》，国家统计局网，http：//data.stats.gov.cn/search.htm？s=博物馆。

图1-4 我国博物馆数量（2010~2017年）

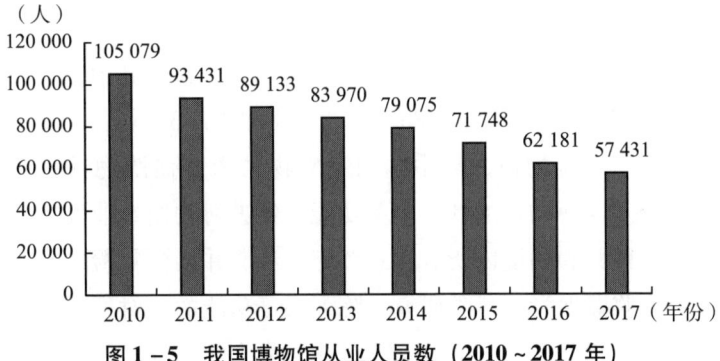

图1-5 我国博物馆从业人员数（2010~2017年）

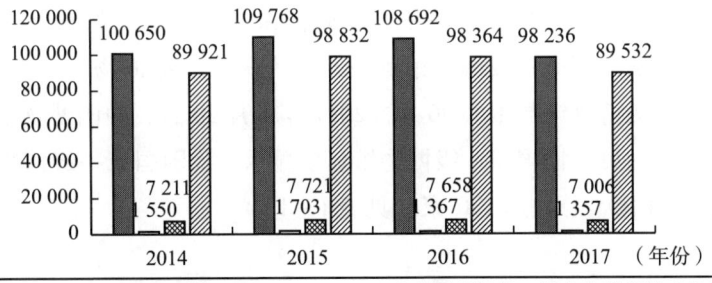

图1-6 博物馆及相关单位文物藏品数（2014~2017年）

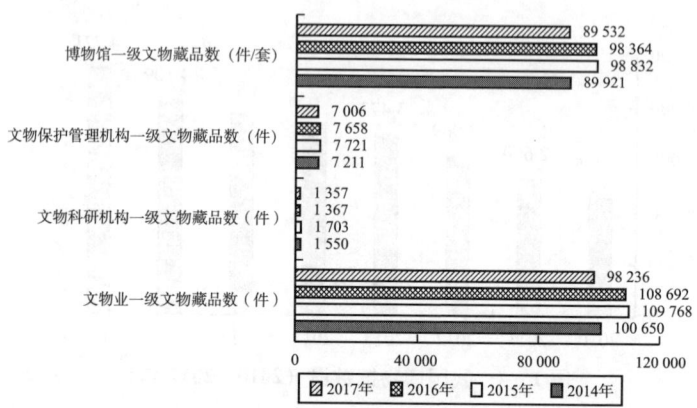

图 1-7 博物馆及相关单位一级藏品数量（2014~2017 年）

我国一、二、三级博物馆数量共达到 855 家，其中，一级博物馆 130 家，二级博物馆 286 家，三级博物馆 439 家[①]。

国家一级博物馆，是中国国家文物局为加强博物馆行业管理，充分发挥博物馆的社会服务功能，促进博物馆事业发展，而对中华人民共和国境内所有正式登记、注册并接受年检，具有文物、标本收藏保管、科学研究、陈列展览功能的，对外开放的各类博物馆。2008 年 5 月评出首批国家一级博物馆 83 家，2012 年 11 月评出第二批 17 家，2013 年 5 月北京天文馆、抗美援朝纪念馆、中国海军博物馆和华侨博物院因未达到国家一级博物馆标准，被取消国家一级博物馆等级，降为国家二级博物馆。至此，全国一级博物馆数量共 96 家。2017 年 1 月 20 日，中国博物馆协会发布的第三批国家一级博物馆名单显示，我国国家一级博物馆再添 34 家，总数达 130 家（见表 1-13）。

---

① 国家统计局：《博物馆相关数据统计》，国家统计局网，http：//data. stats. gov. cn/search. htm？s＝博物馆。

第一章 中国文化遗产保护的历史进程

表1-13　　　　　　　我国一级博物馆名录

省份	批次	博物馆名称		
北京	一	故宫博物院	中国科学技术馆	中国地质博物馆
		中国人民革命军事博物馆	中国航空博物馆	北京鲁迅博物馆
		首都博物馆	北京自然博物馆	中国人民抗日战争纪念馆
		北京天文馆（降级）	周口店猿人遗址博物馆	—
	二	中国国家博物馆	中国农业博物馆	—
	三	北京天文馆	文化部恭王府博物馆	—
天津	一	天津博物馆	天津自然博物馆	周恩来邓颖超纪念馆
河北	一	河北博物院	西柏坡纪念馆	—
	三	邯郸市博物馆	—	—
山西	一	山西博物院	中国煤炭博物馆	八路军太行纪念馆
内蒙古	一	内蒙古博物院	—	—
	三	鄂尔多斯博物馆	—	—
辽宁	一	辽宁省博物馆	"九·一八"历史博物馆	抗美援朝纪念馆（降级）
		旅顺博物馆	—	—
	三	沈阳故宫博物院	大连现代博物馆	—
吉林	一	吉林省自然博物馆	—	—
	二	吉林省博物院	—	—
	三	伪满皇宫博物院	—	—
黑龙江	一	东北烈士纪念馆	铁人王进喜纪念馆	爱辉历史陈列馆
	二	黑龙江省博物馆	—	—
	三	大庆博物馆	—	—

续表

省份	批次	博物馆名称		
上海	一	上海博物馆	上海鲁迅纪念馆	中共一大会址纪念馆
	二	上海科技馆	—	—
	三	陈云纪念馆	—	—
江苏	一	南京博物院	侵华日军南京大屠杀遇难同胞纪念馆	南通博物苑
	二	苏州博物馆	扬州博物馆	—
	三	常州博物馆	南京市博物总馆	—
浙江	一	浙江省博物馆		
	二	浙江自然博物馆	中国丝绸博物馆	宁波博物馆
	三	杭州博物馆	温州博物馆	—
安徽	一	安徽省博物馆		
	三	安徽中国徽州文化博物馆	—	—
福建	一	福建博物院	古田会议纪念馆	泉州海外交通史博物馆
		华侨博物院（降级）	—	—
		中国闽台缘博物馆	—	—
	三	中央苏区（闽西）历史博物馆	—	—
江西	一	井冈山革命博物馆	江西省博物馆	瑞金中央革命根据地纪念馆
		南昌八一起义纪念馆	—	—
	三	安源路矿工人运动纪念馆	—	—

续表

省份	批次	博物馆名称		
山东	一	中国海军博物馆（降级）	青岛市博物馆	中国甲午战争博物馆
		青州博物馆	—	—
	二	山东博物馆	—	—
	三	烟台市博物馆	潍坊市博物馆	—
河南	一	河南博物院	郑州博物馆	洛阳博物馆
		南阳汉画馆	—	—
	三	开封市博物馆	鄂豫皖苏区首府革命博物馆	—
湖北	一	湖北省博物馆	荆州博物馆	武汉博物馆
	三	辛亥革命武昌起义纪念馆	武汉市中山舰博物馆	—
湖南	一	湖南省博物馆	韶山毛泽东故居纪念馆	刘少奇故居纪念馆
	三	长沙简牍博物馆	—	—
广东	一	广东省博物馆	西汉南越王博物馆	孙中山故居纪念馆
	二	深圳博物馆	—	—
	三	广州博物馆	广东民间工艺博物馆	—
广西	一	广西壮族自治区博物馆	—	—
	三	广西民族博物馆	—	—
海南	二	海南省博物馆	—	—
四川	一	自贡恐龙博物馆	三星堆博物馆	成都武侯祠博物馆
		邓小平故居陈列馆	成都杜甫草堂博物馆	—
	二	四川博物院	成都金沙遗址博物馆	—
	三	自贡市盐业历史博物馆	—	—
贵州	一	遵义会议纪念馆	—	—
云南	一	云南省博物馆	云南民族博物馆	—

续表

省份	批次	博物馆名称		
重庆	一	重庆中国三峡博物馆	—	—
	二	重庆红岩革命历史博物馆	—	—
	三	重庆自然博物馆	—	—
西藏	一	西藏博物馆		
陕西	一	陕西历史博物馆	秦始皇兵马俑博物馆	延安革命纪念馆
		汉阳陵博物馆	西安碑林博物馆	西安半坡博物馆
	二	西安博物院		
	三	宝鸡青铜器博物院	西安大唐西市博物馆	
甘肃	一	甘肃省博物馆	—	
	三	天水市博物馆	敦煌研究院	
宁夏	一	固原博物馆		
	二	宁夏博物馆		
青海	三	青海省博物馆		
新疆	一	新疆维吾尔自治区博物馆	—	—
	三	吐鲁番博物馆	—	—

2. 博物馆免费开放。

从2008年起,除遗址类、古建类博物馆外,我国宣传、文化、文物部门主管的博物馆、纪念馆、爱国主义教育基地全面向社会免费开放。

在政府相关部门的主导下,我国的博物馆免费开放政策一举推开并迅速扩大,免费开放的博物馆数量从2008年的502家增加到2017年的3 393家,数量增长了6倍多。另外,中央财政的免费开放专项补助资金也从2008年的12亿元增长到2018年的51.85亿元。10年来中央财政已累计安排公益性文化设施免费开放补助资金超过458亿元,同时通过政府购买公共文化服务等方式,推动了民营博物馆等民营文化设施的免费开放。这已经成为中央财政在博物馆领域最大的一笔专项经费。根据2017年统计资料,在中央补助资金带动下,全国共有3 393家博物馆实行免费开放,占博物馆总数的80%以上①。

在陈列展览方面,2017年,我国博物馆共举办陈列布展约2万个,陈列艺术水平也比过去有大幅改善和提升。部分重要博物馆的展陈数量和质量已跻身国际先进行列。在参观人数方面,2017年,共有约6.78亿人次走进博物馆,仅次于美国位居世界第二。部分优质展览成为"爆款",出现了排队看展的现象。在社会教育活动方面,全国博物馆一年举办各种社会教育和公共服务活动达20余万项。

据统计,2017年中国国家博物馆总共开放312天,接待观众总数8 062 625人次,平均每天接待观众2.6万人次,其中包括未成年人观众139万人次,占比17%,北京地区观众356万人次,占比44%,外籍观众77万人次,占比9.5%。根据每月观众统计数据显示,2月观众接待量最大,达到861 194人次,1月观众接待量最小,为517 568人次。再如,2015年之前,淡季11月1日到次年3月31日故宫的日均参观人数在2.9万人左右。旺季以暑假为例,故宫人均接待量在7万人以上,最多的日均接待人数超过了10万人次。

还有,河南博物院自2008年正式免费开放后,每天接待量平均达到8 000余人次;2014年,每月参观人数达14万人;2017年,河南博物院在主展馆维修期间,周二到周五平均每天参观人数都在3 000人左右,周末能达到5 000人。国庆长假期

---

① 《中国国家博物馆发布观众数据报告(2017年度)》,搜狐网,2018年2月20日,http://www.sohu.com/a/223313888_687828。

间,参观人数最高一天达到1.6万人,累计参观人数7.6万人[①]。

博物馆免费开放政策的推动与落实,提升了公众参与文化活动的积极性,增加了博物馆观众的数量,对于促进我国文化建设的进程具有重要意义。

三、非物质文化遗产保护

联合国教科文组织《保护非物质文化遗产公约》中所称非物质文化遗产,指被各社区、群体,有时是个人,视为其文化遗产组成部分的各种社会实践、观念表述、表现形式、知识、技能以及相关的工具、实物、手工艺品和文化场所[②]。

《中华人民共和国非物质文化遗产法》所称非物质文化遗产,是指各族人民世代相传并视为其文化遗产组成部分的各种传统文化表现形式,以及与传统文化表现形式相关的实物和场所。包括:(1)传统口头文学以及作为其载体的语言;(2)传统美术、书法、音乐、舞蹈、戏剧、曲艺和杂技;(3)传统技艺、医药和历法;(4)传统礼仪、节庆等民俗;(5)传统体育和游艺;(6)其他非物质文化遗产。属于非物质文化遗产组成部分的实物和场所,凡属文物的,适用《中华人民共和国文物保护法》的有关规定[③]。

截至2017年末,我国共有非物质文化遗产保护机构2 466个,从业人员17 235人。全年全国各类非物质文化遗产保护机构举办演出50 178场,增长19.0%,观众4 558万人次,增长

---

① 《十大国家级博物馆参观人数数据统计》,鹿豹座网,2018年3月26日,http://www.lbzuo.com/shuju/show-15865.html。

② 联合国教科文组织:《保护非物质文化遗产公约》,中国保护知识产权网,2003年10月17日,http://www.ipr.gov.cn/zhuanti/law/conventions/other/ICH.html。

③ 《中华人民共和国非物质文化遗产法》,中国人大网,2011年5月10日,http://www.npc.gov.cn/huiyi/lfzt/fwzwhycbhf/2011-05/10/content_1666069.htm。

6.8%；举办民俗活动 15 133 次，增长 3.9%，观众 6 211 万人次，增长 34.5%①。

（一）早期非遗保护

20 世纪早期，随着西方思想的迅速传入、中国先进知识分子的觉醒，中国本土文化的研究开始行动起来。1918 年北京大学成立近世歌谣征集处，1920 年，顾颉刚、周作人、刘半农等人在北大成立歌谣研究会，1922 年创办了《歌谣》周刊，自此拉开了民俗学研究的序幕。五四运动以来，搜集整理、精研古代文献、品评民间文化逐渐成为一股"风潮"，著名教育家蔡元培制定了翔实而可行的《民族民间文化的调查规划》，但却耽于年代动荡而搁置不前②。1930 年，钟敬文等人在杭州创办民俗社刊，为中国民俗学运动注入了一定的活力。

抗战时期，在西南大后方和陕甘宁边区，民族民间文学受到了空前的重视，当时搜集到的大量民间文学、民间艺术作品，丰富了中国民间文学艺术的内涵。一些民俗学、民族学学者在云贵川地区对当地少数民族文化进行了卓有成效的研究工作，取得了一系列优秀成果，为 20 世纪 50 年代中国少数民族社会历史调查工作奠定了重要基础。边区政府对民间的音乐、美术以及舞蹈艺术形式进行专门的采集和研究，并成立了"中国民间音乐研究会"，专门负责对民间音乐的搜集调查。在 1942 年延安文艺座谈会之后，许多艺术家、文学家向民间文艺汲取养料，创作出具有浓厚民俗风情的作品，推动了诸多非物质文化遗产的发展。

新中国成立后，政府积极开展了对少数民族文化艺术遗产的保护工作，组织专人对全国范围内各个少数民族的历史、语言和

---

① 文化与旅游部：《2017 年文化发展统计公报》，文化和旅游部网，2018 年 5 月 31 日，http://zwgk.mct.gov.cn/auto255/201805/t20180531_833078.html?keywords =。
② 鄢秀娟：《政府主导下的非物质文化遗产保护的现状与对策》，载于《赤峰学院学报（汉文哲学社会科学版）》2017 年第 38 期。

风俗习惯进行调查和认定,使少数民族口头流传的史诗、歌谣、神话传说等重要文化遗产得到发掘和保护①。20世纪50年代,由中央政府牵头、各地政府实施,在民间先后完成了200多位"工艺美术大师的命名工作,这其中包括戏剧、中医药、民族舞蹈、民间技艺等多个方面的杰出民间人士"②。

20世纪80年代,《中国民族民间文艺集成志书》编辑出版,全书总共十类,记录和保存了大量的民间文化、艺术成果,因为此书影响深远,也被称为非物质文化遗产保护的"长城"。全书共298部省卷、450册、4.5亿字,包括《中国民间歌曲集成》《中国戏曲音乐集成》《中国民族民间器乐曲集成》《中国曲艺音乐集成》《中国歌谣集成》《中国谚语集成》《中国曲艺志》等10个门类,共搜集歌谣302万首,民间故事184万篇,谚语748万条,民间戏曲350种,剧本1万多个,民间曲艺音乐13万首,民间器乐曲乐15万首,民间舞蹈1.71万个。经过全面的民间文艺普查、记录、整理、研究,收集了超过100亿字的基础材料。这是改革开放以来我国在民族民间文化抢救与保护方面最大、最具有代表性的文化工程③。1985年中国加入《世界遗产公约》,这意味着我国承认和接受以世界遗产为中心的,以联合国教科文组织(UNESCO)、国际古迹遗址理事会(ICOWOS)、世界自然与资源保护联盟(IUCN)和国际文化财产保护与修复研究中心(ICCROM)的保护思想和实践为基础的国际文化遗产保护体系,并通过世界遗产把中国原本相对独立的文物保护体系和国际文化遗产保护体系连接在了一起④。

---

① 彭聪、赵昆:《非物质文化遗产文化活态的传播创新——以安新芦苇画短视频呈现为例》,载于《出版广角》2019年第1期。
② 鄢秀娟:《政府主导下的非物质文化遗产保护的现状与对策》,载于《赤峰学院学报(汉文哲学社会科学版)》2017年第38期。
③ 朱基钗、袁晞:《铸就民族文化的"万里长城"》,载于《人民日报》2010年4月16日。
④ 吕舟:《中国文化遗产保护三十年》,载于《建筑学报》2008年第12期。

1997年教科文组织第29次大会通过《宣布人类口头和非物质文化遗产代表申报书编写指南》，并正式提出非物质文化遗产的概念。詹正发发表的《非物质文化遗产的法律保护》一文中，首次将非遗与保护两个术语结合起来。1997年5月，国务院颁布了《传统工艺美术保护条例》（以下简称《条例》），为保护我国传统工艺美术提供了法规依据。《条例》对"传统工艺美术"的定义是："百年以上，历史悠久，技艺精湛，世代相传，有完整的工艺流程，采用天然原材料制作，具有鲜明的民族风格和地方特色，在国内外享有盛誉的手工艺品种和技艺"①。《条例》颁布后，保护了一大批传统工艺美术品种，命名了国家级"工艺美术大师"，增强了全社会对传统文化遗产的保护意识。在《中华人民共和国非物质文化遗产法》颁布前，《条例》是非物质文化遗产保护领域比较重要的一部法规文件。

（二）21世纪以来非遗保护

2005年3月，国务院办公厅印发《关于加强我国非物质文化遗产保护工作的意见》（以下简称《意见》），确定了非物质文化遗产保护工作的目标、指导方针和原则。《意见》的核心内容是建立名录体系，逐步形成有中国特色的非物质文化遗产保护制度。2006年10月，文化部印发《国家级非物质文化遗产保护与管理暂行办法》（以下简称《办法之一》），作为与上述国务院办公厅的《意见》相配套的部门规章，进一步细化了《意见》的有关内容，对国家级非物质文化遗产名录项目的保护单位、代表性传承人以及管理措施等，提出了具体要求；明确规定了国务院文化行政部门、省级政府文化行政部门和县级政府文化行政部门的各自职责，保护单位的条件和职责，代表性传承人的条件等内

---

① 国务院：《传统工艺美术保护条例》，中国政府网，2013年7月18日，http://www.gov.cn/gongbao/content/2014/content_2692748.htm。

容；2008年6月，文化部印发《国家级非物质文化遗产项目代表性传承人认定与管理暂行办法》（以下简称《办法之二》），作为与国务院办公厅《意见》相配套、与文化部《办法之一》相衔接的部门规章，进一步细化了上述两个文件中有关传承人的内容，对认定为国家级非物质文化遗产项目代表性传承人的规则、传承人的条件、传承人申请和审批的程序、传承人的义务、撤销传承人资格的办法等内容，做了明确规定。

我国非物质文化遗产保护工作以《意见》《办法之一》《办法之二》等文件为制度框架，以非遗名录和非遗传承人的申报、评选、管理为基础，逐步建立和完善保护制度与传承系统，使我国的非物质文化遗产保护工作可以沿着法制化的轨道健康有序进行[①]。

《中华人民共和国非物质文化遗产法》（以下简称《非遗法》）由第十一届全国人民代表大会常务委员会第十九次会议于2011年2月25日通过，自2011年6月1日起施行。《非遗法》对我国非物质文化遗产的保护原则、保护主体、保护措施等方面进行了详细的规定，不仅总结了多年来我国保护非物质文化遗产的相关经验，还将有效经验上升为法律制度，"为我国非物质文化遗产各项保护政策长期持续地实施和有效运行提供了坚实保障，标志着我国的非物质文遗产保护工作已上升至法制化和标准化阶段"[②]。此后出台的《文化部关于加强国家级非物质文化遗产代表性项目保护管理工作的通知》（2011年）、《文化部关于加强非物质文化遗产生产性保护的指导意见》（2012年）、《国家级非物质文化遗产保护与管理暂行办法》（2016年）等一系列法律、法规和相关文件，以及各类项目标准的陆续制定与实施，则

---

① 王文章：《非物质文化遗产概论（修订版）》，教育科学出版社2013年版。
② 蔡武：《〈非物质文化遗产法〉具有里程碑意义——关于贯彻〈中华人民共和国非物质文化遗产法〉的几点思考》，载于《人民日报》2011年9月22日。

进一步表明标准的构建与研究等将成为这一阶段我国非遗保护工作的重点。

（三）非遗保护的措施与方法

我国非遗保护的举措主要包括名录与项目两种。

1. 非遗名录。

作为履行《公约》缔约国义务的重要内容之一，中国积极推进向联合国教科文组织申报非物质文化遗产名录（名册）项目的相关工作，以促进国际一级保护工作，提高相关非物质文化遗产的可见度。

（1）中国入选世界非遗代表作名录的项目。中国政府历来重视非物质文化遗产保护工作，2000年，联合国教科文组织"人类口头和非物质遗产代表作"申报工作启动，文化部（现文化和旅游部）提出了包括5个项目在内的预备申报项目清单。2001年和2003年，昆曲、古琴艺术相继入选"人类口头和非物质遗产代表作"。2005年，蒙古族长调民歌、新疆维吾尔木卡姆艺术入选"人类口头和非物质遗产代表作"。

2003年10月17日，联合国教科文组织第32届大会通过了《保护非物质文化遗产公约》（以下简称《公约》），成为非物质文化保护领域最重要的国际法文件，于2006年4月生效。中国于2004年8月正式加入《公约》。根据《公约》规定，联合国教科文组织设立了人类非物质文化遗产代表作名录、急需保护的非物质文化遗产名录及优秀实践名册。其中，《公约》生效前宣布的90个"人类口头和非物质遗产代表作"项目被纳入人类非物质文化遗产代表作名录。

2018年，"藏医药浴法——中国藏族有关生命健康和疾病防治的知识与实践"成功申报世界非遗。

截至2018年12月，中国已有40个项目入选联合国教科文组织非物质文化遗产名录（名册），总数位居世界第一。其中，

32个项目列入人类非物质文化遗产代表作名录，7个项目列入急需保护的非物质文化遗产名录，1个项目入选优秀实践名册。40个项目的入选，体现了中国日益提高的履约能力和非物质文化遗产保护水平，对于增强遗产实践社区、群体和个人的认同感和自豪感，激发传承保护的自觉性和积极性，在国际层面宣传和弘扬博大精深的中华文化、中国精神和智慧，都具有重要意义（见表1-14、表1-15）。

表1-14　　　　中国入选联合国教科文组织非物质文化遗产名录项目

项目名	年份	类别
昆曲	2001	表演艺术
古琴艺术	2003	表演艺术；传统手工艺
新疆维吾尔木卡姆艺术	2005	表演艺术；口头传统和表现形式，包括作为非物质文化遗产媒介的语言
蒙古族长调民歌	2005	表演艺术；口头传统和表现形式，包括作为非物质文化遗产媒介的语言；社会实践、仪式、节庆活动
中国蚕桑丝织技艺	2009	传统手工艺；社会实践、仪式、节庆活动
福建南音	2009	表演艺术
南京云锦	2009	传统手工艺；社会实践、仪式、节庆活动
安徽宣纸	2009	传统手工艺
贵州侗族大歌	2009	表演艺术；口头传统和表演形式，包括作为非物质文化遗产媒介的语言
广东粤剧	2009	表演艺术
蒙古族《江格尔》	2009	口头传统和表演形式，包括作为非物质文化遗产媒介的语言；社会实践、仪式、节庆活动
藏族《格萨尔》	2009	口头传统和表演形式，包括作为非物质文化遗产媒介的语言；社会实践、仪式、节庆活动

第一章 中国文化遗产保护的历史进程

续表

项目名	年份	类别
浙江龙泉青瓷	2009	传统手工艺
青海热贡艺术	2009	传统手工艺
藏戏	2009	表演艺术；口头传统和表现形式，包括作为非物质文化遗产媒介的语言；社会实践、仪式、节庆活动
新疆《玛纳斯》	2009	口头传统和表演形式，包括作为非物质文化遗产媒介的语言
蒙古族呼麦	2009	表演艺术；社会实践、仪式、节庆活动
甘肃花儿	2009	表演艺术；口头传统和表现形式，包括作为非物质文化遗产媒介的语言
西安鼓乐	2009	表演艺术；社会实践、仪式、节庆活动
朝鲜族农乐舞	2009	表演艺术；社会实践、仪式、节庆活动
书法	2009	传统手工艺；社会实践、仪式、节庆活动
篆刻	2009	传统手工艺
剪纸	2009	传统手工艺；社会实践、仪式、节庆活动
雕版印刷	2009	传统手工艺
传统木结构营造技艺	2009	传统手工艺
端午节	2009	社会实践、仪式、节庆活动
妈祖信俗	2009	社会实践、仪式、节庆活动
京剧	2010	表演艺术
中医针灸	2010	有关自然界和宇宙的知识和实践
皮影戏	2011	表演艺术；口头传统和表现形式，包括作为非物质文化遗产媒介的语言；传统手工艺
珠算	2013	有关自然界和宇宙的知识和实践
二十四节气	2016	有关自然界和宇宙的知识和实践
藏医药浴法	2018	有关自然界和宇宙的知识和实践

表1-15　　急需保护的非物质文化遗产名录

项目名	年份	类别
羌年	2009	社会实践、仪式、节庆活动
黎族传统纺染织绣技艺	2009	传统手工艺
中国木拱桥传统营造技艺	2009	传统手工艺
麦西热甫	2010	社会实践、仪式、节庆活动；口头传统和表现形式，包括作为非物质文化遗产媒介的语言；表演艺术
中国水密隔舱福船制造技艺	2010	传统手工艺
中国活字印刷术	2010	传统手工艺
赫哲族伊玛堪	2011	口头传统和表现形式，包括作为非物质文化遗产媒介的语言

（2）国家级非遗名录。除入选联合国教科文组织非物质文化遗产名录的项目外，国务院先后于2006年、2008年、2011年和2014年公布了四批国家级项目名录（前三批名录名称为"国家级非物质文化遗产名录"，《中华人民共和国非物质文化遗产法》实施后，第四批名录名称改为"国家级非物质文化遗产代表性项目名录"），4个批次、10个类别，共计1 372个国家级非物质文化遗产代表性项目（以下简称"国家级项目"），按照申报地区或单位进行逐一统计，共计3 154个子项。为了对传承于不同区域或不同社区、群体持有的同一项非物质文化遗产项目进行确认和保护，从第二批国家级项目名录开始，设立了扩展项目名录。扩展项目与此前已列入国家级非物质文化遗产名录的同名项目共用一个项目编号，但项目特征、传承状况存在差异，保护单位也不同。国家级名录将非物质文化遗产分为十大门类，其中五个门类的名称在2008年有所调整，并沿用至今。十大门类分别为：民间文学；传统音乐；传统舞蹈；传统戏剧；曲艺；传统

体育、游艺与杂技；传统美术；传统技艺；传统医药；民俗（见表 1-16）。

表 1-16　　国家级非物质文化遗产名录项目信息

批次	公布时间	总数（项）	名录 10 个类别
第一批	2006 年	770	民间文学；传统音乐；传统舞蹈；传统戏剧；曲艺；传统体育、游艺与杂技；传统美术；传统技艺；传统医药；民俗
第二批	2008 年	1 353	
第三批	2011 年	567	
第四批	2014 年	464	

2. 非遗项目。

（1）国家文化生态保护区。国家级文化生态保护区，是指以保护非物质文化遗产为核心，对历史文化积淀丰厚、存续状态良好，具有重要价值和鲜明特色的文化形态进行整体性保护，并经文化和旅游部同意设立的特定区域。2011 年 6 月 1 日起实施的《中华人民共和国非物质文化遗产法》规定："对非物质文化遗产代表性项目集中、特色鲜明、形式和内涵保持完整的特定区域，当地文化主管部门可以制定专项保护规划，报经本级人民政府批准后，实行区域性整体保护"①。

国家级文化生态保护区建设要以习近平新时代中国特色社会主义思想为指导，充分尊重人民群众的主体地位，贯彻新发展理念，弘扬社会主义核心价值观，推动中华优秀传统文化创造性转化、创新性发展。设立国家级文化生态保护区，以非物质文化遗产为核心加强文化生态保护，对于推动非物质文化遗产的整体性保护和传承发展，维护文化生态系统的平衡和完整；要提高文化自觉，建设中华民族共有精神家园，增进民族团结，增强民族自

---

① 参见《中华人民共和国非物质文化遗产法》第二十六条。

信心和凝聚力；促进经济社会全面协调和可持续发展，具有重要的意义。设立国家级文化生态保护区，是我国非物质文化遗产保护进程中保护理念和方式的重要探索与实践，也是中国在非物质文化遗产保护领域的一大创举。

国家级文化生态保护区的建设目标是"遗产丰富、氛围浓厚、特色鲜明、民众受益"。按照相关工作程序，国家级文化生态保护区总体规划实施3年后，由省级人民政府文化主管部门向文化和旅游部提出验收申请，文化和旅游部根据申请组织开展国家级文化生态保护实验区建设成果验收。验收合格的，正式公布为国家级文化生态保护区并授牌。2007年，文化部设立了我国首个国家级文化生态保护实验区——闽南文化生态保护实验区。截至2018年12月，我国共设立国家级文化生态保护实验区21个，涉及省份17个（见表1-17）。

表1-17　　　　　　　　国家级文化生态保护实验区

名称	地区	县级单位数（项）	批复时间	国家级项目数（项）
闽南文化生态保护实验区	福建省（厦门市、漳州市、泉州市）	29	2007年6月	58
徽州文化生态保护实验区	安徽省（黄山市、绩溪县）、江西省（婺源县）	9	2008年1月	24
热贡文化生态保护实验区	青海省（黄南藏族自治州）	3	2008年8月	6
羌族文化生态保护实验区	四川省（阿坝藏族羌族自治州茂县、汶川县、理县、松潘县、黑水县，绵阳市北川羌族自治县、平武县）、陕西省（宁强县、略阳县）	9	2008年10月	31

第一章 中国文化遗产保护的历史进程

续表

名称	地区	县级单位数（项）	批复时间	国家级项目数（项）
客家文化（梅州）生态保护实验区	广东省（梅州市）	8	2010年5月	6
武陵山区（湘西）土家族苗族文化生态保护实验区	湖南省（湘西土家族苗族自治州）	8	2010年5月	26
海洋渔文化（象山）生态保护实验区	浙江省（象山县）	1	2010年6月	6
晋中文化生态保护实验区	山西省（晋中市、太原市小店区、晋源区、清徐县、阳曲县，吕梁市交城县、文水县、汾阳市、孝义市）	19	2010年6月	32
潍水文化生态保护实验区	山东省（潍坊市）	12	2010年11月	14
迪庆民族文化生态保护实验区	云南省（迪庆藏族自治州）	3	2010年11月	8
大理文化生态保护实验区	云南省（大理白族自治州）	12	2011年1月	16
陕北文化生态保护实验区	陕西省（延安市、榆林市）	25	2012年4月	22
铜鼓文化（河池）生态保护实验区	广西壮族自治区（河池市）	11	2012年12月	9
黔东南民族文化生态保护实验区	贵州省（黔东南苗族侗族自治州）	16	2012年12月	72
客家文化（赣南）生态保护实验区	江西省（赣州市）	18	2013年1月	10

续表

名称	地区	县级单位数（项）	批复时间	国家级项目数（项）
格萨尔文化（果洛）生态保护实验区	青海省（果洛藏族自治州）	6	2014年8月	4
武陵山区（鄂西南）土家族苗族文化生态保护实验区	湖北省（恩施土家族苗族自治州，宜昌市长阳土家族自治县、五峰土家族自治县）	10	2014年8月	22
武陵山区（渝东南）土家族苗族文化生态保护实验区	重庆市（黔江区、石柱土家族自治县、彭水苗族土家族自治县、秀山土家族苗族自治县、酉阳土家族苗族自治县、武隆县）	6	2014年8月	11
客家文化（闽西）生态保护实验区	福建省（龙岩市长汀县、上杭县、武平县、连城县、永定区，三明市宁化县、清流县、明溪县）	8	2017年1月	8
说唱文化（宝丰）生态保护实验区	河南省（宝丰县）	1	2017年1月	3
藏族文化（玉树）生态保护实验区	青海省（玉树藏族自治州）	6	2017年1月	11

（2）国家级非物质文化遗产生产性保护示范基地。生产性保护是我国非物质文化遗产保护的主要方式之一，是指在具有生产性质的实践过程中，以保持非物质文化遗产的真实性、整体性和传承性为核心，以有效传承非物质文化遗产技艺为前提，借助生产、流通、销售等手段，将非物质文化遗产及其资源转化为文化产品的保护方式。目前，这一保护方式主要是在传统技艺、传

统美术和传统医药药物炮制类非物质文化遗产领域实施。

文化部先后于2011年10月和2014年5月公布了两批国家级非物质文化遗产生产性保护示范基地（以下简称"基地"），第一批基地涉及41个企业或单位，第二批基地涉及59个企业或单位，两批基地合计100个①。其中，传统技艺类基地57个，传统美术类基地36个，传统医药类基地6个，同时作为传统技艺和传统美术类基地的1个，即山东省潍坊杨家埠民俗艺术有限公司，涉及风筝制作技艺（潍坊风筝）和杨家埠木版年画两个国家级非物质文化遗产代表性项目。在公布名单中，基地总量最多的是四川省，共7个。传统技艺类基地最多的是河南省和江西省，各有4个。传统美术类基地最多的是四川省，也是4个。

（3）国家级非遗代表性项目及传承人。非物质文化遗产是以其传承人的实践活动为主要载体的"活"的文化形态。确保非物质文化遗产的传承性，是《中华人民共和国非物质文化遗产法》所规定的非物质文化遗产保护工作重要原则之一。各级非物质文化遗产代表性传承人不仅肩负着延续传统文脉的使命，彰显着遗产实践能力的最高水平，还不断地将天才般的个性创造融入传承实践活动中，对确保非物质文化遗产的持久传承发挥着不可替代的作用。因此，保护代表性传承人是非物质文化遗产保护工作的重要内容。

2007年、2008年、2009年、2012年、2018年，国家文化主管部门先后命名了五批国家级非物质文化遗产代表性项目代表性传承人，共计3 068人②。其中，文化和旅游部于2018年12月29日确定并公布的第五批国家级非物质文化遗产代表性项目代表性传承人名单，共1 082人（见图1-8）。它的公布标志着中

---

① 《国家级非物质文化遗产生产性保护示范基地清单》，中国非物质文化遗产网，http://www.ihchina.cn/representative#target1。
② 《国家级非物质文化遗产代表性项目代表性传承人名录》，中国非物质文化遗产网，http://www.ihchina.cn/representative#target1。

国政府在文化遗产保护这个问题上已经注意到了保护非物质文化遗产传承人的重要性。认定国家级代表性传承人，目的是保护重要知识和技艺的传承骨干，鼓励其发挥示范作用，积极开展传习活动，带动传承人群提高传承实践水平。国家级代表性传承人认定后，文化和旅游部将与有关省（区、市）文化厅（局）一起，秉持见人见物见生活的理念，进一步加大对代表性传承人开展传习活动支持力度，完善代表性传承人履行传承义务情况考评和动态管理机制，营造良好的传承环境，推动传承实践活跃开展，促进非物质文化遗产更好地与现实生活相融合，在当代社会焕发新的活力，实现创造性转化、创新性发展。

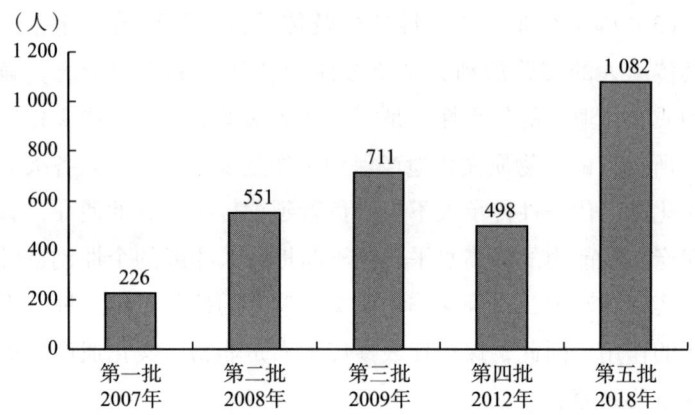

图1-8　非物质文化遗产项目代表性传承人相关人次

第二章

中国文化遗产利用的进程与模式

保护和利用是文化遗产事业历久弥新的两大主题，也是文化遗产工作的主要内容。文化遗产既具有突出而普遍的科学、历史、艺术等方面的价值，亦具有巨大的直接或间接的经济价值。在文化遗产工作中，始终坚持"保护为主、抢救第一、合理利用、加强管理"十六字方针，这一方针全面准确地揭示了文物保护与利用的关系，要求我们既要做好文物保护工作，又要合理利用好历史人文资源，在加强管理的前提下实现古为今用。我国对文化遗产的利用，经历了较长的探索过程，并在不断的探索中逐步完善，形成了独特的利用机制。

一、文化遗产利用的背景与内在逻辑

"文化遗产是人类世世代代的创造和积累，积淀着各个历史时期的杰出贡献。人类社会的发展建立在对过去文化、智慧的总结之上，通过文化遗产，人们才能够认识自己从何处来，认识祖先如何一步步走到今天。由此更清晰地了解人类的追求，明确我们如何走向明天，走向未来"[1]。文化遗产不仅仅是历史的见证，

---

[1] 单霁翔：《城市化发展与文化遗产保护》，天津大学出版社2006年版，第3页。

更是历史文化遗存的结晶,在文化软实力愈发重要的今天,业已成为体现国家文化软实力的重要标志。

(一)文化遗产利用的背景

1. 遗产价值的"二重性"。

文化遗产的价值具有"二重性",即"本征价值"与"使用价值"。文化作为特殊的文化载体,首先具有"本征价值",即名义上不需要后人的利用就具有的价值,是一种隐性价值,其体现方式是对其价值内涵的表述。其次是由文化价值衍生而来的使用价值,是一种显性价值,需要通过保护基础上的合理利用使其充分发挥[1]。2002年修订《文物保护法》时,正式规定文物工作十六字方针(保护为主、抢救第一、合理利用、加强管理),这对于指导文物保护工作实践发挥了巨大的影响。长期以来,我国坚持该方针,大力促进文化遗产的保护与发展,但现实工作中"重保护、轻利用",或者"重利用、轻保护"的问题也时有出现。如何实现文物价值的合理利用,让隐性价值与显性价值充分发挥,平衡经济价值与社会公益价值实现之间的矛盾,对文化遗产事业的长久发展意义非凡。

2. 遗产价值为全民共享。

文化遗产的产权属性应该是公共物品,文化价值的共享性以及不可再生性,决定了在文化遗产的利用中应该以公益为主,更多考虑社会利益。文化遗产的价值基于对文化遗产的合理利用。文化遗产事业的公益性主要体现为教育、科研功能,其经济功能中也有部分表现出正外部性,文化遗产事业的经济功能主要通过文化遗产事业带动相关产业的发展表现出来,具体体现为文化

---

[1] 刘世锦、林家彬等:《中国文化遗产事业发展报告(2008)》,社会科学文献出版社2008年版,第21页。

(文物)旅游和文物经营流通①。我国的文化遗存丰富,从古代文化遗产到近现代文化遗产,从静态文化遗产到活态文化遗产,从单点小规模文化遗产到跨区域跨国境的巨型文化遗产,这些弥足珍贵的世界文化遗产是中华民族屹立于世界民族之林的精神根基和文化支柱,也是中国人民对全世界人民的巨大贡献②。第三次全国文物普查显示,我国不可移动文物766 722处,文物藏品4 138.9万件/套;全国重点文物保护单位4 296处③。2018年7月,联合国教科文组织世界遗产委员会审议通过,将中国贵州梵净山列入《世界遗产名录》,我国已拥有世界遗产53项,其中文化遗产36项,文化和自然混合遗产4项,自然遗产13项,世界遗产总数位居世界第二位④。2008年4月24日,国家文物局发布了《关于开展2008年"文化遗产日"活动的通知》,确定了该年的"文化遗产日"活动的主题:文化遗产人人保护,保护成果人人共享。文化遗产价值的全民共享对文化遗产的合理利用提出了更高的要求。

(二)遗产保护与遗产利用的内在逻辑

在我国《文物保护法》确立的十六字方针中,"合理利用"是指在充分认识文物自身资源属性,充分挖掘和发挥其所蕴含的巨大历史、艺术、科学价值的基础上,通过各种科学合理的方式和手段,在战略资源的高度上利用文物,以创造出更好、更大的

---

① 刘世锦、林家彬等:《中国文化遗产事业发展报告(2008)》,社会科学文献出版社2008年版,第18页。
② 刘易寒:《保护传承1987~2017中国世界文化遗产30年特别纪念》,国家文物局网,2017年12月23日,http://www.sach.gov.cn/art/2017/12/23/art_722_146059.html。
③ 国家文物局:《国家文物事业发展"十三五"规划》,国家文物局网,2017年2月21日,http://www.sach.gov.cn/art/2017/2/21/art_722_137348.html。
④ 周家和:《世界自然遗产数居首,保护也应是"世界级"》,中国商网,2018年7月5日,http://news.zgswcn.com/2018/0705/839331.shtml。

社会及经济效益①。要实现文物资源的合理利用，需要理清遗产保护与利用之间的内在逻辑。

充分保护是合理利用的根本和前提。文物保护是文物工作的首要任务，也是文物实现合理利用的前提。在处理文化遗产保护与利用的矛盾问题上，《威尼斯宪章》最早对二者的关系做出了基本的定位：保护与修复古迹的目的旨在把它们既作为历史见证，又作为艺术品予以保护（第三条）；古迹保护至关重要的一点在于使之永久地保存下去（第四条）；而为社会公用之目的的利用古迹永远有利于古迹的保护。因此，这种使用是合乎需要的，但决不能改变该建筑的布局或装饰（第五条）②，一定程度上对文化遗产如何利用做出了界定。

合理利用可对文物实现最佳保护。保护和利用是辩证关系，文物只有得到合理的保护，才能实现有效利用。在保护好文物的前提下对其进行合理利用不但不会造成文物的破坏，相反还会促进文物的保护。合理利用一来可以产生良好的社会效益。通过宣传、展示、参观优秀历史遗存，可以使人们获得丰富的知识，唤起人们对文物的热爱，有利于树立国家、民族荣誉感，加深对文物的理解，认识到文物的重要意义，增强文物保护意识，以促进文物保护上升到自觉、自愿的全民参与式行动。二来合理利用可产生直接的经济效益，在一定程度上还可补充文物保护经费不足的问题，利用文物资源可以促进第三产业发展，带动其他相关产业的发展。

《关于加强我国非物质文化遗产保护工作的意见》规定了非遗工作的方针："保护为主、抢救第一、合理利用、传承发展"③，亦

---

① 国家文物局：《文物政策理论研究辑要》，文物出版社2017年版，第76页。

② Gazzola P E. The International Charter for the Conservation and Restoration of Monuments and Sites (Venice Charter). Cancer, Vol. 29, No. 6, 1964, pp. 1575–1578.

③ 《国务院办公厅关于加强我国非物质文化遗产保护工作的意见》，中华人民共和国国务院新闻办公室网，2005年3月26日，http://www.scio.gov.cn/m/ztk/xwfb/09/5/Document/659807/659807.htm。

强调在有效保护的前提下"合理利用"。非遗具有鲜明的地域特征，富含文化内蕴，是地方经济转型发展的潜力资源，其重要性不言而喻。文化遗产事业关乎民生，也关乎千秋万代的福祉。理清遗产保护与利用的内在逻辑，有利于更好地推动文化遗产事业的永续发展。

二、遗产利用的历史进程

五千年的中国文明史，留下了无数珍贵的历史遗存。这些珍贵的历史遗存中，物质形态的一般被称为"文物"[①]，并在此概念上初步建立起具有中国特色的文物管理体系。中国真正的文物事业，开始于新中国。新中国成立后，政府相继制定了多项文物保护法规，成立了体系化的文物保护、管理机构，并组织多次大规模的文物普查等，文物的利用也渐趋体系化。2005年出台《国务院关于加强文化遗产保护的通知》和《国务院办公厅关于加强我国非物质文化遗产保护工作的意见》，首次正式在国家级公文中确定了"文化遗产"的概念，标志着我国文物事业开始向文化遗产事业的转变[②]。我国文化遗产的利用也由此进入新的阶段。

总体来说，我国文化遗产利用进程可大致分为事业为主（1949~2002年）、公益为主（2003~2012年）、重视市场（2013年至今）的三个阶段，其划分主要是基于文化遗产利用的宏观背景和利用的广度、深度，结合对文化遗产事业影响较大的标志性事件，归纳该阶段的突出特点。需要说明的是，三个阶段

---

① 刘世锦、林家彬等：《中国文化遗产事业发展报告（2008）》，社会科学文献出版社2008年版，第1页。

② 刘世锦、林家彬等：《中国文化遗产事业发展报告（2008）》，社会科学文献出版社2008年版，第8页。

并不是相互独立的,而是文化遗产利用不断优化、循序渐进的结果,是社会经济的发展和人民需求提升的必然要求。在以事业为主的阶段,以文物保护和管理为主,文物利用相对弱化,这一时期主要是以文物商店等为载体,早期的文物经营流通不断规范、完善,文物利用更多基于国家建设的需要,事业性特征突出。以公益为主的阶段,文化产业与民生结合更加紧密,注重博物馆等公益服务体系的建立,让文化遗产保护成果惠及更广大人民。以市场为主的阶段,建设文化强国成为国家战略,文化遗产利用方式更多,渠道更广,文化遗产利用开始自觉主动融入经济发展大局,并发挥不可替代的作用,逐步形成了我国特色的文化遗产利用之路。

(一) 事业为主的阶段

新中国成立以后,文物事业得到党和国家的高度重视,颁布了一系列的保护法令,初步建立了文物保护法规体系,并确立了文物保护单位制度,实施文物普查,考古工作、博物馆事业有序开展,文物市场逐渐规范,逐步奠定了我国文化遗产事业发展的基础。

我国的文化遗产事业,追溯到其中的主体——文物系统,建立之始就是作为公益性社会事业,相关遗产的管理实行绝对的公有制,基本不考虑营利目标[①]。新中国成立以来,基于我国的国情,在对文化遗产大力保护的基础上合理利用,以支持国家建设和满足人民文化需求,对文化遗产的利用开始了以事业为主的阶段。该阶段文物工作与计划经济体制相联系,建立了完整的全国性文物保护单位,文物工作的基本原则、组织体制等不断完善,法律政策体系逐渐明晰并形成系统。文物工作与经济建设紧密相

---

① 刘世锦、林家彬等:《中国文化遗产事业发展报告(2008)》,社会科学文献出版社2008年版,第3页。

第二章 中国文化遗产利用的进程与模式

连,初步形成了部门管理与层级管理的非营利性质的行政管理体系。文化遗产的利用,基于这样的宏观大背景,开始了面向事业为主的阶段。

1. 文物流通经营。

(1) 文物商店的建立。新中国成立初期,我国负责组织文物经营的渠道主要由三个系统构成:外贸部系统、商业部系统和文化部系统。通过有计划地出口一部分一般性文物商品,换取外汇,以支援社会主义事业的建设[1]。20世纪50年代,实行社会主义工商业改造,国有文物交易开始由私营转为公私合营或合作。1950年5月24日,《禁止珍贵文物图书出口暂行办法》颁布,对珍贵文物图书的可出口范围和具体流程做了细致的规范,"凡无革命、历史、文化价值之文物图书或者有革命、历史、文化价值之文物图书复制品及影印本均可允许出口"。并由文化部在天津、上海、广州各地邀请专家若干人及海关、邮局指定若干人组成文物出口鉴定委员会,对海关、邮局不能确定其价值的文物图书等进行专门的鉴定[2]。在完成一系列的鉴定后发放许可,方可出口。该文件对打击文物走私、防止珍贵文物外流发挥了很大作用,加强了政府对文物市场的管理。

20世纪60年代初,基于1949年以前的私营店铺转变为公私合营或合作性质的基础上,文物商店在北京、上海、江苏等地区开始成立。当时确立由外贸会同商业、文化、海关、公安等部门对其联合管理,政策主旨偏重于出口创汇[3]。1960年9月24日国务院批准将各地由非文化部门负责领导的文物商店一律改为实行企业经营管理的国家事业单位,作为国家收集社会流散文物的

---

[1] 刘铭威:《建国后,我国文物流通市场管理政策演进》,载于《收藏》2018年第11期。
[2] 《禁止珍贵文物图书出口暂行办法》,载于《文物参考资料》1950年第Z1期。
[3] 刘世锦、林家彬等:《中国文化遗产事业发展报告(2008)》,社会科学出版社2008年版,第120页。

收购站和临时保存所,统一划归文化部门负责领导①。文化部、商业部、外贸部联合颁发《关于改变文物商业的性质和管理体制的方案》的政策文件,将文物商店的纯商业性质改变为企业化管理的文化事业单位,其主要作用是收集流散文物,为博物馆、研究单位等提供展品和研究对象,公司合营转变或新成立为国营文物商店。这一举措促进文物商店的性质变革。1974年,外贸部、商业部、文化部和文化局联合提出《关于加强文物商业管理和执行的文物保护政策的意见》,指出"对时代较晚,有大量复制品,且无收藏价值的一般文物,可适当组织出口",三部委首次提出对文物出口采取"少出高汇、细水长流"的方针,有计划地组织出口。对文物商业市场,则应归口经营、统一收购、统一价格、加强管理②。进一步明晰了文物商店的体制。

(2) 文物商店职能的转变。1978年11月,为加强文物商业的管理,做好流散文物的抢救保护工作,经国务院、中共中央宣传部批准,正式成立"文物商店总店"。作为文物局的直属事业单位,总店成为代行国家对地方文物商店、博物馆和文物机构中附设外宾文物商品供应门市的业务指导者和行业管理者。1980年10月,"文物商店总店"更名为"中国文物商店总店",其主要工作是统筹安排国内外市场中文物商品的供应和调拨;研究提出文物商品的收购与销售价格;组织国内文物的复制品与仿制品的生产;及时组织各地文物商店交流管理经营工作经验,改善服务、提高质量③。1979年,《文物特许出口管理试行办法》中规定,文物特许出口工作,责成文物商店总店统筹办理。

1981年国家文物局颁发《文物商店工作条例》,在总则中明确:"文物商店是国家设立的文物事业单位,在其内部实行企业

---

①③ 刘铭威:《建国后,我国文物流通市场管理政策演进》,载于《收藏》2018年第11期。

② 《关于加强文物商业管理和贯彻执行文物保护政策的意见》,载于《文物工作资料》1975年第1期。

管理。它的主要任务是通过商业手段，收集流散在社会上的文物使之得到保护，为博物馆（院）和有关科研部门提供藏品和资料，并把完成这一任务作为检验文物商店工作成绩的重要尺度。同时，将一般不需要由国家收藏的文物投放市场，满足国内文物爱好者需要，或为国家创造较高的外汇收入。"在管理体制上要求"各地文物商店在行政上受当地文物（文化）主管部门领导。各省、市、自治区的文物商店受中国文物商店总店的指导"，"所有文物商店网点的设立，均由省、市、自治区文物商店向中国文物商店总店备案"。在内部经营机制上，明确"业务上，收购、保管、销售三个部门必须分设"。在经营机制上明确"门市经营的文物商品，须经国家文物管理部门鉴定，并钤盖火漆标识方能出售。其价格要严格执行国家的统一规定。要明码标价，不折不扣。提供给博物馆（院）和科研部门的藏品和资料，收费应低于市场售价，一般可按收购费用加必要的手续费"①。

为了控制文物出口，改变文物市场混乱现状，同年，国务院批转国家文物事业管理局《关于加强文物工作的请示报告》（以下简称《报告》）再次明确文物商店的性质。"文物商店的主要任务是通过商业手段来收集和保护流散在社会上的文物。它是文物管理事业的一部分，不是一般的商业部门。要克服单纯营利的思想，做好珍贵文物的收购工作，首先为博物馆充实藏品"，"文物商店要努力扩大经营范围，一方面积极配合旅游，做好对来访外宾的销售义务，另一方面要恢复和建立面向国内群众的文物销售业务，以丰富人民的文化生活，并为国家增加收入"②。此外，《报告》中还提出基于文物经营所得的利润，直接用于支持文物事业的发展。"除国家和地方财政拨款外，文物部门根据

---

① 《文物商店工作条例（试行稿）》，载于《江西历史文物》1981 年第 4 期。
② 《国务院批转国家文物事业管理局关于加强文物工作的请示报告》，载于《江西历史文物》1981 年第 2 期。

国家法令和有关规定举办商业性出国展览、组织文物复制品出口、旅游收费、各地文物商店的利润以及特许出口文物等途径得到的收入、经商得财政部门同意，可部分或全部用于弥补文物事业经费的不足，并进口一些文物保护和科学研究工作必需的设备。"将文物利用产生的利润反哺文物事业，对文物事业的长久发展有很大意义。

1985年11月，中央书记处决定外贸部门不再从事文物经营业务。后经外贸部与文化部共同商定，外贸各口岸工艺品进出口公司库存的文物（包括经鉴定不能出口的文物）全部拨交给文物部门，并于1986年6月就交接事宜联合发出通知，交接工作于1989年办理完毕①。自此，文物出口终止，文物流通的中心转入国内市场。这一举措对文化遗产的保护和长久利用有里程碑的意义。

（3）民间文物交易。改革开放之后，文物商业经营出现了新的需求和变化，民间文物交易活动逐渐出现。从1979年开始，一些省市出现了自发的小规模的旧货摊位。到20世纪70年代末，开始出现专门的旧货市场。这一类活动违背了《文物保护法》的相关规定，也不利于文物的保护。1992年5月，国家文物局、国家工商行政管理局、公安部、海关总署联合发布《关于文化市场管理的通知》，明确规定了旧货市场销售文物的范围，强调此类市场要由当地文物行政管理部门实施监管。这一文件的实施打破了文物商业经营的国家垄断，首次公开允许民间在一定范围内经营文物②。

（4）文物拍卖的兴起。文物艺术品的拍卖，是改革开放以后，我国经济市场迅猛发展出现的新的文物利用形式。1988年

---

① 刘铭威：《建国后，我国文物流通市场管理政策演进》，载于《收藏》2018年第11期。
② 刘世锦、林家彬等：《中国文化遗产事业发展报告（2008）》，社会科学出版社2008年版，第121页。

北京市出现第一家文化艺术品拍卖经营单位。文物拍卖的出现打破了文物商店对文物的独家经营，促进了文物市场竞争机制的形成。1993年国家文物局在京、沪、粤三省市试点文物艺术品拍卖。1994年国家文物局颁布对文化艺术品拍卖实行"直管直营"政策，即由国家文物行政管理部门认定文物艺术品拍卖活动；1996年国家文物局颁布《关于加强文物拍卖标的鉴定通知》，规范文物拍卖标的鉴定管理；1997年颁布实施的《中华人民共和国拍卖法》，首次以法律的形式规定了经营文物拍卖的资质条件、许可程序、拍卖标的等，有利促进了文物拍卖市场的发展。2002年的《中华人民共和国文物保护法》及2003年的《中华人民共和国文物保护法实施条例》，均对文物艺术品拍卖做出了详细的管理规定。2001年9月，国家文物局发布《关于整顿和规范文物市场秩序的通知》，清理整顿文物监管市场、整顿和规范文物购销单位经营活动、规范文物拍卖市场、取缔非法经营，使得文物市场逐渐走向规范化、法制化，保证了文物市场健康有序的发展。

2. 文物展览和博物馆建设。

新中国成立初期的文物展览，形式由简单到丰富，以服务群众为主旨。初期的文物展览比较简单，比如文物"下厂"，即是把文物送到工厂，是主动地向工人群众宣传中央文物政策法令，进行爱国主义教育的有效方式之一[1]。在工地举办出土文物展览会，这种展览主要是把在工地清理的古遗址、墓葬的情况，及所收集到的遗物，在现场陈列出来，让工人群众看了后能辨认一些文物并了解这些文物对于研究我国历史文化的意义并自觉加以保护[2]。此外，一些名人故居也逐渐开始对外开放展览，如鲁迅北

---

[1] 南京博物院：《谈文物下厂》，载于《文物参考资料》1955年第8期。
[2] 蒋缵初：《怎样在工地举办出土文物展览》，载于《文物参考资料》1955年第9期。

京故居在 1954 年 10 月 19 日——鲁迅先生逝世十九周年纪念日对外开放①。

　　博物馆建设成为新的文物展现形式，并逐渐形成体系。1956 年，党中央发出"向科学进军"号召，5 月，第一次全国博物馆工作会议在北京召开，会议明确博物馆的基本性质是"科学研究机关、文化教育机构、物质和精神文化遗存以及自然标本的收藏所"，其基本任务是"为科学服务，为广大人民服务"。6 月，《人民日报》发表社论《发展博物馆事业，为科学研究和广大人民服务》，由此明确了博物馆的建设宗旨。1957 年 4 月，第一次全国纪念性博物馆工作座谈会在长沙举行，进一步明确纪念性博物馆的发展方向，明确要有重点的逐步发展小型多样，丰富多彩的纪念馆，并利用博物馆进行革命传统教育②。1958 年 4 月 1 日，我国第一座遗址博物馆开放，该馆建立在西安半坡村的新石器时代村落遗址上，主要陈列展览挖掘出来的部分文物以便参观者了解当时的社会生活风貌，如生产工具、居住和社会生活等情况③。1959 年，北京新建中国历史博物馆、中国革命博物馆、中国人民革命军事博物馆。1961 年 7 月 1 日，中国历史博物馆和中国革命博物馆同时开馆接待观众。中国历史博物馆从 1959 年 10 月开始预展，到正式开馆已接待观众 130 多万人次。该馆共分原始社会、奴隶社会、封建社会三个馆，陈列面积 8 000 余平方米，展出文物 9 000 多件，系统地展示了中华民族的悠久历史和灿烂文化。中国革命博物馆的陈列内容包括旧民主主义革命和新民主主义革命两个部分，展出从鸦片战争起到 1949 年中华人民共和国成立为止的文物资料共 3 600 余件④。

---

　　① 佚名：《北京鲁迅故居开放》，载于《文物参考资料》1955 年第 11 期。
　　② 国家文物局：《春华秋实——国家文物局 60 周年纪事》，北京文物出版社 2010 年版，第 42～43 页。
　　③ 《我国第一座遗址博物馆开放》，载于《文物参考资料》1985 年第 4 期。
　　④ 《中国历史博物馆和中国革命博物馆开馆》，载于《文物》1961 年第 7 期。

第二章　中国文化遗产利用的进程与模式

此后，我国博物馆建设逐渐形成规模。1991年8月28日，文化部、国家文物局、国家教委等六部门联合发布《关于充分运用文物进行爱国主义和革命传统教育的通知》，明确提出"依托博物馆、纪念馆和各种革命遗迹、遗址作为固定场所，有计划地运用文物开展爱国主义和革命传统教育活动"，利用博物馆发挥文化遗产教育功能成为文化遗产重要的利用形式之一。

3. 文物保护单位和风景名胜区管理体制。

新中国成立后文物事业取得的一大成果是文物保护单位的建立。1956年，国务院发布《关于在农业生产建设中保护文物的通知》，要求"必须在全国范围内对历史和革命文物遗迹进行普查调查工作"，对已知的重要的古文化遗址、古墓葬、革命遗址、纪念建筑物、古建筑、碑碣等，由省、自治区、直辖市人民委员会公布为保护单位，做出保护标志。这是我国第一次提出"保护单位"的概念。

1961年，国务院颁布《文物保护管理暂行条例》，规定各级文化行政管理部门必须进行经常性的文物调查工作，并选择重要文物，根据其价值大小，报人民政府核定公布为文物保护单位，正式提出"文物保护单位"的名称和内容界定，明确规定根据文物保护单位的价值分为三个不同的保护级别，即全国重点文物保护单位、省级文物保护单位、县（市）级文物保护单位[1]。同时，国务院公布了第一批全国重点文物保护单位。文物保护单位的建立，使数以千计的珍贵文物得以保存，也为后期探索风景名胜区管理体制积累了经验。1961~2017年，我国已经公布了7批国家重点文物保护单位，共4 296处[2]。

1982年，我国开始建立风景名胜区管理体系，这一分级管

---

[1] 《文物保护管理暂行条例》，载于《文物》1961年第Z1期。
[2] 《一文看懂全国重点文物保护单位构成》，大风号网，2018年8月27日，http://wemedia.ifeng.com/75516831/wemedia.shtml。

理体系的成功，不仅形成了具有中国特色的文化遗产保护经验，也在很大程度上提高了遗产地的知名度，为日后发展文化遗产旅游奠定了基础。我国风景名胜区管理体制开始于1981年。1982年公布了北京八达岭、十三陵风景名胜区等44个国家级风景名胜区，到2017年已经公布9批，共244处①。1985年颁布《风景名胜区管理暂行条例》，1992年建设部向国务院呈报的《关于加强风景名胜区工作的报告》中，指出各地要加快风景名胜区开发建设的步伐，改善风景区接待服务条件。1994年3月，《中国风景名胜区形势与展望绿皮书》出版，提出"严格保护、统一管理、合理开发、永续利用"的风景名胜区工作方针，并指出可合理利用风景名胜区"发展旅游事业，丰富文化生活"，"通过合理开发，发挥经济效益和社会效益"②。

4. 文物立法。

随着经济体制逐渐由计划经济体制向市场经济体制转变，文化遗产保护和利用面临更复杂多样的环境，文物政令和法规不断修正和完善，逐渐明晰了文物工作的方针。

1982年全国人大常委会公布施行《文物保护法》，从立法目的、基本方针、保护方式等方面对文物保护工作进行了较为系统的规定③。在此基础上，1987年11月国务院颁布《关于进一步加强文物工作的通知》，进一步强调"保护为主、利用为辅"的方针，指出当前文物工作的任务是："加强保护、改善管理，搞好改革发挥文物的作用，继承和发扬民族优秀的文化传统，为社

---

① 《国务院关于发布第九批国家级风景名胜区名单的通知》，中国政府网，2017年3月29日，http://www.gov.cn/zhengce/content/2017-03/29/content_5181770.htm。

② 佚名：《〈中国风景名胜区形势与展望〉绿皮书》，载于《城乡建设》1994年第4期。

③ 全国人大常务委员会：《中华人民共和国文物保护法》中华人民共和国第五届全国人大常务委员会令（五届第11号），法律图书馆网，1982年11月19日，http://www.law-lib.com/law/law_view1.asp?id=95139。

会主义服务,为人民服务,为建设具有中国特色的社会主义做出贡献",并明确要"充分发挥文物的作用",尤其是要运用文物丰富人民的精神生活,提高文化素养;要运用文物研究我国历史上科学技术发展的情况,为社会主义经济建设服务;要合理解决旅游收入中文物部门的分成比例问题,使保护文物和发展旅游事业很好地结合起来①。第一次从法规上具体明确了文物利用的尺度和利用的侧重点。

在计划经济向市场经济转型的过程中,国家文物利用方式在实践中不断探索改革。1992年,全国文物会议上提出"保护为主,抢救第一"的文物工作方针。1995年国务院在西安召开的全国文物工作会议,提出了"有效保护、合理利用、加强管理"的文物工作原则,解决了文物保护与利用关系上的分歧,保护与利用由此有了宏观政策依据。

1997年3月,国务院发出《关于加强和改善文物工作的通知》,既对新中国成立以来特别是改革开放以来的文物工作进行了高度概括,又对往后文物工作做出了纲领性规划,对我国文物管理体制的基础架构产生了重大的影响。其中明确要求建立与社会主义市场经济体制相适应的文物保护体制,推动文物合理利用,要为公益性文物、博物馆事业单位发展创造良好的条件,在资金上给予保证,在政策上给予支持。各级各类文物、博物馆单位组织的陈列展览和导游讲解活动,要坚持弘扬爱国主义、社会主义和革命传统,发挥自身优势,有计划、有重点地推出优秀文物陈列展览及文物图书和文物影视音像制品。在把文物作为地方优势加以利用的同时,要防止因单纯追求经济利益而损害文物的做法。重大的文物利用项目要事前进行充分的科学论证,严格履行审批手续,避免对文物的破坏性利用,要加强和改善文物市场

---

① 国家文物局:《中国文化遗产事业法规文件汇编(1949~2009)上册》,文物出版社2009年版,第220~222页。

的管理①。

2002年,全面修订《文物保护法》,文物工作方针被补充和修正为"保护为主、抢救第一、合理利用、加强管理"。正式规定文物工作十六字方针,最终以法律的形式明确。由此我国文化遗产的保护和利用系统从无到有,从建立到初步定型,逐步探索出了具有中国特色、适应中国国情的文化遗产保护与利用体系。

(二)公益为主的阶段

在文化遗产事业的功能中,其公益性功能是根本,实现途径也最为直接,并且影响也最深远②。新中国成立以来,党和国家高度重视文化遗产工作,扎实推进文化遗产保护和抢救,并注重发挥文化遗产的教育、科研等公益性功能。随着我国文化遗产事业的推进,其在惠及民生、服务民生方面有了更大的突破,逐渐步入以公益为主的阶段。这一阶段,文化遗产事业在公共文化服务中发挥着更大作用,文化遗产保护成果更大程度惠及民生,文化遗产的社会效益得到更大程度的凸显。

1. 遗产利用向公益为主转变。

(1)文物工作的进一步规范化、法制化发展。改革开放以来,特别是党的十四大以来,我国先后出台了一系列文物政策,大力促进文化产品生产。文物工作逐步由计划经济体制向适应市场经济需求转型,由被动转向主动,形成了较为明确的工作方针。在抢救和保护的基础上,提出了利用和管理的原则,并进一步明确加强文物工作的路径和抓手,文物工作向专业化、规范化、法制化转型发展。2001年,文化部、国家文物局《关于禁止擅自改变文物保护单位管理体制的通知》,针对部分地方片面追求经济效

---

① 《国务院关于加强和改善文物工作的通知》,载于《中华人民共和国国务院公报》1997年第13期。
② 刘世锦、林家彬等:《中国文化遗产事业发展报告(2008)》,社会科学出版社2008年版,第19页。

益,文物单位保护和使用脱节等问题,特别指出:"当前情况下,不得擅自改变文物保护单位管理部门的社会公益性质,由企业(公司)管理或领导"①。文化遗产以公共物品为主的产权属性、文化价值的共享性以及不可再生性,决定了我国的文化遗产事业是以公益性为主、以公有制为主体的社会事业②。

党的十六大以来,文化遗产事业与民生相结合,"三贴近"(贴近实际、贴近生活、贴近群众)成为党中央对文化事业的要求。2006年1月,国务院印发《关于深化文化体制改革的若干意见》,明确了深化文化体制改革的指导思想、原则要求以及目标任务,要求深化文化企业改革,规范国有文化单位转企改制,加快文化领域结构调整,合理配置资源,盘活存量,优化增量③。文化体制改革给了文化遗产合理利用以更大的空间。

(2)文化遗产在社会发展中发挥更积极的作用。关注文化民生、承担文化责任,是文化遗产事业不可推卸的职责。《国民经济和社会发展第十个五年计划纲要》提出,要"加强博物馆等文化设施建设",充分发挥文物作用,为社会主义精神文明建设和物质文明建设服务。2002年1月,《文物事业"十五"发展规划和2015年远景目标纲要》发布,从宏观布局上勾勒了文化遗产保护与利用的整体框架。在基本指导方针中明确"在确保国家所有权的前提下,探索合理利用文物的多种形式"。在总体发展战略中提出"建设和发展以国家博物馆为龙头,省级博物馆为骨干,国有博物馆为主体,民办博物馆为补充,各行业和各种所有制全面发展的博物馆体系","建设专题博物馆","完善博物

---

① 国家文物局:《中国文化遗产事业法规文件汇编(1949~2009)下册》,北京:文物出版社,2009年版,第39页。
② 刘世锦、林家彬等:《中国文化遗产事业发展报告(2008)》,社会科学出版社2008年版,第110页。
③ 王文峰、何春雨:《中国文化产业政策研究》,云南出版集团2015年版,第119页。

馆地区分布和品类布局",实施"文博信息化工程",诸如此类的举措将推动文化遗产工作在公共文化服务体系中发挥更大作用①。

2006年,党的十六届六中全会通过了《中共中央关于构建社会主义和谐社会的若干重大问题的决定》,"推动社会建设与经济建设、政治建设、文化建设协调发展",我国经济建设目标由"三位一体"正式转变为"四位一体"。文化遗产事业与经济建设、政治建设、社会建设和文化建设息息相关、互为依托,日益成为经济社会发展重要内容和积极力量,日益成为全社会共建、全民共享的事业②。"十一五"期间,文化遗产事业与民生的联系进一步加强,博物馆全面免费开放让文化遗产无门槛惠及民生,大遗址建设促进区域发展关联民生,旅游发展推动经济发展服务民生等,显著扩大了文化遗产的社会公益影响。

2. 文物与公共文化服务。

(1)博物馆免费开放的逐步实现。博物馆事业蓬勃发展,公共服务能力不断提高是文化遗产事业面向公益阶段取得的突出成就。2003年12月22日,中共中央宣传部、文化部、国家文物局发布《关于进一步加强博物馆宣传展示和社会服务工作的通知》(以下简称《通知》),从陈列展览、规划管理、服务意识等方面改善博物馆的公益服务能力,发挥博物馆宣传展示功能和社会服务功能被提到一个新的高度。《通知》明确博物馆是"保护、展示历史文化遗产和人类环境物证的文化教育机构",改进陈列展览,考究博物馆地区布局、重点发展具有特色的专题博物馆。面对观众需求的不断变化,博物馆要定位准确,推出丰富多彩的文化活动,实现博物馆与观众的互动,并提出"把公益性放

---

① 《文物事业"十五"发展规划和2015年远景目标纲要》,载于《文物工作》2002年第1期。
② 《中共中央关于构建社会主义和谐社会的若干重大问题的决定》,载于《学习导报》2006年第20期。

在首位，有条件的博物馆，要对中小学生参观实行免费或者优惠"①。

2004年3月19日，文化部、国家文物局发布《关于公共文化设施向未成年人等社会群体免费开放的通知》，正式实现公共文化设施对部分群体免费，"从2004年5月1日开始，全国文化、文物系统各级博物馆、纪念馆、美术馆要对未成年人集体参观实行免票，对学生个人参观可实行半票；古遗址、古建筑文物单位，特别是全国文物保护单位和列入世界文化遗产名录的文物保护单位，根据本单位具体情况，落实免费开放政策"②。文物博物馆单位，向特定群体的免费开放，无疑迈出了公共文化服务的一大步。随后，4月9日，国家文物局发布《关于文物系统博物馆及爱国主义教育基地对未成年人免费开放和建立辅导员队伍的通知》，进一步落实免费开放政策。

2006年，针对博物馆创新能力有限、服务意识不足等问题，国家文物局发布《关于加强和改进博物馆工作的意见》，强调要"建设功能完善、可持续发展的博物馆，在提高质量上下狠功夫，将具有使用价值的历史建筑、工业遗迹等辟为博物馆；要求博物馆树立公益文化服务形象，提高社会贡献率"③。博物馆的建设力度和功能不断改善，向提升质量发展。

2008年1月23日，中宣部、财政部、文化部和国家文物局联合发布《关于全国博物馆、纪念馆免费开放的通知》，要求全国各级文化、文物部门管理的公共博物馆、纪念馆、全国爱国主义教育示范基地，全部实行免费开放，这是充分发挥博物馆公益功能的重大举措，提高了文化遗产事业的公共服务能

---

① 国家文物局：《中国文化遗产事业法规文件汇编（1949~2009）下册》，文物出版社2009年版，第499页。
② 国家文物局：《中国文化遗产事业法规文件汇编（1949~2009）下册》，文物出版社2009年版，第12~13页。
③ 国家文物局：《中国文化遗产事业法规文件汇编（1949~2009）下册》，文物出版社2009年版，第81页。

力,社会效益显著提升。截至2010年,全国免费开放博物馆纪念馆总数达到1 893个,除古建筑、遗址类博物馆外,实现了2008年四部局《关于全国博物馆、纪念馆向社会免费开放工作的通知》中提出的文物文化系统归口管理的博物馆全部实现免费开放的目标①。博物馆全面开放,是"十一五"以来文化遗产事业惠及民生的重要举措。从国家统计局的统计数据可以明显看出,博物馆免费开放后我国的博物馆参观人次增长趋势明显,2012年较2008年的参观人数增长了28 073万人次,接近1倍(见图2-1);从常态衡量指标来看,免费开放博物馆的各项指标占比均在80%左右,已成为我国博物馆事业发展的主体(见表2-1)。

博物馆的文化辐射力和社会关注力空前提升,正是博物馆免费开放所取得的实际成效。

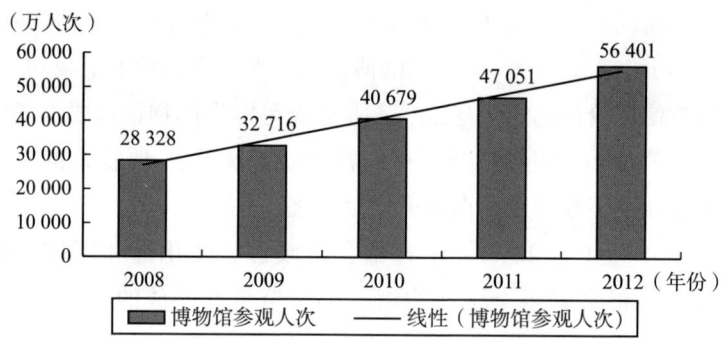

图2-1 2008~2012年博物馆参观人次变化趋势

资料来源:国家统计局网,http://data.stats.gov.cn/easyquery.htm? cn = C01&zb = A0M0B02&sj =2015。

---

① 《国家文物局局长单霁翔就〈国家文物博物馆事业发展"十二五"规划〉答记者问》,载于《中国文物报》2011年6月24日。

表2-1　　　2012年我国免费开放博物馆主要指标

项目	总计	免费开放博物馆	免费开放博物馆所占比例（%）
机构数（个）	3 069	2 417	78.8
从业人数（人）	71 748	52 315	72.9
藏品数（件/套）	23 180 725	17 608 750	76.0
基本陈列（个）	8 230	6 680	81.2
举办展览（个）	11 885	10 235	86.1
参观人次（万人次）	56 401	44 155	78.3
未成年人参观人次	15 543	13 543	87.1

资料来源：《全国2012年文化发展基本情况》，文化和旅游部网，2013年12月13日，https：//www.mct.gov.cn/whzx/bnsj/cws/201312/t20131213_827965.htm。

（2）博物馆更好发挥教育引导功能。2004年7月7日，联合国教科文组织第28届世界遗产委员会会议发布《世界遗产青少年教育苏州宣言》，呼吁大力推进世界遗产青年教育，鼓励学校将世界遗产教育列入教学计划[1]。2005年，《国务院关于加强文化遗产保护的通知》，明确提出"教育部门要将优秀文化遗产内容和文化遗产保护知识纳入教学计划，编入教材，组织参观学习活动，激发青少年热爱祖国优秀传统文化的热情"[2]。2006年，国家文物局《关于加强和改进博物馆工作的意见》明确提出建立馆校联系制度，实现博物馆与学校教育的有效衔接，探索博物馆参与未成年人教育、国民教育的长效机制[3]。为了更好地满足公众需求，博物馆逐渐推出体验课堂等活动，并取得较好的社会效益。

---

[1]　国家文物局：《中国文化遗产事业法规文件汇编（1949~2009）下册》，文物出版社2009年版，第17页。
[2]　《国务院关于加强文化遗产保护的通知》，中国政府网，2008年3月28日，http：//www.gov.cn/zhengce/content/2008-03/28/content_5926.htm。
[3]　国家文物局：《中国文化遗产事业法规文件汇编（1949~2009）下册》，文物出版社2009年版，第81页。

3. 文化遗产与旅游。

随着旅游业成为国民经济新的增长点,文化遗产旅游的重要性日渐受到重视。2000年8月21日,国家文物局《关于加强在假日旅游中做好文物保护宣传工作的意见》指出,"各级文物部门要采取积极的态度,适应假日旅游形式需要;博物馆、陈列馆、纪念馆等单位可在节假日适当延长开放时间;被其他占用的文物保护单位,局部可以对外开放参观的,应积极创造条件,在节假日向社会开放"[1]。文化遗产旅游逐渐被纳入当地经济发展规划,其宣传教育功能进一步提高。值得注意的是,该意见提出了游客限流、预约参观等措施,促进文物旅游的规范运营。10月,国际古迹遗址理事会中国国家委员会制定《中国文物古迹保护准则》,明确"文物古迹应当得到合理的利用。利用必须坚持以社会效益为准则,不应当为了当前利用的需要而损害文物古迹的价值"[2]。进一步强调遗址古迹的合理利用原则。

2004年7月1日施行的《行政许可法》第十二条规定:"有限自然资源开发利用、公共资源配置以及直接关系公共利益的特定行业的市场准入等,需要赋予特定权利的事项,可以设定行政许可。"这为政府通过特许经营权的方式使私人企业进入文化遗产利用经营提供了法律依据[3]。2006年颁布的《风景名胜区条例》规定:"国家对风景名胜区实行科学规划、统一管理、严格保护,永续利用的原则",明确可以"根据风景名胜区的特点,保护民族民间传统文化,开展健康有益的游览观光和文化娱乐活

---

[1] 国家文物局:《中国文化遗产事业法规文件汇编(1949~2009)下册》,文物出版社2009年版,第372页。

[2] 中国长城学会:《中国文物古迹保护准则》,载于《中国长城博物馆》2013年第2期。

[3] 《中华人民共和国行政许可法》,2005年6月27日,http://www.gov.cn/flfg/2005-06/27/content_9899.htm。

第二章 中国文化遗产利用的进程与模式

动,普及历史文化和科学知识"①。

2006年第二届文化遗产保护与可持续发展会议在浙江绍兴举行,与会中外专家就遗产保护与利用深入探讨。此次会议提出"负责任旅游"的概念②,以期解决大众旅游对遗产资源的非可持续性和商业化利用。《绍兴宣言》中将"负责任旅游"作为遗产保护的手段之一,例如将旅游利润和景点收入再投入到遗产资源的保护,鼓励社区参与遗产规划和管理,提供高质量和原汁原味的文化旅游产品和服务等观点,进一步促进遗产旅游的理性化、可持续发展。2009年,国务院发布《关于加快发展旅游业的意见》,明确规定"旅游开发建设要加强自然文化遗产保护,深挖文化内涵,普及科学知识,要发挥文化资源优势,推出具有地方特色和民族特色的演艺、节庆等文化旅游产品"③。

2010年7月9日,国家文物局和国家旅游局签订了《旅游发展与文物保护战略合作框架协议》,将从六个方面加强合作:一是共同成立文物旅游工作协调小组,以加强对全国文物旅游发展的协调指挥力度;二是联合开展专题调研,加强文物旅游研究工作;三是联合召开"全国文物保护与旅游发展工作会议";四是联合开展"全国文物旅游示范区"的标准制定与试点工作;五是共同建立专家巡视评估制度,定期对文物保护与旅游发展状况进行评估;六是建立联合执法机制,定期开展文物旅游执法督察工作④。签订《旅游发展与文物保护战略合作框架协议》,是旅游、文物两部门贯彻落实《国务院关于加快发展旅游业

---

① 国务院办公厅:《风景名胜区条例》,中国政府网,2006年9月19日,http://www.gov.cn/flfg/2006-09/29/content_402774.htm。
② 国家文物局编:《中国文化遗产事业法规文件汇编(1949~2009)下册》,文物出版社2009年版,第72页。
③ 《国务院关于加快发展旅游业的意见》,中国政府网,2009年12月3日,http://www.gov.cn/zhengce/content/2009-12/03/content_3983.htm。
④ 赵琳:《两部门签署旅游发展与文物保护战略合作框架协议》,中国政府网,2010年7月10日,http://www.gov.cn/gzdt/2010-07/10/content_1650774.htm。

的意见》的重要举措，标志着文物旅游战略合作新局面的开始。图2-2是"十五"与"十一五"期间全国文物旅游的增加值的对比，可以清晰地看出"十一五"期间，文物旅游增幅明显。

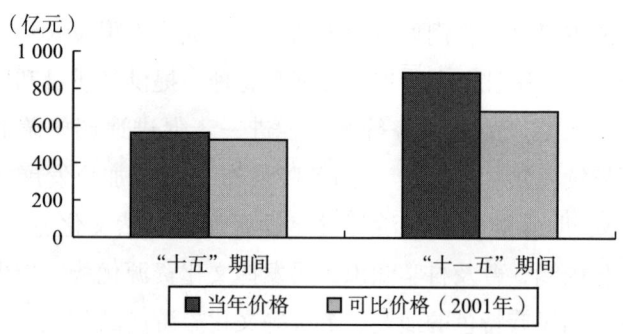

图2-2 "十五"与"十一五"期间全国文物旅游增加值对比

资料来源：刘世锦、林家彬等：《中国文化遗产事业发展报告（2010）》，社会科学文献出版社2010年版，第38页。

2012年12月27日，国务院发布《关于进一步做好旅游等开放建设活动中文物保护工作的意见》，对如何兼顾文物保护与旅游业发展做出了回答，明确了文物旅游建设的细则，并对实践做出有力的指导。当前，在严格保护、科学规划的基础上，合理利用文物资源来发展旅游，对于满足人民群众日益增长的精神文化生活需求，建设共有精神家园等具有十分重要的意义。

4. 文物经营。

经历了较长时间的探索，我国逐步建立了较为完善的文物经营管理制度，文物市场管理逐步规范。2001年国家文物局发布《关于整顿和规范文物市场秩序的通知》，在全国范围内开展文物市场整顿治理工作。2002年，《文物保护法》修订后，对文物商店、文物拍卖单位二者的权限进行了界定。特别对"民间收藏文物"以专章的形式进行了明确,在第五十条中明确,文物收藏单位以外的公民、法人和其他组织可以收藏通过合法方式取得的文物,并规定文物收藏单位以外的公民、法人和其他组织收藏的前款文物可以依法流通。民间文物收藏和流通渐趋规范。2003年发布的《文物保护法实施条例》更是从文物商店的设立条件、审批程序、文物的经营范围、经营规范等全面细致地做出了规定。随后国家文物局发布《关于加强国有文物商店改制管理工作的通知》,在社会主义市场经济体制下,对文物商店改制工作进行了规范,让文物经营流通更符合市场经济体制的需求。

文物拍卖市场渐趋制度化、规范化。2003年7月《文物拍卖管理暂行规定》的发布,文物拍卖管理进入了依法管理的阶段。2006年开始,国家文物局开始按年度开展文物拍卖企业年审工作。据统计,2007年全年艺术品拍卖额达到240亿元人民币[1],文物拍卖逐渐成为文化遗产利用的社会热点。2011年初,国家文物局发布施行《文物拍卖企业资质年审管理办法》,我国文物市场得到了进一步规范和管理,初步形成了较为完善的文物拍卖制度。此外,2009年10月1日,《文物认定管理暂行办法》的颁布,在认定对象中增加了乡土建筑、工业遗产、农业遗产、商业老字号、文化线路、文化景观等特殊类型文物,顺应了我国文化遗产保护实践的新需求,有利于《文物保护法》在新形势下更为有效地保护中华民族的文化遗产。同时这些遗产的确认,也让遗产利用范围进一步拓宽。图2-3是"十五"和"十一五"期间全国文物系统对国民经济全部贡献的对比,可以清晰看出,增幅明显。

---

[1] 国家文物局:《中国文物事业60年》,文物出版社2009年版,第15页。

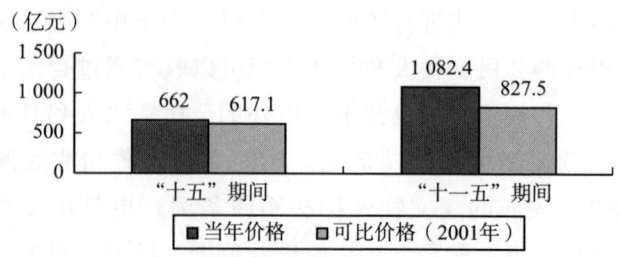

图 2-3　"十五"与"十一五"期间全国文物系统对国民经济全部贡献对比

资料来源：刘世锦、林家彬等：《中国文化遗产事业发展报告（2010）》，社会科学文献出版社 2010 年版，第 40 页。

5. 大遗址保护利用。

"十一五"期间，大遗址保护正式以国家级项目的方式启动。大遗址是指年代跨度长、占地面积广、价值重大、在文明发展历程中具有特殊或重大意义，而且具有资源优势转换内在潜力的大型遗址或遗址群①。大遗址保护涉及考古、保护、展示、科研、环境整治、土地利用、产业调整、人口调控、资金投入等多项内容，是以大遗址为中心的区域综合性经济社会发展工程②。大遗址保护是在保护文化遗产的同时惠及民生，远不仅是一项文化工程。

1997 年，国务院《关于加强和改善文物工作的通知》明确"把古文化遗址尤其是大型遗址的保护纳入当地城乡建设和土地利用规划，充分考虑遗址所在地群众的切身利益，采取调整产业结构、改变土地用途等措施，努力扶持既有利于遗址保护又能提高当地群众生活水平的产业，从根本上改变古文化遗址保护的被动局面"，由此开启了我国大遗址保护的探索历程③。2005 年国

---

　①　刘世锦、林家彬等：《中国文化遗产事业发展报告（2012）》，社会科学文献出版社 2012 年版，第 320 页。
　②　刘世锦、林家彬等：《中国文化遗产事业发展报告（2012）》，社会科学文献出版社 2012 年版，第 106 页。
　③　国家文物局：《中国文化遗产事业法规文件汇编（1949～2009）上册》，文物出版社 2009 年版，第 317 页。

家正式设立大遗址保护专项资金，投入20亿元启动大遗址保护工程。2006年绍兴第二届文化遗产保护与可持续发展会议达成"绍兴共识"，明确"所有文化遗产保护行为都需要社区和文化遗产保护的利益相关者参与进来，只有这样，才能最终实现文化遗产保护与可持续发展相结合"[①]。通过大遗址保护的实施，大遗址所承载的中华文明成为可以被触摸、感知的现实存在，逐渐成为区域的典型文化标志。

在大遗址保护的探索中，考古公园的建立也逐渐推进。国家文物局提出建设"考古遗址公园"的保护理念，以更开阔的视野，从区域发展的角度统筹解决大遗址保护与利用、保护与发展的问题。考古遗址公园是基于考古遗址本体及其环境的保护与展示，融合了教育、科研、游览、休闲等多项功能的城市公共文化空间。国家考古遗址公园不仅仅立足于文化资源保护，国民教育，更承担着构建经济社会发展与遗产保护和谐关系的重任[②]。让遗址以公园的形式出现，拉近了遗址同民众的距离，让遗址资源得以全民共享，为文化遗产保护投入寻找到一种回馈社会的方式，这种回馈落实到公园这一城市不可或缺、百姓喜闻乐见的载体上，不仅可以有效提升城市文化品位，深化城市特色，还表现在拉动内需、解决就业、带动相关产业发展、改善人居环境、丰富城市功能等诸多方面[③]。

《国家文物博物馆事业发展"十二五"规划》指出，要"创新国家考古遗址公园建设的理念、方法和机制，探索一条文物保护与区域经济社会协调发展互赢的新路。"2008年，大遗址保护

---

① 国家文物局：《中国文化遗产事业法规文件汇编（1949~2009）上册》，文物出版社2009年版，第317页。

② 单霁翔：《解放思想，开拓创新，携手共创大遗址保护的美好明天》，载于《中国文物报》2010年12月29日。

③ 单霁翔：《让大遗址如公园般美丽——在2009年大遗址保护良渚论坛上发言》，浙江省文物局网，2009年6月12日，http://www.zjww.gov.cn/culture/2009-06-12/184136904.shtml。

高峰论坛在西安举行,并达成"大遗址保护西安共识",明确"大遗址是不可再生的文化资源,是城市文化景观的核心要素。深入挖掘大遗址内涵和价值,充分发挥其社会效益,促进旅游等相关产业的理性发展,为区域经济提供新的增长点。[1]"可以预见,考古遗址公园作为独特的公共文化空间将在惠及民生,发挥文化遗产公益方面发挥更大的效用。

6. 非物质文化遗产的兴起。

保护传承体系逐步建立。非物质文化遗产是各族人民世代相承、与群众生活密切相关的各种传统文化表现形式和文化空间[2],是我国文化遗产的重要组成部分。2004 年签署 UNESCO《保护非物质文化遗产公约》,标志着我国正式进入非遗保护工作体系[3]。非遗保护体系逐步建立,其合理利用也在不断探索。2005 年 3 月,国务院办公厅发布《关于加强我国非物质文化遗产的保护工作的意见》,确立了"保护为主、抢救第一、合理利用、传承发展"的工作指导方针,提出"正确处理保护和利用的关系,坚持非物质文化遗产保护的真实性和整体性,在有效保护的前提下合理利用,防止对非物质文化遗产的误解、歪曲或滥用"[4]。开始以政府为主导,大力推动非遗保护传承工作。12 月,国务院决定从 2006 年起,把每年 6 月第 2 个星期六,作为"文化遗产日"。非遗展演、非遗进校园等活动在各地举行,影响不断扩大(见表 2-2)。

---

[1] 国家文物局:《中国文化遗产事业法规文件汇编(1949~2009)》下册,文物出版社 2009 年版,第 691 页。

[2][4] 《国务院办公厅关于加强我国非物质文化遗产保护工作的意见》,中华人民共和国国务院办公室网,2005 年 3 月 26 日,http://www.scio.gov.cn/m/ztk/xwfb/09/5/Document/659807/659807.htm。

[3] 康保成:《中国非物质文化遗产保护发展报告(2011)》,社会科学出版社 2011 年版,第 4 页。

表 2-2　　　　　　　　　　部分展演活动

展演名称	主办单位	时间（年）
中国非物质文化遗产保护成果展	文化部	2006
首届中国成都国际非物质文化遗产节	文化部	2007
中国非物质文化遗产传承记忆展演	文化部	2008
中国非物质文化遗产展演	文化部	2009
中国少数民族非物质文化遗产展演活动	文化部、国家民族事务委员会	2010

非遗博物馆建设渐成规模。2007 年文化部办公厅发布《关于开展非物质文化遗产专题博物馆、民俗博物馆和传习所调查工作的通知》，推动了各地非遗基础设施建设。据统计，至 2010 年，我国已有 520 多座非遗专题博物馆，197 座民俗博物馆[①]。诸如此类的设施对非遗的保护具有重要意义，也促进了非遗文化内涵的社会教育功能的实现。2008 年奥运会期间，非物质文化遗产更是成为国家名片，彰显着华夏民族的文化自信。文化部、国家文物局、北京市政府联合举办近 100 场文化遗产展览、展演、讲座，6 月到 9 月初，在北京文化宫举办了 58 场"人文奥运"非物质文化遗产展演活动，成为一时的文化盛事。奥运会开幕式上，古琴、昆曲、提线木偶、活字印刷、击缶诵书等充分展示着中华文化的魅力，取得良好的国际反响[②]。

非遗教育（指传承人以外的非遗管理人才、研究人才的教育）大力发展。按教育类型分，主要包括学历教育、培训班、学校普及教育和面向社会大众的普及性教育[③]。诸如此类的教育在

---

① 文松辉：《中国 34 项列入联合国非物质文化遗产保护名录》，中国非物质文化遗产网，2010 年 11 月 24 日，http://www.ihchina.cn/Article/Index/detail?id=16726。

② 王路：《盘点 2008："非遗保护"》，中国非物质文化遗产网，2009 年 1 月 24 日，http://www.ihchina.cn/news_1_details/11196.html。

③ 康保成：《中国非物质文化遗产保护发展报告（2011）》，社会科学文献出版社 2011 年版，第 47 页。

各地兴起，既促进了非遗保护人才队伍的建设，也奠定了非遗合理利用的人才基础。

2011年6月，《中华人民共和国非物质文化遗产保护法》正式施行，这是继《中华人民共和国文物保护法》颁布以来，我国文化遗产领域又一重要法律，丰富了文化遗产法律体系的内容，对文化遗产的全面保护和利用具有里程碑的意义，基于这一法律，我国非物质文化遗产领域的探索更进一步。

（三）重视市场的阶段

自新中国成立以来，我国文化遗产的保护和利用已经走过了半个多世纪，保护和管理水平显著提升，社会效益不断增强，文化遗产事业逐步发展到较高阶段。但长期以来，文化遗产的合理利用相对滞后，其经济功能发挥不足，效益最大化未能实现。"十二五"以来，让"文物活起来"，推进文物合理适度利用成为文化遗产工作的重点之一，文化遗产开始自觉主动融入经济发展大局。这一阶段，文化遗产工作立足于文化遗产保护的良好基础，强化合理利用，丰富利用方式，更进一步强调文化遗产价值增量的实现。理念层面，以习近平主席提出的"系统梳理传统文化资源，让收藏在故宫里的文物、陈列在广阔大地上的遗产、书写在古籍里的文字都活起来"为指导，让文物融入国民生活，真正实现文物"活起来"；法规层面，发布多个文件，从顶层设计上完善合理利用的宏观架构，明确文化遗产资源利用方式、合理利用尺度等关键问题；实践层面，注重在实践中统筹好文化遗产保护与经济社会发展的关系，全面贯彻"保护为主、抢救第一、合理利用、加强管理"的工作方针，切实加大文物保护力度，推进文物合理适度利用，实现"资源—产品—商品"的转化。可以明显看出，文化遗产与人民生活关系更紧密，经济贡献值不断提升。

1. 遗产利用渐趋重视市场。

（1）建设文化遗产强国的顶层设计，推动遗产利用开拓创新。全面推进文物保护利用和传承发展，建设文化遗产强国成为国家顶层设计的重要内容。2010年，中央政治局常委李长春在第五个中国文化遗产日发表题为《保护发展文化遗产　建设共有精神家园》的文章，提到"坚持以人为本、服务群众，坚持与时俱进，开拓创新，加快推进文化遗产强国建设，在新的起点推动文化遗产事业实现新的跨越"，第一次提出加快推进文化遗产强国建设的战略思想，并指出"要大力推进保护和传承方式创新，对具有重大历史价值的文化遗产，都要按照中央的要求，与经济建设、政治建设、文化建设、社会建设紧密结合起来，对于有市场前景的，鼓励在国家政策的支持下进入市场，特别是与发展旅游业紧密结合，开发文化产品，拓展服务项目，在与产业和市场的结合中实现传承和可持续发展，在参与创造物质财富和精神财富的实践中焕发新的生机和活力，这是最积极、最有效、最有利于文化遗产可持续发展的保护和传承方式"[1]。显然，既从战略意义的角度看到了文化遗产之于文化强国建设的重要助力，也传达了要深化文化遗产事业改革，推动遗产合理利用的讯息。

《国民经济和社会发展第十二个五年规划》阐明了文化遗产发展的形势，"坚持一手抓公益事业，一手抓经营性文化产业，拓展文化遗产传承利用途径。"透露出准确把握文化遗产保护和利用的"度"的基础上，要使文化遗产资源更充分、全面的利用[2]。2011年6月，《国家文物事业发展"十二五"规划》发布，要求"积极推动文物保护、利用、传承的有机结合，全面提升文物保护质量。"10月，十七届六中全会《中共中央关于深化文化体制改革、推动社会主义文化大发展大繁荣若干重大问题的决定》，正式提出建设文化强国的战略。中华民族的伟大复兴，

---

[1] 李长春：《保护发展文化遗产　建设共有精神家园》，载于《广西城镇建设》2010年第8期。
[2] 《国民经济和社会发展第十二个五年规划纲要》，中国政府网，2011年3月16日，http://www.gov.cn/2011lh/content_1825838_6.htm。

不仅是政治、军事、经济的竞争，更是文化软实力的竞争。2012年全国文物工作会议上刘延东发表《继往开来，改革创新，全面推进文物保护利用和传承发展》的讲话，指出要通过建设文化遗产强国来服务全面小康社会建设。

（2）全面深化改革，推动文化遗产由保护为主向保护利用并重转变。2013年11月12日，十八届三中全会通过《中共中央关于全面深化改革若干重大问题的决定》，全面深化改革突破体制机制障碍，为发挥文化遗产的价值创造了机遇和条件，建设社会主义文化强国，深化文化体制改革，加快完善文化管理体制和文化生产经营机制，推动社会主义文化大发展大繁荣成为文化建设的要义。12月30日，习近平总书记在中共中央政治局第十二次集体学习时强调"系统梳理传统文化资源，让收藏在故宫里的文物、陈列在广阔大地上的遗产、书写在古籍里的文字都活起来。"落实到具体工作层面，主要是两个方面：用更大的力度、更全的手段保护文物；用更规范的方式、更广泛的渠道利用文物[①]。单纯的重保护、轻利用的做法，已然不再符合社会发展的大势。

2014年7月21日，加强文物合理利用的工作交流会在银川召开。文化部部长蔡武要求，各级文物部门要充分发挥文物资源的优势，进一步挖掘文物的历史厚度、扩大文物的开放程度、开拓文物的利用深度，加大文物"走出去"力度，提高文物工作的社会参与度，让文化遗产活起来。国家文物局局长励小捷指出当前文物利用"不够"和"不当"的问题，并就合理利用提出了具体的要求[②]。这是国家文物局首次召开全国性会议对文物合理利用进行讨论，表明国家层面真正将文物的合理利用提升到与

---

① 刘世锦、林家彬等：《中国文化遗产事业发展报告（2014）》，社会科学文献出版社2015年版，第3页。
② 《全国文物局长座谈会在宁夏银川召开》，国家文物局网，2014年7月21日，http://www.sach.gov.cn/art/2014/7/22/art_1741_93206.html。

文物保护工作同等重要的位置。

在长时间的探索中,我国基本建立了比较完备的文化遗产保护制度,基于这种基础,在统筹文化保护前提下,促进文物的合理利用,丰富利用渠道,促进文物由资源向产品到商品的转化,提高文化遗产资源的利用效率和价值贡献,无疑是新时代对文化遗产事业提出的必然要求。文化遗产事业需要"围绕中心、服务大局,不断提高文化遗产事业对促进经济社会发展的贡献"[1]。

2. 文博创意产业发展。

随着文物体制改革的推进,给博物馆松绑,让市场发力,文博创意产业成为新的文化业态,成为文化遗产利用面向市场阶段的重要举措。

政策措施上,引导鼓励。2014年3月14日,国务院发布《关于推进文化创意和设计服务与相关产业融合发展的若干意见》中便指出,要"依托丰厚文化资源,丰富创意和设计内涵,拓展物质和非物质文化遗产传承利用途径,促进文化遗产资源在与产业和市场的结合中实现传承和可持续发展"[2]。由此推动了文化创意产业的大力发展。2015年《博物馆条例》第三十四条正式提出,"国家鼓励博物馆挖掘藏品内涵,与文化创意、旅游等产业相结合,开发衍生产品"[3]。让文化创意产品和相关产业发展有法可依。2016年3月8日,国务院发布《关于进一步加强文物工作的指导意见》明确要求"大力发展文博创意产业。深入挖掘文物资源的价值内涵和文化元素,更加注重实用性,更多体现生活气息,延伸文博衍生产品链条,进一步拓展产业发展

---

[1] 李长春:《保护发展文化遗产 建设共有精神家园》,载于《广西城镇建设》2010年第8期。

[2] 《国务院关于推进文化创意和设计服务与相关产业融合发展的若干意见》,中国政府网,2014年3月14日,http://www.gov.cn/zhengce/content/2014-03/14/content_8713.htm。

[3] 国务院:《博物馆条例》,中国政府网,2015年3月2日,http://www.gov.cn/zhengce/content/2015-03/02/content_9508.htm。

空间；鼓励众创、众筹，以创新创意为动力，以文博单位和文化创意设计企业为主体，开发原创文化产品，打造文化创意品牌"①。各部门高度重视并积极落实文物合理利用的实施举措。5月，文化部、国家发展改革委、财政部、国家文物局四部委联合发布《关于推动文化文物单位文化创意产品开发的若干意见》，从收入分配、人员激励、馆藏文物资源使用等方面落实了文博创意产业的实施细则，切实打通文化文物单位文创产品开发政策落实的最后一公里。10月，国家文物局发布《关于促进文物合理利用的若干意见》，国家文物局和相关部委打出一套政策"组合拳"，文创产业发展的政策导向空前利好。

实施策略上，多措并举。2016年10月27日，第十一届中国（北京）国际文化产业博览会上，北京与首都图书馆、天津博物馆、河北博物院共同签署《京津冀文化文物单位文化创意产品开发合作框架协议》，促进资源整合，实现优势资源的有效对接，推动文化文物单位文化创意产品开发市场化、专业化②。11月文物局发布《关于公布全国博物馆文化创意产品开发试点单位名单的通知》，确定92家博物馆成为首批全国文化博物馆文化创意产品开发试点单位，探索多元化的文创产品开发模式，逐步建立起博物馆文化创意产品开发的良性机制。

此外，全国文博单位文化创意产品开发推进会、北京国际文化创意产业博览会、"让文物活起来——全国文博单位文化创意产品联展"等全国性的活动引发了文创热潮。文博单位的文化创意发展和"文物活起来"在实践中初露成效。据《国家文物"十三五"规划》明确要求，"支持各方力量利用文物资源开发

---

① 《国务院关于进一步加强文物工作的指导意见》，中国政府网，2016年3月8日，http://www.gov.cn/zhengce/content/2016-03/08/content_00721.htm。
② 唐玉洁、魏炳锋：《北京文博会27日开幕京津冀文化协同亮点抢眼》，人民网，2016年10月28日，http://tj.people.com.cn/n2/2016/1028/c375366-29220283.html。

文化创意产品，推出一批具有示范带动作用的文化创意产品开发项目和优秀企业，到 2020 年，打造 50 个博物馆文化创意产品品牌，建成 10 个博物馆文化创意产品研发基地，文化创意产品年销售额 1 000 万元以上的文物单位和企业超过 50 家，其中年销售额 2 000 万元以上的超过 20 家。扩大文物资源开放，实施全国可移动文物资源共享工程"①。可以预期，未来文博创意产业将成为文化遗产利用的显著业态。

3. 遗产保护利用与城乡发展结合。

城乡创新发展中，文化遗产的地位愈发重要。2016 年中国第十一个文化遗产日的主题是"让文化遗产融入现代生活"，口号是"保护文化遗产，创造美好生活"。让文化遗产保护和利用与城市建设浑然一体，实现保护与利用的良性循环，已然成为一个重要导向。

2013 年 12 月，中央城镇化工作会议在北京举行，明确了城镇化建设的主要部署，并明确指出"要传承文化，发展有历史记忆、地域特色、民族特点的美丽城镇"②。点明了城市发展与文化遗产保护利用的关系。2014 年《国家新型城镇化规划（2014～2020 年）》发布，指出"发掘城市文化资源，强化文化传承创新，把城市建设成为历史底蕴厚重、时代特色鲜明的人文魅力空间。注重在旧城改造中保护历史文化遗产、民族文化风格和传统风貌，促进功能提升与文物保护相结合"③。文化遗产在人文城市建设中的重要性不言而喻。

2017 年 2 月 21 日，国家文物局印发《国家文物事业发展

---

① 国家文物局：《国家文物事业"十三五"规划》，国家文物局网，2017 年 2 月 21 日，http://www.sach.gov.cn/art/2017/2/21/art_722_137348.html。
② 佚名：《发展有历史记忆地域特色民族特点的美丽城镇》，载于《青岛全搜索电子报》2013 年 12 月 1 日。
③ 国家发展和改革委员会发展规划司：《国家新型城镇化规划（2014～2020 年）》，国家发展和改革委员会网，2014 年 3 月 16 日，http://www.ndrc.gov.cn/fzgggz/fzgh/ghwb/gjjh/201404/t20140411_606659.html。

"十三五"规划》,指出文化遗产保护要"由注重文物本体保护向文物本体与周边环境、文化生态的整体保护并重转变",并指出"创新文物合理利用模式,推动文物保护利用与新型城镇化和新农村建设相结合,与扶贫攻坚和经济发展相结合,与美丽中国建设相结合,延续历史文脉,建设人文城市,打造特色小镇和美丽乡村"[①]。文化遗产保护利用与城乡创新发展相结合不失为文化遗产利用的有益尝试,利用古村古镇、历史街区打造特色旅游景点,逐渐成为新的文化遗产利用方式。在国家政策的大力支持下,我国目前已经涌现出成效显著的案例,如成都武侯祠三国文化遗产区。

成都武侯祠古建筑遗产区,深入挖掘三国文化内涵,实现了文化遗产利用与城市文化地标的打造。武侯祠为三国遗址遗迹类博物馆,由三国历史遗迹区、三国文化体验区、锦里民宿区三部分构成,是国务院公布的首批全国重点文物保护单位(1961年),也是首批国家一级博物馆,每年吸引上百万游客参观游览,享有三国圣地的美誉。武侯祠的利用,更多地从打造文化空间的角度出发,实现了古建筑与周边环境的统筹协调发展。通过"夜游武侯祠""武侯夜话"等活动,让游客深入感受三国文化的魅力。锦里古街更是以传统技艺、民俗风貌等文化内涵为底色,融合餐饮、住宿、非遗展示、特色产品售卖等内容,成为成都最有名的古街,为旧城改造和特色城市建设提供了丰富的经验[②]。

诸如此类的案例,如北京的南锣鼓巷、福州的三坊七巷等地,这类历史街区最典型的利用特点是在保护文化内蕴的基础上,与城镇建设相容共生,逐渐成为独特的人文魅力空间。《国家文物事业发展"十三五"规划》明确提出古建筑和传统村落

---

① 国家文物局:《国家文物事业"十三五"规划》,国家文物局网,2017年2月21日,http://www.sach.gov.cn/art/2017/2/21/art_722_137348.html。
② 《成都武侯祠博物馆:古建筑空间利用与文化产业的发展融合》,国家文物局网,2017年2月21日,http://www.sach.gov.cn/art/2014/7/25/art_1743_93390.html。

保护工程。要求"继续实施山西古建筑、曲阜孔府孔庙孔林、武当山古建筑群、沈阳故宫等古建筑保护利用工程,推出一批精品工程;提升近现代代表性建筑的保护管理和展示利用水平"①。文化遗产利用将与城镇建设紧密结合,并成为打造城镇文化名片的特有资源。

4. "互联网+"中华文明。

互联网时代下怎样"让收藏在博物馆里的文物、陈列在广阔大地上的遗产、书写在古籍里的文字都活起来",《国家文物事业发展"十三五"规划》给出了答案。该规划明确实施"互联网+"中华文明三年行动计划,支持各方力量利用文物资源开发文化创意产品,推出一批具有示范带动作用的文化创意产品开发项目和优秀企业;扩大文物资源开放,实施全国可移动文物资源共享工程"②。2016年12月,国家文物局、国家发展和改革委员会、科学技术部、工业和信息化部、财政部五部委共同编制《互联网+中华文明三年行动计划》,在坚持政府积极引导的同时鼓励社会共同参与,发挥市场作用,通过观念创新、技术创新和模式创新,推动文物信息资源开放共享,在文物价值挖掘创新与数字化展示利用上做了细致的规划,力求推进文物信息资源、内容、产品、渠道、消费全链条设计。

时隔一年,互联网与文物利用深度融合并取得了突出成绩。2017年12月,第四节互联网大会上,国家文物局以文物为载体通过互联网技术展示中华优秀传统文化,展出了"互联网+中华文明"行动计划的阶段性成果。如利用三维高清采集、三维打印等技术与兵马俑古代文明相结合,原真重现的古代兵马俑全貌,让观众不仅可以看到兵马俑,还可以与它握手、拍照留念。可以看到,3D数字动画技术,VR、AR虚拟现实技术使文物真正

---

①② 国家文物局:《国家文物事业"十三五"规划》,国家文物局网,2017年2月21日,http://www.sach.gov.cn/art/2017/2/21/art_722_137348.html。

"活起来"得以实现。

以故宫为例,"互联网+"的利用方式让文物的学习、交流不再受限于时空地域。故宫不仅推出了故宫数字博物馆,让观众借助网络随心所欲的"游走"在故宫里,更接连推出了虚拟现实体验、数字化微信平台、"胤禛美人图"、"韩熙载夜宴图"、"每日故宫"等多款手机应用,多层次、多渠道地有效面向公众。故宫发布的故宫社区App,实现了"互联网+"时代的"掌上"博物馆,该款"可入住"的博物馆App,用户可以在"社区"里建造属于自己的"房子",经营自己的"产业",创造自己的数字生活,从消极被动的文化消费者转变为积极主动的文化参与者,甚至创造者。

"互联网+教育",同样成为文化遗产利用的热点。成都文博系统发布的"天府文化青少年互动教育平台——青青锦点",是全国首家城市级别的青少年互动教育平台。依托成都丰富的历史文化资源,通过现代数字技术应用对成都地区主要博物馆和文物、文化坐标、民风民俗等资源,以图片、漫画、游戏、视频课程、社交、增强现实等方式进行生动呈现和趣味体验,从青少年视角出发,用数字化解构文化与文物、教育联动合作,寓教于乐且互动性强[1]。

文化与科技的融合,实现了文物的深度利用。"互联网+文物教育"、"互联网+文物旅游"、"互联网+文物文创产品"、"互联网+文物素材创新"、"互联网+文物动漫游戏",实现了以文化遗产为基础的融合性文化产品的开发。从文物资源、内容IP、创意、产品、渠道到消费的全链条设计,形成产业链条,让文化遗产发挥社会教育功能的同时发挥经济价值。在第四届世界互联网大会期间,国家文物局分别与百度、腾讯、网易三家互联

---

[1] 《六一献礼 全国首家!"天府文化青少年互动教育平台"(青青锦点)明日上线》,搜狐网,2017年5月31日,http://mt.sohu.com/20170531/n495124711.shtml。

网巨头签下战略合作协议。这是在跨部门合作的基础上,国家文物局迈出的政府与企业合作、资源融合的实质性步伐。不难想象,"互联网+中华文明",将赋予文化遗产利用更多的可能性①。

5. 文物利用工程全面发力。

《国家文物事业发展"十三五"规划》提出了五大文物利用工程,从广度、深度、力度拓展了文物合理利用的途径。该规划进一步推动文物事业改革,从宏观战略构成和微观实施细则上均对文化遗产的利用做出了设计。尤其提出了五大文物合理利用工程,即国家记忆工程、"互联网+中华文明"三年行动计划、全国可移动文物资源共享工程、"一带一路"文化遗产长廊建设工程、中华文物走出去精品工程②。这些工程既涉及了文化遗产的开发利用,也涉及了文化遗产的国际交流与合作。具体说来,"十三五"时期要以实施中华优秀传统文化传承发展工程和国家记忆工程为引领,发挥好文物资源的社会教育功能,传承弘扬中华优秀传统文化;利用"互联网+"形式,支持各方力量利用文物资源开发文化创意产品,推出一批具有示范带动作用的文化创意产品开发项目和优秀企业,培育文化品牌。拓展文物对外交流合作,建设"一带一路"文化遗产长廊,增强我国文化软实力和国际影响力。

中华文物全媒体计划,以媒介手段发掘文化遗产的价值,推动文物共有共享的实现。2018 年发布的《关于加强文物保护利用改革的若干意见》提出"实施中华文物全媒体传播计划",要求"发挥政府和市场作用,用好传统媒体和新兴媒体"③。让文化遗产更好的发挥公益价值。2016 年 1 月,纪录片《我在故宫

---

① 《"互联网+中华文明"行动计划一年来的实践与探索》,国家文物局网,2017 年 12 月 4 日,http://www.sach.gov.cn/art/2017/12/4/art_2052_145568.html。

② 国家文物局:《国家文物事业"十三五"规划》,国家文物局网,2017 年 2 月 21 日,http://www.sach.gov.cn/art/2017/2/21/art_722_137348.html。

③ 《国家文物局关于促进文物合理利用的若干意见》,中国政府网,2016 年 10 月 19 日,http://www.gov.cn/xinwen/2016-10/19/content_5121126.htm。

修文物》播出，在年轻人群体中火爆。该片讲述了珍贵文物的修复过程，展现了"文物医生"和"文物复活术"，让更多的年轻人愿意走进文物，了解文物。后续以《如果国宝会说话》《国家宝藏》等作品为代表，打造了一系列媒介精品，文物讲好中国故事，传播中国声音的能力愈发增强。

6. 新时代文物利用的新征程。

2016年国家文物局发布的《关于促进文物合理利用的若干意见》，效果显著，两年来，文物的合理利用实现了很大的飞跃，文博创意产业、"互联网+中华文明行动"等引领着文化遗产事业对经济贡献的实现，我国的文化遗产事业已然迈上了一个台阶。出于长远发展的考量和文化遗产事业顶层设计的完善，2018年中共中央办公厅、国务院办公厅发布《关于加强文物保护利用改革的若干意见》（以下简称《意见》），对我国文物合理利用具有里程碑的意义。

这是新中国成立以来第一份专门针对文物保护利用改革并以中办、国办名义印发的中央政策文件，是对文物保护利用改革的全方位制度性供给，明确了新时代文物事业改革的总体要求。《意见》从文物制度的顶层设计上破解体制机制障碍，推动文物合理利用深度发展。作为新时代文物利用的纲领性文件，回应了长期以来文物利用"不当"和"不够"的问题，划定了文物保护利用的红线和底线，让进一步加强文物的合理利用有了可靠的保证。《意见》同时确立了我国文物合理利用的总体目标，即"到2025年，走出一条符合我国国情的文物保护利用之路；文物保护利用传承体系基本形成；文物领域社会参与活力不断焕发"[1]。该《意见》是对新时代文物保护利用的回应，同时也对我国文化遗产事业提出更高的要求。

---

[1] 《国家文物局关于促进文物合理利用的若干意见》，中国政府网，2016年10月19日，http://www.gov.cn/xinwen/2016-10/19/content_5121126.htm。

第二章 中国文化遗产利用的进程与模式

文化遗产作为历史遗存的文化载体，是特殊的文化资本，无可置疑地成为文化软实力的硬支持。发展文化遗产事业，其核心在于守护文化、传承文化、运用文化，以坚定文化自信，建设文化强国。我国文化遗产事业始终坚持十六字方针，在妥善保护的基础上合理利用的主旨从未变更。新中国成立伊始，国家领导人高度重视文化遗产的整理和保护，逐步建立起文化遗产保护体制机制，重视发挥文化遗产的教育功能、科研价值；改革开放后，逐渐摸索文化遗产的经济价值，适度开发，合理利用逐渐成为共识；随着保护基础的逐步坚实，文化遗产利用的力度和广度有所提升；发展到今日，文化遗产保护与利用并重，文物事业深化改革推动体制机制的突破，文化遗产事业开始自觉主动融入经济大局。我国特色的文化遗产利用之路逐渐明晰，文化遗产事业对于坚定文化自信，助力国家文化软实力建设必将做出更大的贡献。

7. 非遗保护和利用新格局。

生产性保护是我国非物质文化遗产保护的方式之一，指在具有生产性质的实践过程中，以保持非物质文化遗产的真实性、整体性和传承性为核心，将非物质文化遗产及其资源转化为物质形态产品的保护方式[1]。这一保护方式是让非物质文化遗产在保护传承中实现"自我造血"的重要方式，经过实践探索中的不断检验，积累经验，逐渐形成了非物质文化遗产保护利用的新格局。

2012 年 1 月 31 日，文化部为北京市珐琅厂有限责任公司等 41 家企业颁发国家非物质文化遗产生产性保护示范基地的牌匾。标志着我国非物质文化遗产生产性保护已经进入实质实施阶段[2]。

---

[1] 韩冰：《"非遗"生产性保护之路》，中国非物质文化遗产网，2016 年 4 月 16 日，http://www.ihchina.cn/luntan_details/8040.html。

[2] 康保成：《中国非物质文化遗产保护发展报告（2013）》，社会科学文献出版社 2013 年版，第 22 页。

2012年2月2日,文化部印发《关于加强非物质文化遗产生产性保护的指导意见》,翔实地对非物质文化遗产生产性保护的概念、意义、原则、实施措施、工作机制等提出明确要求,为非物质文化遗产生产性保护做出科学指导。其中提出了"遵循非物质文化遗产项目生产方式的个性和特征,鼓励和支持代表性传承人设立个人工作室;积极为代表性传承人提供技艺展示、产品销售的渠道和平台;对有市场潜力的代表性项目,鼓励采取'项目+传承人+基地''传承人+协会''公司+农户'等模式,结合发展文化旅游、民俗节庆活动等开展生产性保护,促进其良性发展"①。诸如此类的实施细则为非物质文化遗产合理开发利用奠定了依据。

2013年7月,国务院批准了《关于实施教育扶贫工程的意见》,明确规定:"传承创新民族文化、民族技艺。结合片区民族地区的发展需要和文化遗产保护的要求,将民族文化、民族技艺传承创新纳入职业教育体系。重点支持一批体现片区民族文化特点、具有产业化前景的民间传统技艺专业。鼓励民间艺人、技艺大师、非物质文化遗产传承人参与职业教育办学。支持民族贸易企业、文化旅游企业参与校企合作。各级教育、文化、旅游、贸易等部门加大对民族文化、民族技艺职业教育的支持力度"②。各地政府也出台相应的细化法规、条例,设立非遗保护与开发专项资金、落实合理开发利用非遗的经营活动、经营项目的补助经费。部分地方出台了知识产权保护规划,如陕西省制定了《陕西省知识产权战略推进计划(2013~2014)》,明确"加快推进文化事业和文化产业创新发展……分类保护非物质文化遗产知识产

---

① 《文化部关于加强非物质文化遗产生产性保护的指导意见》,文化和旅游部网,2012年2月14日,http://www.law-lib.com/law/law_view.asp?id=376222。
② 《国务院办公厅转发教育部等部门〈关于实施教育扶贫工程意见的通知〉》,中国政府网,2013年9月11日,http://www.gov.cn/zwgk/2013-09/11/content_2486107.htm。

权权利人合法权益,深度挖掘我省传统文化资源,打造知名文化品牌,逐步形成传统文化生态保护和文化产业链"①。可见从国家到地方都高度重视对非物质文化遗产的合理利用。

非物质文化遗产的保护利用理念在实践探索中逐渐清晰。文化部副部长项兆伦出席2016年第三届爱丁堡国际文化峰会时发表了题为《中国保护文化遗产的实践与经验》的主题演讲,明确指出我国非物质文化遗产保护的三个理念。一是在提高中保护,作为活态的文化遗产,非物质文化遗产保护的关键是人的传承。只有不断提高传承水平,才能增强非物质文化遗产的表现力和吸引力。二是走进现代生活的理念。非物质文化遗产是以人为核心、以生活为载体的活态传承实践,提高传统工艺的传承利用水平,将提高遗产持有者的传承能力与增加收入、提高生活质量联系起来,有利于实现非物质文化遗产的保护与再创造。三是见人见物见生活②。从以上理念可知,我国非物质文化遗产已经摸索出了属于自己的传承发展经验。

2017年3月24日,国务院发布了《中国传统工艺振兴计划》,对新时期传统工艺振兴做出了总体部署,在总体目标中提出"发掘和运用传统工艺所包含的文化元素和工艺理念,丰富传统工艺的题材和产品品种,提升设计与制作水平,提高产品品质,培育中国工匠和知名品牌,使传统工艺在现代生活中得到新的广泛应用,更好满足人民群众消费升级的需要"③。对非物质文化遗产的利用做出了整体设计。该计划提出了人才培养、行业扶持、市场拓展、技术攻关、理论研究、普及教育、交流合作等

---

① 《陕西省人民政府办公厅关于印发〈陕西省知识产权战略推进计划(2013~2014年)〉的通知》,靖边县人民政府网,2013年3月24日,http://www.jingbian.gov.cn/gk/zfwj/szfwj/40761.htm。
② 项兆伦:《中国保护文化遗产的实践与经验》,载于《雕塑》2016年第5期。
③ 《国务院办公厅关于转发文化部等部门中国传统工艺振兴计划的通知》,中国政府网,2017年3月24日,http://www.gov.cn/zhengce/content/2017-03/24/content_5180388.htm。

10 项主要任务和 4 项保障措施①。在该政策的引导下，一系列振兴传统工艺的实践探索逐渐开展，并取得了不错的成效。

从以上实践历程中可以看出，立法层面，法规体系渐趋完善；实践层面，生产性保护成为指导当前非物质文化遗产保护利用的重要方式。

三、遗产利用的模式

（一）文物利用

文化遗产事业是具有教育、科研、经济三大功能的公益性社会事业②，其功能的有效发挥，基于对文化遗产的合理利用。目前，我国对文化遗产的合理利用，主要有四种模式，即爱国主义教育、遗产旅游、开发文化创意产品、进行遗产国际交流与合作，通过这些模式，让文化遗产事业的功能得以充分发挥，更好地促进社会发展。

1. 爱国主义教育。

爱国主义教育，是培养人们树立正确的爱国观念，坚定爱国信念的重要教育活动。文化遗产作为中华民族的优秀历史遗存，承载着几千年来，勤劳、智慧、勇敢的中华民族通过各种实践活动创造出来的灿烂辉煌的文化，是进行爱国主义教育的极好方式。

1991 年，中宣部、国家教委、文化部、文物局等发布了

---

① 《国务院办公厅关于转发文化部等部门中国传统工艺振兴计划的通知》，中国政府网，2017 年 3 月 24 日，http://www.gov.cn/zhengce/content/2017-03/24/content_5180388.htm。

② 刘世锦、林家彬等：《中国文化遗产事业发展报告（2008）》，社会科学文献出版社 2008 年版，第 19 页。

第二章　中国文化遗产利用的进程与模式

《关于充分运用文物进行爱国主义和革命传统教育的通知》，指出"利用丰富的文物对群众进行热爱祖国、热爱党、热爱社会主义的教育，具有直观、形象、真实、可信的特点，易于被接受和理解"①。2002 年《文物保护法》第一条："为了加强对文物的保护，继承中华民族优秀的历史文化遗产，促进科学研究工作，进行爱国主义和革命传统教育，建设社会主义精神文明和物质文明，根据宪法，制定本法"②。可见文化遗产在爱国主义教育中的重要性，通过参观、欣赏具体的物质或精神载体，可以加深人们对祖国灿烂文化、悠久历史的具象认识，有利于形成对祖国锦绣山河、勤劳民族的挚爱之情。将遗产保护与利用与爱国主义教育相结合，一直贯穿在遗产保护与利用的过程中。

革命博物馆、纪念馆在爱国主义教育中发挥着不可或缺的作用。我国的诸多博物馆，如故宫博物院等将无数珍贵的遗产向人民开放，使之成为陶冶人民思想情操，进行爱国主义教育的场所。其中，尤其以革命博物馆、纪念馆成为爱国主义教育的主要平台，以其丰富的文物生动鲜明地展示革命历程和英雄事迹，往往起到"百闻不如一见"的震撼作用。早在 1997 年 6 月，中宣部便公布了首批百个爱国主义教育示范基地。随着该项工作的推进，2001 年、2005 年、2009 年、2017 年相继公布爱国主义教育基地名单，截至 2017 年 3 月，全国爱国主义教育示范基地总数达到 428 个③。形成了以博物馆、纪念馆、革命线路为代表的爱国主义实地教育体系，典型的如中国国家博物馆、中国人民抗日战争纪念馆、圆明园遗址公园等。

---

　　① 《中共中央宣传部、国家教委、文化部、民政部、共青团中央、国家文物局关于充分运用文物进行爱国主义和革命传统教育的通知》，法律教育网，1991 年 8 月 28 日，http://www.chinalawedu.com/falvfagui/fg22598/21175.shtml。
　　② 《中华人民共和国文物保护法（2002）》中华人民共和国主席令第 76 号，http://hk.lexiscn.com/law/law-chinese-2-42878.html。
　　③ 《中宣部新命名一批全国爱国主义教育示范基地》，中国文明网，2017 年 3 月 29 日，http://www.wenming.cn/xj_pd/ssrd/201703/t20170329_4149295.shtml。

"红色旅游"成为实地体验、升华爱国主义情感的主要形式。红色旅游作为革命传统教育的有效形式，具有学习性、故事性、参与性，一直以来成为爱国主义教育的重要形式。2004年12月，中共中央办公厅、国务院办公厅印发了《2004~2010年全国红色旅游发展规划纲要》，红色旅游自此蓬勃发展。各地塑造了一系列红色旅游品牌，开展研学旅行、体验旅行等深度旅游活动，很大程度上加深了人们对革命精神的领会和学习。如2016年6月，纪念红军长征80周年，由新华网主办的"重走长征路"活动在湖北红安启动，参与的队员在为期9天的时间里，途经四川、甘肃、延安等地，重访革命圣地，亲身感受红军长征精神。诸如此类的活动，影响极大，以亲身体验、实地重温为特色，成为爱国主义教育颇受欢迎的形式。根据《2018年上半年旅游经济主要数据报告》显示，2018年上半年，红色旅游重点城市的436家红色旅游景区共接待游客4.84亿人次，占国内旅游人数的17.13%；旅游收入达2 524.98亿元，占国内旅游收入的10.32%[①]，可以明显看出红色旅游的受欢迎程度。

进入新时代，国家加大了对革命文物的利用力度。2018年7月，中共中央办公厅、国务院办公厅印发《关于实施革命文物保护利用工程（2018-2022年）的意见》。明确要求，要切实加强新时代革命文物工作，充分发挥革命文物在开展爱国主义教育，培育社会主义核心价值观、实现中华民族伟大复兴中国梦中的重要作用。其中，从文物利用的重要意义、总体要求、主要任务、重点项目、实施保障等部分对2018~2022年革命文物保护利用工程的实施做了全面的部署[②]。文化遗产将对爱国主义教育发挥更大的作用。

---

① 《2018年上半年旅游经济主要数据报告》，文化和旅游部网，2018年8月28日，http：//zwgk.mct.gov.cn/ceshi/lysj/201808/t20180822_834337.html。
② 《革命文物保护利用工程（2018-2022年）实施意见》，东方网，2018年11月24日，http：//news.eastday.com/eastday/13news/auto/news/china/20181124/u7ai8216197.html。

2. 遗产旅游。

遗产旅游是文化遗产利用的重要模式。随着我国社会经济的发展，居民收入水平增加，集观光、娱乐、休闲、健身于一体的旅游活动备受青睐。文化遗产与旅游联系紧密，访古寻幽、探访名胜的传统古已有之。在当代社会，文化遗产因其独特的文化内蕴而成为重要的旅游资源。人们对旅游目的地的选择和旅游价值的追求，使得遗产旅游具有巨大的内在发展潜力。在 2010 年博鳌国际论坛上，刘云山指出"文化是旅游的灵魂，旅游是文化的载体"[①]。充分表明文化遗产和旅游之间的密切联系。

美国学者蒂莫西认为遗产旅游是指旅游者观赏或者体验建筑遗产、活态文化或现代艺术[②]。现在普遍认为遗产旅游是指以遗产资源（目前主要是世界级遗产）为旅游吸引物，到遗产所在地欣赏遗产景观，体验遗产文化氛围的一种特定形式的旅游活动，使旅游者获得一种文化上的体验[③]。文化遗产本身不是旅游产品，旅游把遗产在一定的空间和时间内形成了消费资本，它既是文化的资本化过程，同时也是遗产作为历史的物质载体向消费者传达其文化价值，提示和强化人类个体或群体的存在意义，唤醒和强化个体和群体的认同感，因此又是资源的文化过程[④]。遗产旅游往往因为文化遗产的独特性而优于一般性的旅游，更注重提供旅游者文化上的深度体验，是一种更高层次的旅游开发理念，也是典型的遗产资源的可持续利用模式。文化遗产旅游的内容多样，有学者将遗产旅游划分为以下类别：（1）参观博物馆；

---

① 刘云山：《文化是旅游的灵魂》，中新网，2010 年 3 月 31 日，http://www.chinanews.com/cul/news/2010/03-31/2199518.shtml。

② ［美］蒂莫西著，孙业红译：《文化遗产与旅游》，中国旅游出版社 2014 年版，第 4 页。

③ 刘庆余、弭宁等：《遗产旅游的概念与内涵初探》，载于《国土与自然资源研究》2008 年第 1 期。

④ ［英］蒂莫西、博伊德著，程尽能译：《遗产旅游》，旅游教育出版社 2007 年版，第 39 页。

(2) 参观史前遗迹、考古遗址、古代建筑与建筑群；(3) 体验活态文化；(4) 参观历史古城、旧城、名城；(5) 工业遗产旅游；(6) 文学遗产；(7) 黑色旅游；(8) 红色旅游①。

我国悠久的历史，灿烂的文明，留下了诸多的文化遗址遗迹，更是跃居世界第二位的世界文化遗产大国，具备发展遗址旅游的优越条件。1978 年，中国实行改革开放，1987 年，中国 6 处世界文化遗产被列入《世界遗产名录》，这些世界文化遗产地成为遗产旅游的杰出代表②。北京、敦煌、西安等成为遗产旅游的圣地，随着中国世界遗产的数量增多与区域扩展，形成了中国遗产旅游极具影响力的旅游目的地，有效提升了中国旅游的整体实力。在世界遗产地中，形成了北京故宫、八达岭长城、陕西秦始皇陵、山西平遥古城、敦煌莫高窟等一系列中外知名的景区。21 世纪以来，尤其是"十一五"以来，中国世界文化遗产地的游客量始终保持两位数的增幅，据统计，2005～2015 年，中国主要世界文化遗产地游客量年度递增比例在 15% 以上③。

《国务院关于加快发展旅游业的意见》指出④，到 2020 年，中国旅游业规模、质量、效益基本达到世界旅游强国水平。世界旅游组织预计，以 2020 年为时间节点，中国将成为全球第一大国内旅游市场、旅游目的地国和客源输出国，旅游业增加值占 GDP 比重超过 5%，旅游业真正成为国民经济的战略支柱产业⑤。我国将逐渐从旅游资源大国向世界旅游大国转变，在此背景下，文化遗产旅游将更具竞争力，发展遗产旅游，有利于助推地方经

---

① 贾鸿雁、张天来：《中华文化遗产概览》，东南大学出版社 2016 年版，第 42～46 页。
② 《保护传承 1987～2017 中国世界文化遗产 30 年特别纪念》，国家文物局网，2017 年 12 月 23 日，http：//www.sach.gov.cn/art/2017/12/23/art_722_146059.html。
③⑤ 彭跃辉：《中国世界文化遗产保护管理研究》，文物出版社 2015 年版，第 168 页。
④ 《国务院关于加快发展旅游业的意见》，中国网，2009 年 12 月 4 日，http://www.china.com.cn/policy/txt/2009-12/04/content_19005236.htm。

济发展，树立文化品牌。

3. 文化创意产品。

文化创意产品相关产业是依托博物馆的物质文化遗产和非物质文化遗产等资源，进行创意、创新衍生出来的新业态，依靠新技术和产业化的方式传播、销售新产品[①]，是文化遗产资源利用的重要模式。尤其是在2016年3月，国务院发布《关于进一步加强文物工作的指导意见》明确要求"大力发展文博创意产业"后，中央及各部委连续发布系列政策文件，给文化创意产品相关产业发展提供了全面的政策支持。文博单位加快了"自觉""主动"融入社会经济发展的步伐，很好地让文物"活起来"，并出现在老百姓的生活之中。文物合理利用面临历史性机遇，各地博物馆基于对政策的敏锐把握基础上大力推进文创产品的发展，涌现出了故宫博物院、湖南省博物馆等不少成效显著的典型。

故宫博物院独树一帜，取得良好的社会效益和经济效益。故宫专门设立了文创事业部，专门负责对故宫文化深度挖掘，设计研发与故宫文化相关的文化产品。2008年12月故宫官方淘宝旗舰店成立，成为国内第一家开设官方销售网店的博物馆。2015年故宫文化创意产品达8700多种，营业额超10亿元。朝珠耳机、故宫日历、"朕知道了"纸胶带、"正大光明"充电器等文创产品，让无数观众成了故宫的忠实粉丝。目前故宫官方旗舰店的粉丝数达到266万人，并且利用微信、微博，全渠道推广。目前形成了故宫文创旗舰店、故宫博物院文创馆、故宫淘宝三大销售平台，不仅开发的文创产品种类丰富，涉及服饰、书画、家居等诸多方面，更有故宫壁纸、故宫动漫、故宫游戏、故宫社区等一系列电子衍生产品。故宫元素、故宫故事，通过故宫文创的方

---

① 苏杨、张颖岚：《中国文化遗产事业发展报告（2016~2017）》，社会科学文献出版社2017年版，第103页。

式走进大众,让文物不再束之高阁,深得群众的喜爱,逐渐成就了备受青睐的故宫文创品牌。

国家博物馆也全面发力,成为不可忽视的文创力量。国家博物馆的文创开始于 2011 年,经过 5 年的探索发展,形成了自己的特色。在 2016 年,国博文创产业发展进入转型期,借助互联网技术与文物资源进行了深度的融合探索,与阿里巴巴集团、上海自由贸易实验区等机构进行合作搭建"文创中国"的文创生态平台,建立了线上的官方旗舰店及线下的"文创中国"大区运营中心。同时,借助与速卖通跨境电商平台合作建立了国博速卖通旗舰店,实现英语、俄罗斯语、西班牙语三个语种的服务,可以覆盖全球 200 多个国家和重点地区,通过跨境销售使国博文创产品真正首次以文化消费的方式走出国门、走向世界。目前国家博物馆形成了"国博衍艺""文创中国"两个主打品牌,影响力不断扩大①(见表 2-3)。

表 2-3 故宫博物院与国家博物馆文创产业概况

单位名称	代表文创产品	其他
故宫博物院	"神骏系列""胤禛美人图系列""海水江涯系列""宫门箱包系列""大凤系列""瑞兽系列""萌系列""五牛图系列"等	故宫淘宝、故宫商城、京东旗舰店、1 号店故宫文创旗舰店、故宫微店等。注册商标:故宫博物院、"宫""故宫""紫禁城"等
中国国家博物馆	乾隆御题如意 U 盘、海晏河清丝巾、顺舟茶盘、灵龙香台、陆羽茶具、花卉书签等	拥有品牌:国博衍艺、国博典藏。重点扶植产品:国博茶道、国博香道、国博文房等

各地博物馆也纷纷加入了文创的行列,中国人民革命军事博

---

① 周渊:《国家博物馆:用创新思路打造文创产品"国家队"》,中国社会科学网,2016 年 6 月 6 日,http://www.cssn.cn/zx/shwx/shhnew/201606/t20160606_3059289_1.shtml。

物馆、上海博物馆、湖北博物馆等成为地方博物馆文创产品的新秀。依托独特的文物资源打造地域特色的文创品牌逐渐成为博物馆与市场结合的路径之一，文物资源逐渐转化为文化 IP 资源，与创意、技术、网络平台紧密结合，极大程度上实现了文物资源的"活化"利用。

在各级各类单位的积极探索下涌现出诸多成功案例，表 2-4 选取了部分代表性的文创单位作简要介绍。

表 2-4　　　　　　　　部分文创单位及代表产品

单位	代表文创产品	特点
中国国家京剧院	"五虎上将"玩偶及明信片、"戏服"系列 T 恤、迷你乐器系列、京剧艺术丝巾等	以京剧元素进行二次设计，将国粹文化凝于产品，特色鲜明
中国人民革命军事博物馆	坦克造型紫砂壶、海陆空主体茶具套装、军事题材普洱茶饼、景德镇瓷器书房六宝等	实现了军博文创产品从无到有的突破，很大程度上推动了军博文化的传播
上海博物馆	女佣台灯、3D 指触魔卡、青铜几何纹手镯、书画精品纹饰杯垫等	产供销一体，立足馆藏资源，发挥地方特色资源优势
内蒙古博物院	"阴山岩画"系列饰牌、牛奶手工皂、"草原那达慕"U 盘系列、蒙古族公仔娃娃系列、蒙古帽首饰盒等	突出区域民族特色，具有特定故事和文化内涵，促进草原文化的宣传

资料来源：文化部文化产业司：《文化文物单位文化创意产品开发案例集》，文化艺术出版社 2016 年版，第 68~162 页。

可以窥见，文化创意产品开发在不同种类、不同地域的博物馆中各有特色，逐渐实现了由"推荐商品"向"推荐文化"的转变，要"系统梳理传统文化资源，让收藏在禁宫里的文物、陈列在广阔大地上的遗产、书写在古籍里的文字都活起来"①。文化创意产品无疑是连接古老与时尚,沟通文物与民众的有效方式。

4. 遗产交流与国际合作。

我国丰厚的历史文化遗存不仅是中华民族的宝贵财富,同时也是世界的文化遗产,是人类文明的组成部分。我国实施的"中华文物'走出去'精品工程""一带一路"文化遗产长廊建设工程等充分说明了遗产交流与国际合作在国家战略中的重要地位。历史经验已经表明,加强文化遗产的国际交流与合作,不仅利于文化遗产自身的发展,更有利于我国文化软实力的展示和国际影响力的增加。

(1) 遗产交流促进不同文明沟通互鉴。文物外交为国际交流锦上添花。我国的"文物外交"由来已久,新中国成立伊始,对外文物展览工作便有序进行。新中国赴外举办的第一个文物展览是 1950 年赴苏联莫斯科、列宁格勒举办的"中国艺术展",以 600 件文物精品向苏联人民介绍中国及中国文化。1954 年,周恩来总理率中国代表团参加了日内瓦会议,亲自批示向故宫博物院借用 12 件文物在日内瓦驻地展示。与会期间,这些中国文物给各国来访者留下了深刻印象。这次"小型文物陈列"是通过文物展示中国形象的典范②。1973 年 5 月起,《中国出土文物展览》赴欧洲、大洋洲、非洲和亚洲 16 个国家展出,观众达 657.5 万次。文物对外交流和合作很大程度上促进了外交突破③。这些展览在特定时期对我国的外交事业做出了典型贡献,也充分说明了文物对外展览的重要意义。据统计,改革开放以来,我国累计举

---

① 习近平:《决胜全面建成小康社会夺取新时代中国特色社会主义伟大胜利——在中国共产党第十九次全国代表大会上的报告》,央广网,2017 年 10 月 27 日,http://news.cnr.cn/native/gd/20171027/t20171027_524003098.shtml。

② 张钊:《外交战略格局中的对外文物展览》,载于《中国文物报》2014 年 5 月 16 日。

③ 国家文物局:《中国文物事业 60 周年》,文物出版社 2009 年版,第 5 页。

办 1 000 余项文物国际展览，外国观众超过 1 亿人次①。2018 年 4 月，习近平主席以湖北省博物馆为"国家客厅"，会晤印度莫迪总理，敲编钟、看乐舞、赏文物，并把中国文博创意产品作为国礼赠送，再次成就了文物主场外交的佳话，充分展示了新时代文物外交的魅力。

举办国际展览，提升中华文化的影响力。对外文物展览是开展文化交流、促进人民情感、彰显国家软实力的重要方式，我国赴各国的文物展览逐渐频繁。典型的如华夏瑰宝展，2012 年 11 月 20 日该展在土耳其伊斯坦布尔的老皇宫博物馆开幕，其主办单位是中国文化部、国家文物局、中国驻土耳其大使馆和土耳其文化旅游部。展览选择了来自中国的故宫博物院、上海博物馆、陕西历史博物馆、陕西省考古研究院、秦始皇帝陵博物院等 11 家文博机构的文物精品 101 组。展览分为四个部分：文明诞生、天下一统、丝路繁盛和王朝盛世。2015 年 2 月 6 日，华夏瑰宝展在匈牙利首都布达佩斯的工艺美术馆展出；2018 年 9 月 12 日，又赴沙特首都利雅得国家博物馆展出。通过这些展览让更多的人了解中国，极大地提高我国文化的国际影响力。

此外，如赴英国"中国汉代地下珍宝展"（2012 年）、赴日本"中华大文明展（2013 年）"、赴美国"丝绸之路上的佛教艺术展"（2016 年）、赴法国"汉风——中国汉代文物展"（2014 年）等诸多展览，构成了中国文物海外展览的宏图。值得注意的是，智能互动展览技术取得了显著的成效。如文化部和国家文物局共同策划，中国文物交流中心联合国内数字科技企业设计研发，拥有完全自主知识产权的文物展示互动操控系统，"文物带你看中国"数字展示系统将文化遗产精品与现代高科技手段相结合，已经实现 30 个海外中国文化中心全覆盖。

---

① 刘玉珠：《让中华文明薪火传之久远》，国家文物局网，2018 年 10 月 31 日，http：//www.sach.gov.cn/art/2018/10/31/art_722_152430.html。

（2）开展国际合作。开展文化遗产国际合作对世界文化遗产的保护做出了卓越的贡献。我国开展文化遗产国际合作项目，由来已久。早在1988年，国家文物局、敦煌研究院与美国盖蒂保护所、日本东京国立文化财产研究所签订莫高窟国际合作项目，由此拉开了世界文化遗产国际合作保护的序幕。据悉，目前我国文物援外和联合考古项目在周边国家形成较为完整的项目链，其中历史古迹保护修复覆盖6个国家8个项目，联合考古覆盖13个国家近20个项目[1]。

援助柬埔寨吴哥古迹保护工程。中国积极响应联合国教科文组织发起的"拯救吴哥古迹国际行动"，自1998年起，连续20年援助柬埔寨对周萨神庙、茶胶寺进行修复。历经十年努力，中国政府第一次派遣专业队伍实施文化遗产援外保护工程——中国政府援助柬埔寨吴哥古迹周萨神庙保护修复工程竣工。随后中国援柬二期工程——茶胶寺保护工程也逐渐落实。这些古迹修复工程的圆满成功，不仅推动了中柬两国文物合作与人文交流，而且充分展现了负责任、有担当的文化遗产大国形象，得到受援国家和国际社会的高度评价[2]。

中德安岳石窟保护项目。根据中德文物保护领域合作第十一次指导委员会提议，安岳石窟保护列入中德文物保护计划，由中国文化遗产研究院与德国慕尼黑工业大学共同承担。第一期于2006年11月起实施，2009年结束，该项目完成安岳石窟圆觉洞三维扫表技术测绘和地质勘察工作，并开展岩石各种性能指标的试验分析、地质条件分析及保护状况评估，加固材料的试验研究，形成安岳石窟圆觉洞地质条件及病害研究报告等

---

[1] 毛鹏飞：《文物援外促"一带一路"民心相通——访国家文物局副局长胡冰》，国家文物局网，2018年12月6日，http://www.sach.gov.cn/art/2018/12/6/art_722_152990.html。

[2] 《国际合作项目》，中国文化遗产研究院网，http://www.cach.org.cn/tabid/121/Default.aspx。

成果①。

文物援外已成为文物保护"走出去"的新亮点。吴哥古迹保护项目的成功范例,中国陆续在世界各国展开了文物援外工作。例如,援助尼泊尔九层神庙保护修复项目;在沙特塞林港遗址开展和深化联合考古项目;在埃及、沙特、伊朗、印度、孟加拉国、缅甸等"一带一路"沿线国家开展联合考古、规划设计和修复合作项目。随着"一带一路"的深入推进,文物展览、文化遗产维修与保护、专业人员培训、联合研究等领域的全方位合作等,将进一步推动与沿线国家文化领域的交流互鉴,促进各国民众对中国和中国文化的理解与认同。

国际合作教育培训逐渐成规模。目前,中国文化遗产研究院与多国联合开展文化遗产保护培训教育。如中意合作文物保护培训项目,中日韩合作丝绸之路沿线文物保护修复技术人员培养计划项目、亚非—阿拉伯国家文化遗产保护和管理官员研修班等。这些培训项目,得到了国际社会的肯定,培育了一批专业人才,将对文化遗产国际合作做出更大的贡献。

(二)非遗利用

非物质文化遗产与物质文化遗产相比具有更特殊的形式,对非物质文化遗产的保护和利用是一个重要的议题。在数年的实践探索中,非物质文化遗产的利用也逐渐找到了合理的路径,下面选取了部分非物质文化遗产利用的实例,作简要介绍。

1. 传统工艺工作站。

传统工艺往往是创造性的手工劳动,是因材施艺的个性化制作,具有工业化生产不能替代的特性,建立传统工艺工作站是落实《中国传统工艺振兴计划》的一项重要措施。

---

① 《国际合作项目》,中国文化遗产研究院网,http://www.cach.org.cn/tabid/121/Default.aspx。

自 2016 年 3 月起,文化部陆续支持相关企业、高校和机构等在传统工艺聚集地设立了 10 个传统工艺工作站,涉及刺绣、木雕、漆艺、金属锻制、传统民居营造技艺等多个门类,有效推动了传统工艺的创造性转化和创新性发展①。2017 年 3 月 24 日,国务院发布了《中国传统工艺振兴计划》,旨在发掘和运用传统工艺所包含的文化元素和工艺理念,丰富传统工艺的题材和产品品种,提高产品品质,使传统工艺在现代生活中得到新的广泛应用,更好满足人民群众消费升级的需要和支持地方特色发展的需要。

传统工艺工作站是由各级文化行政部门支持,企业、高校、社会组织或有关单位和地方政府建立的开放性平台,旨在帮助传统工艺项目所在地企业和从业者解决工艺难题,提高产品品质,培育品牌,拓展市场。目前,文化部已支持在新疆哈密、湖南湘西、贵州雷山、青海果洛、安徽黄山、广东潮州、浙江东阳、山西忻州、湖北荆州设立传统工艺工作站,发展传统工艺、文化创意等产业。

新疆哈密传统工艺工作站由雅昌文化集团牵头建设,2016 年 5 月至 2017 年 7 月,5 000 余名绣娘参与了不同层级的培训,参与团队设计出 798 款运用哈密元素的刺绣新产品,下达绣片订单 3.2 万份,绣娘人均增收 1 500 元,技术熟练的绣娘增收超过 3 500 元。同时,上海大学、浙江杭州市拱墅区、广东南方日报报业集团也设立了传统工艺工作站②。

针对纺染织绣、陶瓷、漆器等传统工艺类非物质文化遗产项目,提出了"生产性保护"方式,借助生产、流通、销售等手段,在生产实践中激发遗产自身的生机和活力。自 2011 年以来,

---

① 李静、刘修兵等:《"活"起来:让文化遗产走进生活》,载于《中国文化报》2018 年 3 月 14 日。
② 《我国文化遗产工作概况及主要数据》,搜狐网,2018 年 1 月 5 日,http://www.sohu.com/a/214729695_488370。

我国建立了 100 个国家级非物质文化遗产生产性保护示范基地，举办了多次全国性展览展示活动①。

2. 非遗助力扶贫。

非物质文化遗产以口传心授来实现世代传承，其保护和利用往往需要与非物质文化遗产原生地的居民紧密结合。利用非物质文化遗产助力扶贫，不仅有利于实现非物质文化遗产的活态保护，更改善了当地居民的经济状况，无疑是值得称道的举措。

建立非遗扶贫工坊。湘西土家族苗族自治州，拥有苗绣、土家织锦、苗族银饰锻造等生产和市场基础较好的传统工艺资源，该州以全国第一批"非遗+扶贫"重点支持地区花垣县为重点，努力将丰富的非遗资源优势转化为发展优势，于 2019 年 2 月 18 日，在全州挂牌成立了首批 10 家非遗扶贫就业工坊。这些非遗扶贫就业工坊依托第一批国家传统工艺振兴目录项目，设立在非遗扶贫工作基础较好的企业和合作社。这些企业和合作社本身就有产品、有市场，且多数都吸纳了大批贫困人口就业，挂牌非遗扶贫就业工坊后，政府在政策、资金等方面给予支持，帮助其就业人员，尤其是贫困人口增加收入。此外，政府还对开展公益培训进行适当的补助，这些公益培训涉及苗绣、苗族服饰、土家织锦和蜡染等非遗项目，一方面讲解湘西的传统文化，另一方面则是着力提高工艺水平②。

湘西山谷居民文化产业发展有限公司是一家从事非遗研发设计的企业。该公司 70 多位员工绝大多数是高素质人才，其中设计研发团队就有 20 多人。每年设计研发的非遗新产品在 100 款以上，其中 90% 的新设计最终上市，有 4 个直营店和 13 个加盟

---

① 项兆伦：《中国保护文化遗产的实践与经验》，载于《雕塑》2016 年第 5 期。
② 张玲：《推动非遗扶贫，湘西建起就业工坊》，中国非物质文化遗产网，2019 年 4 月 16 日，http://www.ihchina.cn/news_1_details/18558.html。

店，2018年的销售额达3 000多万元，主要业务是为文化旅游景区和文博场馆生产文创产品。据了解，下一步，湘西还将通过与高校和国内外知名企业的合作，吸纳更多力量共同提升非遗扶贫就业工坊的设计水准，帮助工坊设计出更多反映湘西特色的文化产品①。实施非遗传承人研培计划。2017年，文化部重点支持民族地区、边远地区、贫困地区非遗传承人群参与研培计划。非遗传承人通过培训提高了传承实践能力，在本地发挥模范带动作用，在扶贫工作中扮演着重要角色。

内蒙古自治区非遗传承人群扶贫研培班。兴安盟是内蒙古自治区贫困人口最多、贫困面积最大、贫困程度最深的地区，也是国家划定的集中连片特困地区。2018年以来，内蒙古自治区文化和旅游厅委托北京服装学院为兴安盟阿尔山市和科右中旗分别举办了2期"非遗传承人群扶贫研培班"。培训对象以贫困家庭学员为主，旨在发挥文化在脱贫攻坚中的"扶志""扶智"作用，帮助贫困群众提高脱贫致富能力。2019年3月，研培成果作品亮相中国国际时装周，通过这一展示推介平台，一方面宣传展示内蒙古非遗扶贫的阶段性成果；另一方面促进贫困地区非遗产品"走出来"，产生更大的经济效益。

贵州省是少数民族大省，其非遗文化资源丰富。为了更好地发挥文化资源的优势，该省文化厅提出以"大文化助推大扶贫"和"文化富民、文化励民、文化惠民、文化育民"的工作思路。其中，非遗保护助力文化扶贫成为以大文化助推扶贫战略的重点和亮点。统计显示，2016年贵州省非遗培训总人数达到23 931人，总产值超过10亿元，全省研培学员创业达200多家，带动就业50余万人。以黔东南州为例，优秀学员返回当地培训新的学员带动就业人数8 992人，每家企业平均带动就业人数约47

---

① 张玲：《推动非遗扶贫，湘西建起就业工坊》，中国非物质文化遗产网，2019年4月16日，http://www.ihchina.cn/news_1_details/18558.html。

人，实现带动就业人员年人均收入 2.18 万元[1]。

从以上案例可以看出，将非遗和扶贫工作相结合，是实现非遗可持续发展的有益尝试。一方面让更多的人学习和了解非遗，促进非遗的活态传承和延续，对非遗技艺的保护有重要作用；另一方面挖掘非遗的市场价值，提高传承人坚守技艺的信心，改善当地群众的生活水平，会号召更多的人自觉自愿投入非遗的保护工作。

3. "互联网+"非遗。

面对新经济时代，非物质文化遗产的利用渠道也需因时而变。对于非物质文化遗产资源比较丰富的地区，引入"互联网+"模式，借助现代网络信息技术和多媒体技术，可进一步激活非遗传承的生命力。

2016 年，在西藏自治区工信厅、文化厅等部门的精心组织下，阿里巴巴集团与西藏电子商务公司联合启动了"互联网+西藏非遗"活动，汇集了藏戏、藏香技艺等 10 余个非遗项目，邀请 28 名传承人参与现场演示。阿里巴巴集团通过"互联网+"不仅让西藏之外的淘宝消费者更加方便快捷地了解了西藏的特色文化，而且借助电子商务的发展，为西藏非遗保护传承工作开辟了一条新道路[2]。

类似的案例如福建安溪县，该县积极探索"互联网+非遗+文化"融合发展模式，推动传统工艺与文化创意、休闲产业融合，使当地的竹藤编等非遗项目获得了有效的传承与发展。安溪竹藤编工艺是国家级非遗项目，近年来该技艺从竹藤编起步，不断与其他现代工艺相结合，开发出更多符合现代审美需求的工艺精品。如今，安溪家居工艺业采取国际国内两个市场并举、线上

---

[1] 郭士玉：《用"互联网+"激活非遗传承发展生命力》，新华网，2017 年 9 月 18 日，http://www.xinhuanet.com/gongyi/2017-09/18/c_129706619_2.htm。

[2] 李静、刘修兵等：《"活"起来：让文化遗产走进生活》，载于《中国文化报》2018 年 3 月 14 日。

线下两条腿走路的发展思路,市场份额不断提高。目前,安溪县已入围全国电商发展百佳县,中国藤铁工艺第一镇尚卿乡、城厢镇入选全国淘宝镇;安溪县家居工艺从业人员达 12 万人,2017 年全行业产值达 130 亿元①。"互联网+非遗"提供了便于交流和展示的平台,让非物质文化遗产更便利地走进人们的生活,无疑是促进民族地区非物质文化遗产发展的有利方式。

此外,网络直播、移动应用等也逐渐与非遗挂钩,拓展了非遗的社会认知度。2017 年 5 月 31 日开始,光明网、斗鱼直播团队走入湖北、安徽、浙江等 14 个省份,深入非遗文化发源地,走访国家级省级非遗技艺传承人,推出移动直播 30 多场,向网友展示了包括南京云锦、龙泉青瓷、古琴艺术在内的多项世界级非遗项目,直播总覆盖观看人数近 3 000 万人②,影响力可见一斑。

随着更多人开始关注非遗,移动应用也开始引入非遗内容。诸如"拾翠""妙趣剪纸""手工客""哇陶""慢艺手工汇"等手工艺类 APP 出现,用户打开手机应用,不但可以购买手工艺品,还能通过图片、视频了解匠人与这个行当背后的故事,感受手工艺背后的文化内蕴③。短视频行业同样有非遗的身影,抖音平台推出了"非遗合伙人计划",旨在通过加强流量扶持、提高变现能力、打造非遗开放平台及开展城市合作等方式,全方位助力非遗传播,让非遗被更多人看见④。在现代传播语境下,短视频的高传播能力扩大了非遗影响力,利于促进非遗传承人的作品更高效地实现市场转化。

非遗要"活"起来,需要让年青一代自觉主动担负起传承

---

① 李静、刘修兵等:《"活"起来:让文化遗产走进生活》,载于《中国文化报》2018 年 3 月 14 日。

②③ 郭士玉:《用"互联网+"激活非遗传承发展生命力》,新华网,2017 年 9 月 18 日,http://www.xinhuanet.com/gongyi/2017-09/18/c_129706619_2.htm。

④ 周润健:《抖音"非遗合伙人"计划上线,全国招募 50 名传承人》,新华网,2019 年 4 月 18 日,http://m.xinhuanet.com/tj/2019-04/18/c_1124382876.htm。

责任,"互联网+"是沟通和连接非遗和年青一代的渠道。当下,如何借力新媒体是非遗传承发展值得思考的问题。

4. 特色文化产业。

特色文化产业是文化产业的重要组成部分,是指依托人们在长期生产和生活实践中形成的具有鲜明地域或民族特色的文化资源,通过创造性转化和市场化运作,提供具有鲜明区域和民族文化特点的文化产品、服务的文化产业形态,包括以特色工业品为代表的特色文化产品和以演出演绎、节庆展览、文化旅游为代表的特色文化服务[①]。2014年3月,国务院发布《关于推进文化创意和设计服务与相关产业融合发展的若干意见》,明确指出,"鼓励各地结合当地文化特色不断推出原创文化产品和服务,积极发展新的艺术样式,推动特色文化产业发展"[②]。非遗作为鲜明的地域文化资源,无疑成为特色文化产业发展的重要支撑和创意来源。

山水实景演出是特色文化产业的典型代表,往往结合地区的特色民俗、技艺、传说、节庆等诸多非遗文化资源为一体,是民族文化资源与现代艺术理念相碰撞的产物,加之结合现代的演绎形式,不乏人民群众喜闻乐见的艺术精品。著名的《印象·刘三姐》桂林山水实景演出,用刘三姐这一灵魂人物,将广西的经典山歌、民族风情、漓江渔火、山水圣地等元素巧妙融合,捕鱼、拉网、荡舟、渔歌,深刻再现了桂林当地的生活情趣,成为广西的旅游名片。《印象·刘三姐》常常出现一票难求的局面,一度创造了中国旅游的票房神话,并产生了巨大的连锁效应,催产了《印象·丽江》《印象·西湖》《印象·大红袍》《印象·普陀》

---

① 文化部文化产业司:《中国特色文化产业案例集》,社会科学文献出版社2015年版,第1页。
② 《国务院关于推进文化创意和设计服务与相关产业融合发展的若干意见》,中国政府网,2014年3月14日,http://www.gov.cn/zhengce/content/2014-03/14/content_8713.htm。

《印象·武隆》等"印象"系列演绎产品。2017年8月,《印象·刘三姐》的运营公司桂林广维文华旅游文化产业有限公司因运营不善等诸多原因,资不抵债,宣告破产。但《印象·刘三姐》作为我国山水实景演出的开山之作,其创意理念、演出模式等对我国特色文化产业的发展提供了重要的经验。

5. 非遗特色小镇。

非遗是活态的文化遗产,往往凝聚着特定地区的珍贵记忆,是凸显地方文化,塑造特色小镇的源泉活水。随着人们对非遗价值认知度的提高,越来越多的地方开始以特色非遗资源为基础,融合文化旅游,传承和弘扬独具特色的区域传统文化,涌现了一批特色鲜明,富有影响力的非遗特色小镇。

非遗小镇较好地实现了活态非遗传习的体验互动。内蒙古莫尼山非遗特色小镇颇有名气,当地政府高度重视对非遗技艺的传承和非遗传承人的扶持,内蒙古财政厅从2016年开始,将文化遗产传承人传习补助经费列入部门预算,每人每年5 000元。全年安排传习补助经费254万元,支持全区508名重点传承人开展传承工作,其中国家级37人,自治区级471人[①]。这些传承人大多不计报酬的身体力行守护着地区的"文化记忆"。游客可以在莫尼山非遗小镇看到传统的蒙古族非遗技艺并亲身体验,与非遗传承人面对面交流,诸如马头琴、勒勒车、蒙古包、沙画、布贴画等制作工艺无一不彰显着蒙古族的文化内涵,让游客在旅游中感受和领悟民族文化记忆的魅力。

部分地区还开展非遗特色小镇评选活动,提高了特色小镇的知名度和影响力。四川成都市在2017年10月公布了第一批非物质文化遗产特色小镇名单,洛带、新繁、黄龙溪、安德、柳街、

---

① 高平:《非遗小镇的"活态"价值》,载于《光明日报》2018年6月19日。

桂花、平乐、道明、安仁、甘溪10个古镇入选①。这些小镇都具有独具特色的非遗项目，如新繁镇拥有国家级非遗项目新繁棕编，平乐镇和道明镇分别有国家级非遗项目瓷胎竹编和道明竹编等。非遗小镇承载着成都故事和民风民俗，延续着天府文化的根脉和记忆，随着非遗小镇的特色品牌的树立，丰富了成都"非遗之都"的内涵，并为地区经济发展和旅游发展注入了新生活力。可见，将非遗、文创、旅游深度融合，将赋予非遗传承新的可能性。

---

① 吴晓铃：《成都评出首批非遗特色小镇》，载于《四川日报》2017年10月31日。

第三章

中国文化遗产管理体制的变迁

一、遗产管理的奠基

文化遗产由物质文化遗产(简称"文物")和非物质文化遗产(简称"非遗")构成。我国文化遗产管理的基础,主要在于机构与人员、政策与法令。

从纵向看,自新中国成立以来,我国文物管理工作随着国家建设事业的发展而不断发展完善,虽然经历曲折,但总体向前。根据国家发展整体局势和文物管理工作的特点,本节梳理和归纳了不同时期文物的管理机构、科室构成、人员编制的基本情况,简述了文化部文物局、文化部社会文化事业管理局、文化部文物管理局、文化部图博文物事业管理局、图博口领导小组、国家文物事业管理局、文化部文物事业管理局、国家文物事业管理局、国家文物局的变迁过程和渊源联系,由此建立了文物管理机构体系,奠定了文物管理的基础;从横向看,文物管理部门加强了与其他部门的交叉合作,有利于共同推进文物的抢救、保护、利用和管理工作,我国文物行业的从业人员总数在不断增加,高级职称总体占比变化不大,中级职称占比先有所上升,后逐渐下降,同时,随着国家对于文博事业的重视,国家实施了"金鼎工程"

项目，着重培养文物行业从业人员的素质和技能，为我国文物事业的蓬勃发展提供更加充分的人才保障。

随着第一批国家级非遗名录的公布，非遗保护工作被提升到了新的高度，建立良好的保护工作机制和相应的工作机构显得十分迫切和必要。本节从行政机构——非物质文化遗产司、专业机构——中国艺术研究院、社会团体——中国非物质文化遗产保护协会三个角度对非遗的管理机构和人员进行了梳理，可知，非遗的管理主体趋于多元化，管理人员也更具有专业性。首先，非物质文化遗产司的成立，有利于从国家层面出发，拟订非遗政策和基本规划，为保护非遗树立指向标；其次，中国艺术研究院经过近70年的发展，已成为保护非遗最重要的专业机构，其下属的中国非物质文化遗产保护中心、亚太地区非物质文化遗产国际培训中心、非物质文化遗产数据库管理中心相继成立，这既有利于更加专业的保护非遗，又能充分体现国际社会对中国开展非遗工作所取得成果的认可，也为亚太地区的非遗工作揭开了崭新一页；最后，中国非物质文化遗产保护协会的诞生，标志着社会力量第一次进入到我国非遗管理领域，进一步推动了非遗管理方式的改革，具有里程碑式的意义。我国非遗管理逐步形成了以"行政机构为导向、专业机构为主体、社会团体为支撑"的格局，为进一步保护和管理非遗奠定了坚实基础。

新中国成立以来，《国务院关于发布文物保护管理暂行条例的通知》（1961年）、《文化部关于博物馆藏品管理办法》（1986年）、《国家文物局考古发掘管理办法》（1998年）、《文化部世界文化遗产保护管理办法》（2006年）、《中共中央办公厅、国务院办公厅印发〈关于加强文物保护利用改革的若干意见〉》（2018年）等多项文物政令陆续出台，主要围绕文物保护、考古发掘、文物的出口鉴定展览拍卖、文物市场、管理机构等内容展开，逐步搭建了具有中国特色的文物管理制度。在中央政策的指导下，各省、直辖市、自治区出台了适应地区文物保护的政策，如福建省人大常委会颁布实施《福建省文物保护管理条例》（2009 年）、江苏省人大常委会颁布实施《江苏省历史文化名城名镇保护条例》（2010 年）、陕西省政府办公厅发布《陕西省群众保护文物奖励办法》（2015 年）、湖北省人民政府颁布《湖北省文物安全管理办法》（2017 年），突出了区域保护特色。1982 年 11 月 29 日，全国人大常务委员会颁布《中华人民共和国文物保护法》，这是我国文物保护工作的第一部正式法律，标志着我国文物保护工作迈上新台阶，随后，该法于 1991 年、2002 年、2007 年、2013 年、2017 年进行了五次修正，使《文物保护法》更加适应我国新时代的文物工作要求。

在非遗的政令和法规方面，从 2004 年我国正式加入《保护非物质文化遗产公约》以来，中央政府便开启了非遗政策的制定历程，陆续颁布了《国务院办公厅关于加强我国非物质文化遗产保护工作的意见》（2005 年）、《文化部关于国家级非物质文化遗产保护与管理暂行办法》（2006 年）、《文化部关于加强国家级非物质文化遗产代表性项目保护管理工作的通知》（2011 年）、《财政部、文化部关于国家非物质文化遗产保护专项资金管理办法》（2012 年）、《文化和旅游部关于国家级文化生态保护区管理办法》（2018 年）等多项政令，在顺应国际发展的趋势下，这些政令结合我国自身特点，不断创新，取得了显著的政策效果。在中央政策的推动下，地方性非遗政策相继出台，如上海市人大常务委员会通过《上海市非物质文化遗产保护条例》（2015 年）、浙江省人民政府办公厅《关于支持戏曲传承发展的实施意见》（2016 年）、云南省人民政府出台《关于进一步加强非物质文化遗产保护工作的意见》（2018 年）、北京市人大颁布《北京市非物质文化遗产条例》（2019 年）等。2011 年，中华人民共和国第十一届全国人大常务委员会通过《中华人民共和国非物质文化遗产法》，标志着我国非遗保护首次从"党和国家的政策文件"落实到"以法律的形式加以确认"，是我国文化建设立法的重要里程碑①。经过二十余年的发展，我国已建立了较为完善的非遗保护体系，使珍贵、濒危非遗资源得到了有效保护。

（一）机构与人员

1. 文物管理机构与人员。

（1）宏观管理机构。新中国成立前，中国人民解放军北平市军事管制委员会文化接管委员会设有文物部，尹达任部长，文物部负责接管市内的文物、博物馆、图书馆单位。随后，1949年2月中旬至3月初，文物部接管了故宫博物院、北平图书馆、北平历史博物馆、北平文物整理委员会等单位。同年6月6日，华北人民政府高等教育委员会成立，北平市军事管制委员会文化接管委员会的文物部并入该会，改称图书文物管理处，王冶秋任处长，原接管的图文博单位也随同划归该会领导②。

①文化部文物局（1949年11月至1951年9月）。新中国成立后，中央人民政府于1949年11月1日在文化部内下设文物局，在中国科学院设立考古研究所，各省、直辖市、自治区也设置了省级政府副主席兼任主任的文物保护管理委员会，下设办事机构，逐步形成了全国文物保护组织和管理系统；文化部文物局初建时期设有办公室、图书馆处、博物馆处、文物处和资料室；办公室下设秘书科、总务科、人事科，文物处下设登记科、接收科、发掘科、古建科。郑振铎任局长，全局工作人员共51人，其中干部42人，工勤人员9人；由于业务范围的扩大，同时也为加强对全国文物、博物馆、图书馆事业的调查研究和对直属单位的领导，到1950年下半年，文物局的编制增加到64人，其中

---

① 蔡武：《〈非物质文化遗产法〉具有里程碑意义——关于贯彻〈中华人民共和国非物质文化遗产法〉的几点思考》，载于《人民日报》2011年3月2日。
② 国家文物局：《国家文物局暨直属单位组织机构沿革及领导人名录》，文物出版社2002年版，第3页。

干部54人，工勤人员10人①。

②文化部社会文化事业管理局（1951年10月至1955年3月）。根据中央精简节约的原则，至1951年10月1日起，经政务院批准，将文化部文物局和科学普及局合并，成立文化部社会文化事业管理局，主管文物、博物馆、图书馆、文化馆和电化教育工作，增设文化馆处；此时局机构设有办公室文化馆处、博物馆处、图书馆处、文物处和资料室；随后，1951年底，将文物处和博物馆处合并为一个处，经过1年多的试行后，由于工作性质不同，且任务繁重，在1953年3月，重新恢复文物处和博物馆处的建制。在此期间，郑振铎任局长，1952年编制人数为91人；1953年编制人数最多达124人，其中干部100人，工勤人员24人；1953年11月9日，文化部部长办公会议决定，社会文化事业管理局与办公厅合署办公，有关行政、财务党团和人事工作与文化部办公厅、人事司合并，局机关工作人员随之减少，1954年编制为86人②。

③文化部文物管理局（1955年3月至1965年8月）。鉴于群众文化工作的开展，文物工作任务日趋繁重，社会文化事业管理局的机构已不能适应形势的需要。文化部第一次部务会议决定于1955年3月底成立文物管理局，下设办公室、文物管理处、博物馆管理处和资料室，主管文物、博物馆事业，同时，划出图书馆、文化馆事业部分，仍由社会文化事业管理局管理；1955年8月7日，王冶秋任文化部文物管理局局长，1955年编制为47人，1956年编制为45人，1958年根据中央精简机构下放干部的精神，文化部系统所属单位部分下放，文物系统几个直属单放北京市领导，编制人员相应减少，1958年下半年编制为12人，1959年

---

① 国家文物局：《国家文物局暨直属单位组织机构沿革及领导人名录》，文物出版社2002年版，第5~6页。
② 国家文物局：《国家文物局暨直属单位组织机构沿革及领导人名录》，文物出版社2002年版，第7~8页。

第三章 中国文化遗产管理体制的变迁

编制为16人，1960年编制为18人，1964年编制为20人①。

④文化部图博文物事业管理局（1965年8月至1966年5月）。1965年8月23日，文化部将图书馆事业重新划归文物管理局，改为文化部图博文物事业管理局，设有办公室、文物处、博物馆处和图书馆处、计划财务处。王冶秋担任局长，工作人员增至38人②。

⑤图博口领导小组（1970年5月至1973年2月）。"文化大革命"期间，党和国家遭到新中国成立以来最严重的挫折和损失，文化部机关部、司局领导人受到冲击，机关党政组织瘫痪，工作陷于停顿状态。1970年5月，经国务院周恩来总理指示，成立图博口领导小组，郎捷任领导小组组长，小组下设政工组、办事组、业务组，并由国务院办公室直接领导③。

⑥国家文物事业管理局（1973年2月至1976年10月）。1973年2月14日，国务院业务组会议决定撤销图博口领导小组，成立国家文物事业管理局，设有办公室、文物处、博物馆处、图书馆处、外事处、计划财务处、党委办公室，主管文物、博物馆、图书馆的工作，1975年9月30日，国务院将国家文物事业管理局认定为国务院直属局。1977年编制为74人④。

⑦国家文物事业管理局（1976年10月至1982年5月）。"文革"结束后，国家文物事业管理局的名称、体制和处室机构均未变。1978年6月，撤销党委办公室，成立政治部，增设行政处；1978年9月成立研究室，连同原有的办公室、文物处、

---

① 国家文物局：《国家文物局暨直属单位组织机构沿革及领导人名录》，文物出版社2002年版，第9~10页。
② 国家文物局：《国家文物局暨直属单位组织机构沿革及领导人名录》，文物出版社2002年版，第11~12页。
③ 国家文物局：《国家文物局暨直属单位组织机构沿革及领导人名录》，文物出版社2002年版，第13~14页。
④ 国家文物局：《国家文物局暨直属单位组织机构沿革及领导人名录》，文物出版社2002年版，第14~15页。

博物馆处、图书馆处、计划财务处、外事处共有 10 个处室；1980 年 5 月，中央决定将图书馆事业再次从国家文物事业管理局划出，由文化部新设立的图书馆事业管理局管理。1976 年 10 月起，王冶秋任局长，随后，任质斌于 1979 年 12 月至 1982 年 5 月担任局长，1979 年工作人员共 67 人，其中干部 59 人，工勤人员 8 人①。

⑧文化部文物事业管理局（1982 年 5 月至 1987 年 6 月）。1982 年 4 月，国务院决定进行机构改革，5 月 4 日，全国人大常委会第 23 次会议通过《关于国务院部委机构改革实施方案的决议》。将文化部、对外文化联络委员会、国家出版事业管理局、国家文物事业管理局和外文出版发行事业局五单位合并，设立文化部。国家文物事业管理局改为文化部文物事业管理局，于1982 年 10 月将文物档案资料室与研究室合并为研究资料室，1985 年 12 月改为研究室，1985 年 3 月，人事处改为干部处，1986 年 11 月，成立审计室，因此共下设办公室、党委办公室、研究资料室、文物处、博物馆处、流散文物处、教育处、保卫处、计划财务处、外事处、人事处、行政处、审计室 13 个处室。1982 年 4 月至 1984 年 2 月，孙轶青任文化部文物事业管理局局长，1984 年 3 月至 1987 年 6 月，任命吕济民为局长。文化部文物事业管理局 1982 年上半年工作人员 122 人，其中干部 105 人，工勤人员 17 人，下半年工作人员 119 人；1983 年下半年工作人员 119 人，其中干部 103 人，工勤人员 16 人；1984 年下半年工作人员 117 人，其中干部 103 人，工勤人员 14 人；1985 年上半年工作人员 111 人，其中干部 97 人，工勤人员 14 人，下半年工作人员 108 人，其中干部 93 人，工勤人员 15 人；到 1986 年下半年，工作人员共 107 人，其中干部 90

---

① 国家文物局：《国家文物局暨直属单位组织机构沿革及领导人名录》，文物出版社 2002 年版，第 17~19 页。

第三章　中国文化遗产管理体制的变迁

人，工勤人员 17 人①。

⑨国家文物事业管理局——国家文物局阶段（1987 年 6 月至 1996 年 12 月）。1987 年 6 月 20 日，《国务院办公厅关于文化部文物事业管理局改为国家文物事业管理局的通知》指出，为加强全国文物工作的领导和管理，国务院决定将文化部文物事业管理局改为国家文物事业管理局，但隶属关系不变，仍由文化部领导。国家文物事业管理局独立行使职权，计划、财政、物资分配等单列户头，下设办公室、研究室、计划财务处、人事处、文物处、博物馆处、流散文物处、教育处、外事处、保卫处、行政处 11 个处、室②。1991 年 7 月，新增法制处，另外，根据有关规定设立党委、纪委、老干部处等机构。国务院办公厅通知，根据 1988 年 5 月 3 日国务院常务会议决定颁发"国家文物局"印章，国家文物事业管理局改称国家文物局，并沿用至今。1994 年 1 月 28 日，国务院决定国家文物局为文化部直接管理的国家局（副部级），设办公室、文物保护司、博物馆司、综合司 4 个职能司（室）和机关党委③。人员方面，1988 年 4 月 13 日，任命张德勤为国家文物事业管理局局长，1996 年 4 月，国务院任命张文彬为国家文物局局长。1988 年，局机关工作人员 116 人，其中干部 101 人，工勤人员 15 人；1991 年，局机关工作人员 117 人，其中干部 101 人，工勤人员 16 人；1993 年，局机关工作人员 119 人，其中干部 105 人，工人 14 人。1994 年 1 月，文化部直接管理国家文物局之后，共有行政编制人员 90 名，其中，局长 1 名，副局长 4 名，司局级领导职数 14 名（含机关党委专职书记

---

① 国家文物局：《国家文物局暨直属单位组织机构沿革及领导人名录》，文物出版社 2002 年版，第 23~24 页。
② 国家文物局：《国家文物局暨直属单位组织机构沿革及领导人名录》，文物出版社 2002 年版，第 28 页。
③ 《国务院办公厅关于印发文化部和国家文物局职能配置、内设机构和人员编制方案的通知》，中国政府网，1994 年 1 月 28 日，http://www.gov.cn/zhengce/content/2010-11/12/content_7947.htm。

1名)①。

⑩国家文物局（1996年12月至今）。1998年6月19日，国务院根据第九届全国人大第一次会议批准的国务院机构改革方案和《国务院关于部委管理的国家局设置的通知》，设置国家文物局，规定国家文物局是文化部管理的负责国家文物和博物馆方面工作的行政机构。1999年6月10日，根据国务院批准的《国家文物局职能配置、内设机构和人员编制规定》，确定了国家文物局内设机构职能配置和人员编制，设立：第一，办公室（人事劳动司），下设秘书处、政策法规处、外事处、计财处、人事处，编制24名，其中正副主任职数3名，处级领导职数10名；第二，文物保护司，下设文物处、考古处、社会文物处，编制15名，其中正副司长职数3名，处级领导职数6名；第三，博物馆司，下设博物馆处、科技教育处、安全保卫处，编制12名，其中正副司长职数3名，处级领导职数4名；第四，直属机关党委，下设党委（纪委）办公室1个，编制3名，其中党委专职副书记1名，处级领导职数2名。1999年局机关干部共60人②。

此后，国家文物局的内部职能部门有所调整，2001年在文物保护司下增设世界遗产处，将社会文物处划归博物馆司；2005年设立政策法规司，将安全保卫处划归该司，更名执法督查（安全保卫）处；2009年设立督察司，文物保护司更名为文物保护与考古司，博物馆司更名为博物馆与社会文物司（科技司）。2002年8月，单霁翔担任国家文物局局长，2012年1月，励小捷担任国家文物局局长。在此阶段，共有84名行政编制人员③。

当前，国家文物局是国务院下设的国家局，由文化和旅游部

---

① 国家文物局：《国家文物局暨直属单位组织机构沿革及领导人名录》，文物出版社2002年版，第28、31页。
② 国家文物局：《国家文物局暨直属单位组织机构沿革及领导人名录》，文物出版社2002年版，第43页。
③ 国家文物局：《国家文物局主要职责内设机构和人员编制规定公布》，中国政府网，http://www.gov.cn/gzdt/2009-03/25/content_1268074.htm。

管理，现任局长为刘玉珠（2015年10月至今）①，共有机关行政编制84名，内设办公室和六个机构（见表3-1）。此外，国家文物局下设机关服务中心、北京鲁迅博物馆、中国文物信息咨询中心、文物出版社、中国文化遗产研究院、中国文物报社、中国文物交流中心、国家文物局水下文化遗产保护中心8个直属单位②。

表3-1　　　　　　　　当前国家文物局内设机构表

内设机构	下设处室	主要职责
办公室（外事联络司）	秘书处、综合处、预算处、财务处（审计处）、外事处、国际组织与港澳台处（护照签证处）	负责机关文电、会务、机要、档案和保密、信访、政务公开工作；负责机关财务、基建等工作；指导监督事业单位财务工作；负责文物和博物馆业统计工作；承担对外和对港澳台的交流与合作工作
政策法规司	法规处、政策研究处、新闻与宣传处	拟订文物和博物馆事业发展规划；研究提出政策建议；参与起草相关法律法规草案；承担组织文物保护宣传和新闻发布工作；承办有关行政复议、行政应诉工作
督察司	督察处、安全监管处、执法指导处	拟订文物行政执法督察和案件查处的有关规定；组织开展文物行政执法、文物和博物馆安全保卫督察工作；组织查处文物违法重大案件，协助配合有关部门查处文物犯罪重大案件
文物保护与考古司（世界文化遗产司）	资源管理处、文物保护处、考古处、世界遗产处	协调、指导文物保护、考古工作和重大项目的实施工作；组织开展文物资源调查工作；承担文物保护与考古有关审核审批事务及相关资质、资格认定工作；承办全国重点文物保护单位的审核工作；依法承担文化遗产相关审核报批工作

---

① 文化和旅游部：机构简介-部领导，文化和旅游部网，2015年10月23日，https：//www.mct.gov.cn/gywhb/bld/201803/t20180320_831591.htm。
② 国家文物局：《机构概况-机构职能》，国家文物局网，http：//www.sach.gov.cn/col/col1022/index.html。

续表

内设机构	下设处室	主要职责
博物馆与社会文物司（科技司）	博物馆处、社会文物处、科技与信息处	指导博物馆工作，承担全国博物馆管理制度规范和业务指导工作；承担文物和博物馆科技、信息化、标准化规划的拟订和推动落实工作；承办国家一级文物藏品的有关审核审批事项；协调博物馆间的交流与协作；指导民间珍贵文物抢救、征集工作；承担文物拍卖、进出境和鉴定管理工作
机关党委、人事司	党委（纪委）办公室、人事处、专家与培训处、离退休干部处	负责机关和直属单位的党群工作；承担机关和直属单位人事管理及机构编制工作；规划文物、博物馆专门人才的培训；负责退休干部工作

（2）行业从业人员。

①管理机构。从横向维度看，在同级管理序列中，文物管理部门逐步加强了与建设、规划、农业、供销、旅游、科技等部门的交叉合作，在保护文物的同时适度发展文物利用，共同推进文物的抢救、保护、利用和管理工作，形成延伸交织的工作网络。

从纵向维度看，随着机构改革的逐步深入，逐步形成了国家级、省级、地市级、县级文物管理部门，组成了文物管理的科层体系。各地根据文物资源实际，设立了文物保护单位、博物馆、考古机构等事业单位，具体从事文物保护工作。我国文物工作体系基本形成，属地管理、分级负责的管理模式渐趋成熟，形成了"条块为主、行业交叉"的体制特征，文物管理思路和理念越来越开放和清晰。

②人员。据《中国文化文物统计年鉴》，文物行业从业人员的总数和职称情况如下：2006年文物从业人员共80 894人，其中，

高级职称 4 428 人，占 5.47%，中级职称 11 225 人，占 13.8%[①]；2011 年文物从业人员共 111 338 人，其中，专业技术人才 37 528 人，占 33.7%，正高级职称 1 570 人，占 1.41%，副高级职称 4 524 人，占 4.06%，中级职称 14 943 人，占 13.4%[②]；2016 年文物从业人员共 151 430 人，其中，专业技术人才 47 895 人，占 31.6%，正高级职称 2 300 人，占 1.5%，副高级职称 6 170 人，占 4.1%，中级职称 18 929 人，占 12.5%[③]。经过近 10 年的发展，2016 年文物从业人员总数较 2006 年增加 70 536 人，增长 87%，从业人员队伍不断扩大，其中，专业技术人才的数量有所增加，但占比有所下降，高级职称人数增加，但占比变化不大，约在 5.2%～5.7%，中级职称人数增加，占比略有下降。

从文物行业从业人员所属机构来看，据《中国文物年鉴》，2005 年底，文物科研机构 3 444 人，文物保护管理机构 34 052 人，其他文物机构 4 579 人[④]；2010 年底，文物科研机构 3 846 人，文物保护管理机构 30 171 人，博物馆 57 431 人，文物商店 1 737 人，其他文物机构 9 286 人[⑤]；2015 年底，文物科研机构 5 217 人，文物保护管理机构 32 030 人，博物馆 89 133 人，文物商店 1 466 人，其他文物机构 18 252 人[⑥]。因此，2015 年文物科研人数较 2005 年增长 1 773 人，增幅达 51%，文物保护管理机构的人数略有下降，其他文物机构的总体人数明显上升，十年增

[①] 李雄：《中国文化文物统计年鉴 2007》之《年度资料——全国文化文物机构数从业人员数综合情况》，国家图书馆出版社 2008 年版，第 72 页。
[②] 蔡武：《中国文化文物统计年鉴 2012》之《第六篇 文物业——2011 年全国文物业基本情况》，国家图书馆出版社 2013 年版，第 386 页。
[③] 雒树刚：《中国文化文物统计年鉴 2017》之《第六篇 文物业——2016 年全国文物业基本情况》，国家图书馆出版社 2018 年版，第 324 页。
[④] 单霁翔：《中国文物年鉴 2006》之《附录——全国文物业机构数、从业人员数综合情况》，科学出版社 2007 年版，第 336～337 页。
[⑤] 励小捷：《中国文物年鉴 2011》之《附录——2010 年全国文物业基本情况》，文物出版社 2012 年版，第 392～395 页。
[⑥] 刘玉珠：《中国文物年鉴 2016》之《附录——2015 年全国各地区文物机构及从业人员数》，文物出版社 2016 年版，第 456～457 页。

长约75%。可见，经过十几年的发展，文物行业的人才队伍结构不断优化，专业水平也明显提升，为文物行业的发展提供了充足的人才保障。

近年来，国家更为重视对文博人才的培养，为落实《全国文博人才发展中长期规划纲要（2014~2020年）》（以下简称《规划纲要》），国家文物局决定全面实施"金鼎工程"，"十三五"时期，该工程共举办文物领域培训项目达到300个以上，培养各类文博人才达到1.8万人次以上，实施"以修代培"项目20个以上；实施文物行业领军人才计划，在文物重点领域培养领军人才20名以上；实施专业技术人才培育计划，举办专业技术培训班10个以上/年；加强技能型人才培养，新增文物保护修复人才700名以上；实施文博人才扶贫计划，举办贫困地区文物专业技术和管理人员培训班30个以上[①]。

2. 非遗管理机构与人员。

（1）行政机构。2008年7月10日，经国务院批准，在文化部设立了非物质文化遗产司，负责管理全国的非遗保护工作。全国31个省（区、市）也相继设立非物质文化遗产处或非物质文化遗产保护中心。北京、吉林、黑龙江、安徽、河南、广东、贵州、云南、陕西、新疆等省（区、市）已在文化厅（局）设立了非物质文化遗产处；其他省（区、市）的非遗保护工作，由文化厅（局）的社会文化处负责管理[②]。2018年7月30日，文化部非物质文化遗产司更名为文化和旅游部非物质文化遗产司，司长1名、副司长2名，设有综合处、规划处、管理处、发展处、传播处，主要负责拟订非遗保护政策和规划并组织实施，指

---

① 国家文物局机关党委、人事司：《关于印发〈全国文博人才发展中长期规划纲要（2014~2020）〉的通知》，国家文物局网，2014年6月3日，http://www.sach.gov.cn/art/2019/4/17/art_2182_56474.html。

② 郭永国：《文化部近年来非遗保护工作回顾》，中国政府网，2014年3月11日，http://www.gov.cn/xinwen/2014-03/11/content_2635879.htm。

导非遗调查、记录、确认和建立名录,组织非遗研究、宣传和传播工作①。我国政府从中央到地方已建立了较为健全的非遗管理机构。

(2) 专业机构。中国艺术研究院是在中国戏曲研究院、中央民族音乐研究所、中国绘画研究所的基础上发展起来的。进入21世纪以来,中国艺术研究院受文化部委托,承担着中国向联合国教科文组织申报"人类口头和非物质遗产代表作"的具体组织工作。中国艺术研究院先后成立了中国民族民间文化保护工程国家中心、非物质文化遗产研究中心、非物质文化遗产数据库管理中心等机构②。

①中国非物质文化遗产保护中心。2003年2月25日,中国民族民间文化保护工程国家中心在中国艺术研究院挂牌,2005年12月更名为中国非物质文化遗产研究保护国家中心,2006年9月14日再次更名为中国非物质文化遗产保护中心。该中心是经中央机构编制委员会办公室批准成立的国家级非遗保护专业机构,承担全国非遗的具体工作;组织普查和全面保护非遗的开展;指导保护计划的实施;进行非遗保护的理论研究;举办学术、展览及公益活动,交流、推介、宣传保护工作的成果和经验;组织实施研究成果的发表和人才培训等工作职能。中心现设有办公室、管理保护部、理论室、数字化保护中心4个内设机构,从事非遗及相关专业的高级研究人员近200人,其中有60多人具有博士生导师资格,人员教育背景涉及文学、哲学、历史、音乐、美术、戏曲等多个学科③。中国非物质文化遗产保护

---

① 中共中央办公厅、国务院办公厅:《文化和旅游部职能配置、内设机构和人员编制规定》,中国机构编制网,2018年9月10日,http://www.gov.cn/zhengce/2018-09/10/content_5320818.htm。
② 中国艺术研究院:《中国艺术研究院发展简史》,中国艺术研究院网,http://www.zgysyjy.org.cn/111/111_1.html。
③ 文化和旅游部:《中国非物质文化遗产保护中心》,中国非物质文化遗产网,2018年11月9日,http://www.ihchina.cn/jigou_desc_details/175.html。

中心的成立，标志着我国非遗保护工作进入了更加协调统一的全面发展阶段，有了更加健全的组织机构和更加完备的机制保障。

②亚太地区非物质文化遗产国际培训中心。联合国教科文组织亚太地区非物质文化遗产国际培训中心是根据中国政府与联合国教科文组织签署的协议，于2012年2月22日在北京成立的国际机构，是联合国教科文组织二类中心，在中国艺术研究院挂牌。该中心由管理委员会、咨询委员会、秘书处3个机构组成，管理委员会由中华人民共和国政府代表2名、中国联合国教科文组织全国委员会代表1名、为该中心和非遗领域做出重要贡献的联合国教科文组织会员国代表（不超过3名）、联合国教科文组织总干事代表1名、中国艺术研究院等相关学术机构代表（不超过3名）组成，管理委员会有权赋予席位的其他政府间组织或非政府组织代表（不超过2名）和咨询委员会的成员构成，秘书处由1名主任、1名副主任和中心正常运行所需的人员组成[①]。中心坚持"立足中国、服务亚太、面向世界"的宗旨，以"前瞻性、长远性、全局性、国际性"为指导原则，负责组织长期和短期培训课程，就非遗领域的相关课题开展课堂和田野培训，提高教科文组织亚太地区会员国在非遗保护方面的能力，动员国际、中国专家以及在非遗领域具有专长的科技类非政府组织人员担任培训活动的讲师和顾问，与相关非遗机构开展国际性、地区性合作[②]。

③非物质文化遗产数据库管理中心。中国艺术研究院非物质文化遗产数据库管理中心是根据《国务院办公厅关于加强我国非物质文化遗产保护工作的意见》精神，经2005年6月22日中国

[①] 亚太地区非物质文化遗产国际培训中心：《中心章程》，联合国教科文亚太地区非物质文化遗产国际培训中心网，2014年7月2日，http：//www.crihap.cn/2014-07/02/content_17637032.htm。

[②] 文化和旅游部：《联合国教科文组织二类中心》，中国非物质文化遗产网，2018年11月9日，http：//www.ihchina.cn/jigou_desc_details/177.html。

艺术研究院党政领导联席会议研究决定正式成立的机构。该中心的主要职责是筹备建设中国艺术研究院非物质文化遗产数据库；受文化部和中国艺术研究院的委托，承办《中国非物质文化遗产网》；根据文化部非遗保护工作计划部署和要求，筹建中国非物质文化遗产数据库及电子管理系统，旨在运用现代高科技数字化的手段对各种非遗信息进行分类管理和安全存储，为我国非遗保护的总体工作方针、相关法律法规制定和学术研究、科学利用等提供参考和依据[①]。

（3）社会团体。中国非物质文化遗产保护协会（简称"非遗协会"），经文化部批复，于2013年11月6日在北京成立，是由从事非遗保护工作的企业、事业单位、社会组织和个人自愿结成的全国性、行业性、非营利社会组织，是一家以保护和传承我国非遗为己任的社会团体法人机构，其上级单位为文化和旅游部，协会下设外联部、财务部、会议会展部、培训部、党群工作部、备案中心6个机构。

非遗协会以"宣传、保护、传承"非遗为宗旨，以提升我国人民群众对非遗的保护意识为目的，通过发展协会会员、召集论坛会议、举办产品拍卖会等多种活动方式来保护非遗，协会设立了非物质文化遗产基金会（简称"非遗基金会"），是一家由民政部特批的公募基金会，非遗基金会完全采取非营利性的方式进行运营，将募集资金完全用于非遗保护工作，并承诺划拨募集资金的30%用于推动我国非遗发展的经济化、产业化。此外，非遗协会还承担着与世界非遗机构、团体交流的相关工作[②]。

---

① 中国艺术研究院：《中国艺术研究院非物质文化遗产数据库管理中心》，中国艺术研究院网，2005年6月22日，http://www.zgysyjy.org.cn/114/114_1.html。
② 中国非物质文化遗产保护协会：《协会介绍》，中国非物质文化遗产保护协会网，2016年10月12日，http://www.chinaich.org/association/association.do?qm=plistAssociationIntroduction_default。

(二) 政令与法规

1. 政令。

（1）文物政策规章。

①中央。新中国成立以来，党中央、国务院一直重视革命文物工作，出台的主要政令如下[①]：

1950年5月24日，中央人民政府政务院颁布《禁止珍贵文物图书出口暂行办法》，防止有关革命、历史、文化、艺术的珍贵文物及图书流出国外；同日，还颁布了《古迹、珍贵文物、图书及稀有生物保护办法》，首次提出将文化遗产的保管工作列入文化建设的经常工作，要求各地拥有的建筑、文物、图书等，应由各地人民政府文教部门和公安机关保护，并登记呈报文化部；在反恶霸斗争和土地改革期间，应没收地主、恶霸所有的上项文化遗产；对于珍贵化石及稀有生物，由各地人民政府保护，严禁任意采捕；对保护有功者，应适当奖励并备案，如盗卖和破坏之事，应加以制止。两项办法的颁布，标志着新中国成立后文物管理工作走上正轨，开启了保护文物的新篇章。

1950年7月6日，政务院发布《关于保护古文物建筑的指示》，要求各地保护具有历史价值及有关革命史实的文物建筑，包括革命遗迹及古城郭、宫阙、关塞、堡垒、陵墓、园林、废墟、住宅、碑塔、石窟、石刻等，以及上述各建筑物内的原有附属物。该指示提出，对于需要暂时利用文物时，应尽量保持旧观，若需对其拆除或改建时，必须逐级呈报文教主管机关后才能动工，并赋予各大行政区文教主管机关审批文物改建、奖励保护文物、处罚破坏文物行为的权限。

1953年10月12日，政务院发布《关于在基本建设工程中

---

① 国家文物局：《中国文化遗产事业法规文件汇编》，文物出版社2009年版，第1~14页。

保护历史及革命文物的指示》，明确文化部门和基本建设部门的共同重要任务是保护文物，使其在基本建设工程中不致遭受破坏和损失，要求中央、省（市）级工矿、交通、水利及其他基本建设的主管部门在建设过程中，应负责与同级文化主管部门保持联系，对重要古遗址地区进行特殊处理，对于珍贵文物需要上报中央，一般文物可由省（市）文化主管部门负责保管，并应就地组织展览，对群众进行宣传教育。

1956年4月2日，在全国农业生产高潮的背景下，国务院发布《关于在农业生产建设中保护文物的通知》，强调在打井、开渠、挖塘、修坝、开荒、筑路、平整土地等农业生产建设中，在进行大规模水利工程、工业基本建设工程和军事工程中，地方各级人民委员会必须遵守"不影响生产建设、又使文物得到保护"的原则，采取紧急措施，大力宣传，动员人民参与群众性文物保护工作。

1956年9月3日，文化部、全国供销合作总社发布《关于加强保护文物工作的通知》，要求各地文化部门与供销合作社，必须加强朴素的配合和联系，加强宣传保护文物政策，使掺杂在废旧物资、"药用龙骨"中的重要文物、古生物化石，得到保护。

1961年3月4日，国务院发布《关于进一步加强文物保护和管理工作的指示》，提出"文物保护工作必须坚持勤俭办事业的原则"，强调对于刚公布的第一批全国重点文物保护单位和地方公布的各级文物保护单位，必须做好保护和管理工作；明确文物保护工作不仅是文化行政部门的一项重要任务，也是各有关部门的共同责任，特别是基本建设部门必须严格遵守有关规定。

1961年3月4日，文化部颁布《文物保护管理暂行条例》，成为1961年3月4日至1982年11月19日期间实施的综合性文物法规。该条例共18条，主要内容为：第一，地下遗存的文物都属于国家所有。第二，国家保护文物的范围：与重大历史事件、革命运动和重要人物有关的、具有纪念意义和史料价值的建筑物、遗址、纪念物等；具有历史、艺术、科学价值的古文化遗址、古墓葬、古建筑等；各时代有价值的艺术品、工艺美术品；革命文献资料以及具有历史、艺术和科学价值的古旧图书资料；反映各时代社会制度、社会生产、社会生活的代表性实物。第三，分级公布文物保护单位，在保护范围内不得进行其他建设工程。第四，在进行大规模建设工程时，在工程范围内进行勘探，对发现的文物妥善处理。第五，不是配合建设工程的考古发掘，须报经批准。第六，在维修工程中，遵守恢复原状或保存现状的原则。第七，文物保护单位中的古建筑、纪念建筑，除可建立博物馆、保管所或辟为游览场所外，须作其他用途，应经批准，使用单位要严格遵守不改变原状的原则。第八，加强文物商业管理，拣选掺杂在废旧物资中的文物。第九，一切具有历史、艺术、科学价值的重要文物，除国务院批准运往国外展览、交换外，一律禁止出口。第十，奖惩。随后，文化部在该条例的基础上，于1963年制定了《文物保护单位保护管理暂行办法》《革命纪念建筑、历史纪念建筑、古建筑、石窟寺修缮暂行管理办法》，1964年制定了《古遗址、古墓葬调查、发掘暂行管理办法》，初步形成了以该条例为基础的文物法规。

1962年8月22日，文化部文物局提出《关于博物馆和文物工作的几点意见（草稿）》，主要内容有：第一，全国重点博物馆和各省直接领导的博物馆，考虑实行"五定"：进一步确定馆的性质、方针、任务和发展方向；拟定五年规划（1963~1967年）；拟定组织机构和各部门职责关系；拟定经常的工作制度和学习制度，建立正常秩序。第二，各种类型的博物馆在陈列上都要逐渐形成完整的陈列体系。第三，博物馆的藏品是一切业务活动的基础。第四，博物馆的群众工作，是馆与观众之间的纽带。第五，提出当前文物保护管理工作的首要任务。第六，迅速实现第一批全国重点文物保护单位的"四有"工作，即有保护范围、有标志说明、有科学记录档案、有专人管理。第七，对革命纪念建筑物、古建筑的保护，必须贯彻国务院指示精神。第八，要求写出考古发掘报告，对文物整理编目。第九，加强对流散文物的收集和管理工作。第十，逐步开展文物保护的科学研究工作，培养相关人才。第十一，培养训练文物干部。以上建议的提出，为今后更好地贯彻"百花齐放、百家争鸣"和"调整、巩固、充实、提高"的方针，打下了坚实的基础。

1963年4月17日，文化部颁发《文物保护单位保护管理暂行办法》，在文物保护单位设置专门机构，组织社会力量，对本地区的文物进行系统的调查研究，做出鉴定和科学记录，并对这些资料要经常进行搜集和整理，以逐步充实记录档案。同时，根据原地保护文物价值和意义的大小，按照有关规定的标准程序公布为文物保护单位，对文物保护单位的标志和说明也进行了初步规定。

1963年8月27日，文化部颁布《革命纪念建筑、历史纪念建筑、古建筑、石窟寺修缮暂行管理办法》。该办法将文物修缮工程分为三类，即经常性的保养维护工程、抢救性的加固工程、重点进行的修理修复工程。要求在保养维护、抢救加固以及修理修复的过程中，对建筑、石窟、塑像本身和附属文物，都必须根据不同情况贯彻保持现状或者恢复原状的原则，以充分保护文物所具有的历史、艺术和科学性。另外对修理修复工程的工程计划、技术设计、施工过程进行了规定和说明。

1964年9月17日，经国务院批准，由文化部颁布施行《古遗址、古墓葬调查、发掘暂行管理办法》，规定：凡经国务院特许在我国境内参加考古发掘的外国人和外国团体，需要部分文物、标本或资料时，应报请国务院批准，获考古发掘执照后，才能进行发掘，私人或私人组织的团体，不得进行考古发掘。而古遗址、古墓葬开展发掘工作的前提是，为解决学术问题或配合工程建设，其调查的重要发现和收获应及时告知省、自治区、直辖市的文化行政部门。

1967年5月14日，中共中央发布《关于无产阶级文化大革命中保护文物图书的几点意见》，要求保护革命遗址和革命纪念建筑物并保持原状，保护地上和地下文物，不宜开放的则暂行封闭，对有毒的书籍不要随便烧掉，对"破四旧"过程中查抄的文物、书籍、文献、资料进行清理，文物图书一律妥善保管。后于1973年10月31日发布《关于严禁将馆藏文物图书出售作外销商品的通知》，规定今后馆藏文物图书不得自行出售。

1973年8月1日，国家文物事业管理局发布《关于进一步加强考古发掘工作的管理的通知》，提出考古发掘工作改报国家文物事业管理局，建设工程中的文物发掘，应经文物局同意，发掘工作严格按照考古学的标准进行，严禁以搞副业生产或其他名义乱挖古墓葬、古遗址，一般不必举办固定的出土文物展览。

1973年11月16日，对外贸易部、商业部、国家文物事业管理局发布《关于加强从杂铜中拣选文物的通知》，由于在废旧物资回收部门和金属冶炼厂的积极协助下，省、市、自治区文化、外贸部门从杂铜中拣选出了不少文物，但在拣选过程中存在一些问题。因此，要求废旧物资回收部门和金属冶炼厂收进的完整铜器时，不要损坏和砸毁，并及时通知当地文化、外贸部门进行拣选和保存，其中拣选出来的重要文物，由文化部门保存。

"文化大革命"期间，不少地方出现了"挖坟取宝"、重要文物据为单位所有、以挖掘古墓为"副业"破坏文物的问题。因此，国务院于1974年8月8日发布《关于加强文物保护工作的通知》，肯定了"古为今用"的文物工作方针，提出了革命文物、历史文物、地下文物分类保护管理的原则和要求，规定地下埋藏的一切文物都归国家所有。

1975年全国农业学大寨会议以后，国家文物事业管理局于1977年2月8日发布《关于在农业学大寨运动中加强文物保护管理的报告的通知》，首先建议各级革命委员会进一步加强对文物工作的领导；其次要发动群众，依靠群众，广泛开展群众性的文物保护工作；最后应充分运用革命文物，宣传革命传统，坚决打击文物走私和投机倒把活动。

1978年1月20日，国家文物局颁布《博物馆藏品保管试行办法》（以下简称《试行办法》）和《博物馆一级藏品鉴选标准》（以下简称《标准》）。《试行办法》对文物藏品的接收、鉴定、登账、编目、建档，藏品库房的管理，藏品的保护、修复、复制，藏品的提用、注销等方面进行了规定。《标准》对一级藏品的鉴选原则进行了详细规定，要求博物馆对一级藏品进行科学保护，要积极开展科学技术研究，延缓和防止藏品的自然老化和自然界对藏品的危害，对藏品也要进行整理研究，并提供使用[①]。同时还区分了革命文物、历史文物和艺术藏品三者的概念。

1979年6月29日，国家文物事业管理局发布《省、市、自治区博物馆工作条例》，对博物馆工作的藏品管理、陈列、群众工作、科学研究、组织机构、队伍建设等方面进行了规定。提出博物馆工作应贯彻"古为今用"的方针和各项文物工作政策，办成具有鲜明的民族风格和地方特色的社会主义博物馆。此外，各省市、自治区博物馆要开展馆际间的协作，对地（市）、县博物馆进行业务辅导，推动博物馆工作经验的总结和交流。

随着旅游事业的发展，博物馆接待国际友人的任务越来越大，国际组织、外国博物馆、出版公司、研究部门和个人同博物馆的联系也越来越多，为使博物馆适应新形势，国家文物局于1979年8月3日颁布《关于博物馆涉外工作的通知》，要求博物馆对国际组织、外国机构和个人提出的要求和建议要采取积极态度，对不同情况要采取不同的处理办法，对在互利的条件下，能同意的要求可同意，并报上级批准，不能同意的应婉言谢绝。

在1980年6月4日，中共中央、国务院颁布《关于收回文

---

① 国家文物局：《新中国文物法规选编》，文物出版社1987年版，第111页。

化革命期间散失的珍贵文物和图书的规定》，要求对林彪、"四人帮"、康、谢及其一伙非法掠夺的文物、图书，必须坚决追回，其他文物据为己有的，应自动退回，否则给予政纪党纪处分，坚决杜绝今后此类情况的发生。

1981年1月15日，国务院批转国家文物事业管理局《关于加强文物工作的请示报告》，报告指出：一是加强文物保护工作，坚决制止破坏文物的现象；二是调整文物出口政策，加强市场管理；三是调整文物出口政策，加强市场管理；四是落实党的知识分子政策，做好培养人才的工作；五是健全文物管理体制，大力发展博物馆事业。

1983年2月20日，城乡建设环境保护部发布《关于加强历史文化名城规划工作的几点意见》，指出现阶段历史文化名城保护和规划建设中存在的问题主要有：城市的文物古迹、风景名胜遭受到不同程度的破坏；历史文化名城的保护与建设和旅游事业的发展不相适应，提出：历史文化名城规划的概念和基本内容；需要深入调查研究，突出名城特点；协调好发展生产和保护历史文化名城、旧城改造和保护古城风貌、发展旅游事业和保护历史文化名城的关系，使工作关系更加协调；做好历史文化名城规划的编制与审批。

1983年5月28日，城乡建设环境保护部和文化部发布《关于在建设中认真保护文物古迹和风景名胜的通知》，提出在编制城乡规划时，应将各级文物保护单位和风景名胜区的保护措施纳入规划，分别确定其保护范围和控制建设地带；建设项目选址时，要避开文物和风景名胜集中的地区；在临近文物保护单位和风景名胜区建设时，要同环境相协调；在勘察、建设、维修和拆迁施工中，发现文物古迹应严加保护。

1986年6月19日，文化部印发《博物馆藏品管理办法》，要求博物馆藏品必须区分等级，分为一、二、三级，博物馆对藏品有科学管理、科学保护、整理研究、公开展出和提供使用的责任,并对藏品的接收、鉴定、登账、编目和建档,藏品库房管理,藏品的提用、注销和统计,藏品的保养、修复、复制等方面进行了规定。

1986年7月12日,文化部颁发《纪念建筑、古建筑、石窟寺等修缮工程管理办法》,强调纪念建筑、古建筑、石窟寺壁画、古碑石刻等修缮工程,应严格遵守"不改变原状"的原则,对修缮性质进行了分类,即经常性保养维护工程、抢险加固工程、局部复原工程、保护性建筑物与构筑物工程,对修缮工程的审批程序、审核资格、文件设计、注意事项等进行了规定。

1987年11月24日,国务院发布《关于进一步加强文物工作的通知》,肯定了前期建立文物工作管理体系、保护维修文物古迹、发现收集流散文物、开展考古发掘工作、建设中国特色博物馆中所取得的成绩,为进一步发展文物事业奠定了良好基础。该通知提出"加强保护、改善管理、搞好改革"的工作方针,要求充分发挥文物作用,加强文物管理工作和博物馆建设,把文物的保护管理纳入城乡建设总体规划,加强对文物工作的领导。

1989年2月27日,文化部颁布《文物出境鉴定管理办法》。该办法共分为总则、销售单位申报出境的文物鉴定、私人所有并携运出境的旧存文物鉴定、暂时进出境文物的鉴定、火漆印章和文物出境许可证、文物出境鉴定机构和鉴定人员、附则7个章节,对文物出境鉴定进行管理。

1989年10月20日,国务院颁布《中华人民共和国水下文物保护管理条例》,规定由国家文物局主管水下文物的登记注册、保护管理以及水下文物的考古勘探和发掘活动的审批工作,有助于遏制非法盗捞水下文物、开展水下文物考古和加强水下文物保护。该条例于2011年重新修订。

1991年2月22日,国家文物局颁布《中华人民共和国考古涉外工作管理办法》,该办法适用于在中国境内陆地、内水和领海以及由中国管辖的其他海域,中国有关单位同外国组织和国际组织所进行的考古调查、勘探、发掘和与之有关的研究、科技保护及其他活动，这些活动应与我国合作开展。2016年1月13日，国务院第119次常务会议对该办法进行了修订。

1992年5月3日，国家文物局、国家工商行政管理总局、公安部、海关总署联合颁布《关于加强文物市场管理的通知》，强调：部分受国家保护的文物，只能由文物行政管理部门依法批准的单位在准许的范围内专营，其他单位和个人不得经营；部分文物监管物品经批准后可以在旧货市场销售，但必须施行文物监管；经批准销售文物监管物品的旧货市场，必须设置明显的中文、英文标志；文物行政管理部门应指导文物商店努力改善经营管理。

1993年11月15日，财政部、国家文物局颁布《国家重点文物保护专项补助经费使用管理办法》，指出国家专项补助经费是中央财政用于全国重点文物保护单位维修、重要考古发掘、珍贵文物征集和国家重点博物馆维修的补助经费，该经费按照"全面规划、统筹安排、集中财力、保证重点"的原则，以文物价值的大小和急需抢救的程度为依据进行分配。

1996年12月24日，国家文物局发布《关于加强文物拍卖标的鉴定管理的通知》，加强文物拍卖标的鉴定和对许可工作的规范管理，明确了国家文物局、文物行政管理部门、文物拍卖人、委托拍卖人的相关职责和行为准则。

1997年3月30日，国务院发布《关于加强和改善文物工作的通知》，要求各地、各部门将文物保护纳入经济和社会发展计划，纳入城乡建设规划，纳入财政预算，纳入体制改革，纳入各级领导责任制，把各级政府保护文物的责任进一步具体化；要正确处理好文物保护与经济建设的关系、文物事业发展中社会效益和经济效益的关系，建立与社会主义市场经济体制相适应的文物保护体制，加强和改善文物市场的管理，严厉打击文物犯罪活动，加强队伍建设，提高文物管理工作的水平。

第三章 中国文化遗产管理体制的变迁

1997年7月1日，国家文物局颁布《文物出国（境）展览管理规定（试行）》，以加强文物出国（境）展览的统一管理，严格审批程序和权限，确定保护出国（境）展览的文物安全，使文物出国（境）展览更好地弘扬中华民族优秀文化，取得最佳的社会效益和经济效益。

1998年1月20日，中共中央办公厅、国务院办公厅转发《中央宣传部、国家教委、民政部、文化部、国家文物局、共青团中央关于加强革命文物工作的意见》，总结了革命文物工作的形势，要求充分发挥革命文物的社会教育作用，重视革命文物的基础性建设，加强对革命文物工作的领导和保护，努力提高革命文物工作队伍的素质。

1998年7月15日，国家文物局出台《考古发掘管理办法》，对考古项目的资格审定、项目申请和审批、项目执行和监督、考古资料与发掘报告等方面进行了说明，旨在管理在中国境内地下、内水和领海所进行的一切考古发掘和水下考古活动。

2000年10月，中国国家文物局与美国盖蒂保护所、澳大利亚遗产委员会合作编制的《中国文物古迹保护准则》颁行，该准则明确了文物保护工作的基本程序和基本原则，澄清了当时文物保护工作中存在的一些争议，提升了中国文物保护的理论水平，规范了中国文物保护的实践工作，促进了中国和国际文物保护理论的交流和学习。

2002年4月25日，文化部、国家文物局等9个部门联合发布《关于加强和改善世界遗产保护管理工作的意见》，要求各级行政主管部门提高对保护世界遗产重要性的认识，加强对世界遗产的保护管理工作，做好规划，完善制度，正确处理世界遗产保护与利用的关系，树立"公约意识"，遵守国际规则，多层次、全方位地做好世界遗产的保护管理工作。

2003年5月18日，根据《中华人民共和国文物保护法》制定了《中华人民共和国文物保护法实施条例》，对不可移动文物、考古发掘、馆藏文物、民间收藏文物、文物出境进境、法律责任等内容进行了规定，共计8章64条。提出①：第一，考古发掘单位需有考古发掘领队资格、文物专业技术、文物安全保卫的人员，有考古的技术设备，有保障文物安全的设施和场所；第二，文物保护单位自核定公布之日起1年内，完成"四有"工作，即有保护范围、有标志说明、有记录档案、有专门机构或专人负责管理；第三，馆藏文物被盗、被抢或者丢失的，文物收藏单位应当立即向公安机关报案，并同时向主管的文物行政主管部门报告；第四，文物商店购买、销售、拍卖的文物，应该注明出卖人、委托人和买受人的姓名和证件，并报文物行政主管部门备案，文物买卖档案应保存75年；第五，损坏文物尚不严重的，或损毁文物保护单位标志的，除给予警告外，可处200元以下罚款；第六，公民、法人和其他组织可以依法收藏文物，其所有权受法律保护；第七，实行文物出境许可证制度；第八，文物出境展览期限不得超过1年。该条例于2013年12月7日进行了第一次修订，后于2017年1月13日进行了第二次修订。

2005年12月22日，国务院下发《关于加强文化遗产保护的通知》，决定从2006年起，每年6月的第二个星期六为"文化遗产日"，强调文物保护要贯彻"保护为主、抢救第一、合理利用、加强管理"的方针，着力解决文物保护面临的突出问题，对做好文物调查研究和不可移动文物保护规划的制定实施工作、完善重大建设工程中的文物保护工作、抓好重点文物维修工程、加强历史文化名城（街区、村镇）保护、提高馆藏文物保护和展示水平、清理整顿文物流通市场等方面做出了详细规定②。这也标志着中国文物事业进入了一个新的发展阶段。

---

① 曲志红、沈路涛：《解读〈文物保护法实施条例〉》，载于《半月谈》2003年第12期。

② 《国务院关于加强文化遗产保护的通知》，中国政府网，2005年12月22日，http：//www.gov.cn/gongbao/content/2006/content_185117.htm。

2006年5月12日,国家文物局发布《关于加强工业遗产保护的通知》①,要求各地文物行政部门按照科学发展观的要求,充分认识工业遗产的价值及其保护意义,努力争取得到地方各级人民政府的支持,制订切实可行的工业遗产保护工作计划,逐步形成完善的工业遗产保护理论,利用多种渠道和形式,开展保护工业遗产的宣传教育。

2006年11月14日,文化部部务会议审议通过《世界文化遗产保护管理办法》(以下简称《办法》),旨在对世界文化遗产有效地进行保护。《办法》所保护的范围包括列入《世界遗产名录》的世界文化遗产和文化与自然混合遗产中的文化遗产部分,以及列入《中国世界文化遗产预备名单》的文化遗产。《办法》确定了专家咨询制度、监测巡视制度、中国世界文化遗产警示名单制度为世界文化遗产工作的基本法律制度,要求国家文物局负责世界文化遗产保护和管理的监督工作②。

2006年10月26日,商务部、国家文物局发布《关于加强老字号文化遗产保护工作的通知》,要求提高对老字号的保护意识,重点做好老字号历史研究与文物建筑的保护工作,加强老字号非遗的保护工作,认真做好老字号文物普查、规划及保护工作。

2007年1月19日,国务院发布《关于进一步加强古籍保护工作的意见》,要求突出重点,科学规范地开展古籍保护工作,建立古籍保护工作协调机制,加大对古籍保护的资金投入、人才培养、市场监管和宣传教育③。

---

① 《国家文物局下发关于加强工业遗产保护的通知》,国家文物局网,2008年4月2日,http://www.sach.gov.cn/art/2008/4/2/art_722_111071.html。
② 《文化部新闻发言人就〈世界文化遗产保护管理办法〉答中国政府网问》,中国政府网,2006年12月28日,http://www.gov.cn/wszb/zhibo67/content_638397.htm。
③ 《国务院办公厅关于进一步加强古籍保护工作的意见》,中国政府网,2007年1月19日,http://www.gov.cn/zwgk/2007-01/29/content_511825.htm。

2007年7月4日,文化部颁布《文物进出境审核管理办法》,取代了1989年颁布的《文物出境鉴定管理办法》,该办法共20条,规定国家文物局负责文物进出境审核管理工作,指定文物进出境审核机构承担文物进出境审核工作,内容涉及文物进出境审核机构的组建、具备条件、上岗制度、日常管理工作和审核程序,同时还涉及文物进出应具备的条件和申报流程。同年6月5日,国家文物局出台《文物出境审核标准》,规定化石、建筑物的实物资料、绘画书法、碑帖拓片、雕塑、铭刻、图书文献、钱币、舆服、器具、民俗用品、文具、戏剧曲艺用品、工艺美术品、邮票邮品、少数民族文物共16项文物种类的审核标准。这两部文物出境领域的新规,对原有旧标准进行了重大调整,以适应我国文物流通日益活跃的现状。

2008年1月23日,中共中央宣传部、财政部、文化部、国家文物局发布《关于全国博物馆、纪念馆免费开放的通知》,要求全国各级文化文物部门归口管理的公共博物馆、纪念馆,全国爱国主义教育示范基地全部免费开放。进一步完善博物馆、纪念馆免费开放的保障机制,要求各级财政部门将博物馆、纪念馆免费开放相关经费纳入财政预算,切实予以保障,要研究制定博物馆、纪念馆文化产品经营收入税收优惠政策,将部分重点博物馆确定为国家级博物馆,由中央政府承担更多的投入和管理责任。同时,要改善管理和服务、努力满足观众需求,坚持以人为本、提高展示传播水平,改革创新、增加博物馆、纪念馆活力的工作要求[①]。

2008年4月22日,国务院颁布《历史文化名城名镇名村保护条例》,对历史文化名城、名镇、名村的申报批准、保护规划、保护措施和相关法律责任进行说明,要求应当遵循科学规划、严

---

① 《中共中央宣传部、财政部、文化部、国家文物局关于全国博物馆、纪念馆免费开放的通知》,中华人民共和国财政部网,2008年1月23日,http://jkw.mof.gov.cn/zhengwuxinxi/zhengcefabu/200806/t20080625_53509.html。

格保护的原则，给予必要的资金支持。该条例于 2017 年 10 月 7 日进行修正。

2009 年 10 月 1 日，《文物认定管理暂行办法》（以下简称《办法》）颁布施行，共计 17 条。《办法》强调，文物认定是文物行政部门确认文化资源是否属于文物的行政管理行为，使文物行政部门的管理职责和工作程序更加明确。《办法》明确了国家对文物实行认定、定级及登录制度，规定由县级以上文物行政部门委托或设置专门机构对认定、定级的文物开展登录工作。此外，除对文物收藏单位收藏文物的定级有明确要求外，还要求文物行政部门建立民间收藏文物定级的工作机制，组织开展民间收藏文物的定级工作。文物认定、定级及登录制度的确立，为文化遗产科学化管理奠定了坚实的基础，标志着我国文化遗产法制建设工作取得了新的成果。《办法》顺应了文化遗产多样性的发展趋势，在认定对象中增加了乡土建筑、工业遗产、农业遗产、商业老字号、文化线路、文化景观等特殊类型文物，反映了我国文化遗产保护实践的新特点。

2009 年 12 月 17 日，国家文物局颁布《国家考古遗址公园管理办法（试行）》，共 22 条，指出国家考古遗址公园是以重要考古遗址及其背景环境为主体，具有科研、教育、游憩等功能，在考古遗址保护和展示方面具有全国性示范意义的特定公共空间。该办法鼓励、支持各地建设国家考古遗址公园，对于合格的，授予"国家考古遗址公园"称号，规定国家文物局负责评定、省级文物行政部门负责监督管理、地方文物部门负责运营实施，以达到促进考古遗址的保护、展示与利用，规范考古遗址公园的建设和管理，有效发挥文化遗产保护在经济社会发展中的作用①。

---

① 国家文物局：《国家考古遗址公园管理办法（试行）全文》，中国网，2010 年 1 月 7 日，http://www.china.com.cn/policy/txt/2010-01/07/content_19196178.htm。

由于近年来全国重点文物保护单位先后发生盗掘古墓葬、盗窃石刻文物案件，犯罪分子在严打态势下，公然侵害帝王陵墓、重要遗址和墓葬群，田野文物安全形势严峻。为此，2010年12月1日，国家文物局发布《关于加强田野文物安全工作的紧急通知》，要求采取推动各级人民政府落实文物保护责任，加强部门协调、构建文物安全联合长效机制，落实机构人员、健全文物安全责任体系，调整管护策略，加强巡查、值班与报告制度，完善防范设施、提高田野文物防护科技水平，加强监控举报、建设好文物保护员队伍，加强宣传引导、开展警示教育，建立奖惩制度、落实责任追究，组织开展田野文物安全大检查。通过以上措施，努力遏制盗窃盗掘古遗址、古墓葬和石窟寺、石刻案件高发势头，确保田野文物安全[①]。

　　2012年12月19日，国务院发布《关于进一步做好旅游等开发建设活动中文物保护工作的意见》，要求严格执行文物保护法律法规、履行涉及文物的旅游等开发建设活动审批、合理确定文物景区游客承载标准、加大对文物保护的投入、加强文物旅游的指导和监管、切实落实文物保护责任、认真履行文物保护职责、依法纠正违法违规行为[②]。

　　2014年8月1日，国家文物局颁布《可移动文物修复管理办法》，明确可移动文物修复包括价值评估、现状调查、病害评测、方案编制、保护修复实施、效果评估、档案建立、预防性保护等活动，规定了可移动文物的资质管理、修复管理和监督检查，以加强可移动文物修复管理，提高可移动文物修复的科学性和规范性[③]。

[①] 《国家文物局关于加强田野文物安全工作的紧急通知》，国家文物局网，2010年12月2日，http://www.sach.gov.cn/art/2019/4/17/art_2196_64543.html。

[②] 《国务院关于进一步做好旅游等开发建设活动中文物保护工作的意见》，中国政府网，2012年12月26日，http://www.gov.cn/zwgk/2012-12/26/content_2299077.htm。

[③] 《国家文物局关于发布〈可移动文物修复管理办法〉的通知》，国家文物局网，2014年8月20日，http://www.sach.gov.cn/art/2014/8/20/art_1329_112542.html。

2015年8月17日,国家文物局颁布《文物违法行为举报管理办法(试行)》,规定文物违法行为举报管理工作按照"属地管理、分级负责、便民高效、公开公正"的原则进行,鼓励公民、法人和其他组织举报文物违法行为,并鼓励各级文物行政部门设立奖励经费,对因举报使文物得到有效保护或免于重大损失的,给予举报人奖励。同时,在国家文物局新设立文物违法举报中心,承担文物违法行为举报受理的具体工作,对各地工作情况进行统计分析,要求国家文物局和省级文物行政部门按照逐级交转原则,受理、督办、转办举报信息[1]。

2016年3月4日,国务院印发《关于进一步加强文物工作的指导意见》,要求各级政府要提高对文物保护重要性认识,依法履行管理和监督责任;要健全国家文物登录制度,建立国家文物资源总目录和数据资源库;制定鼓励社会参与文物保护的政策措施,培育以文物保护为宗旨的社会组织,鼓励民间合法收藏文物,提高公众参与度;要求文物工作要为培育和弘扬社会主义核心价值观服务、为保障人民群众基本文化权益服务、为促进经济社会发展服务、为扩大中华文化影响力服务;要完善文物保护法律法规,加强文物执法工作,建立文物保护责任终身追究制;大力推广政府和社会资本合作(PPP)开发模式,拓宽社会资金投入渠道等方面的内容[2]。

2016年10月11日,国家文物局发布《关于促进文物合理利用的若干意见》,提出文物利用的基本原则,即坚持把社会效益放在首位、坚持依法合规,要求通过扩大文物资源社会开放度、促进馆际交流提高藏品利用率、加强革命文物展示利用、创新利用方式、落实文化创意产品开发政策、鼓励社会力量参与等

---

[1] 国家文物局:《文物违法行为举报管理办法(试行)》,国家文物局网,2015年8月17日,http://www.sach.gov.cn/art/2015/8/17/art_722_123822.html。

[2] 《国务院关于进一步加强文物工作的指导意见》,中国政府网,2016年3月8日,http://www.gov.cn/zhengce/content/2016-03/08/content_5050721.htm。

多种方式，切实让文物活起来①。

2016年10月20日，国家文物局颁布《文物拍卖管理办法》，规定被盗窃、盗掘、走私的文物或明确属于历史上被非法掠夺的中国文物不得作为拍卖标的；国家对拍卖企业拍卖的珍贵文物拥有优先购买权；国家文物局可以指定国有文物收藏单位行使优先购买权；国家文物局和省、自治区、直辖市人民政府文物行政部门应当建立文物拍卖企业及文物拍卖专业人员信用信息记录，并向社会公布。以此加强文物拍卖管理，规范拍卖行为，促进拍卖活动健康有序发展。同时废止了《文物拍卖管理暂行规定》②。

由于部分博物馆在展览陈列设计、包装运输的过程中，存在严重漏洞和隐患，致使文物受损，国家文物局于2016年11月9日印发《关于加强馆藏文物展陈安全工作的通知》，要求将"文物安全第一"的原则贯穿于陈列展览、文物保管、包装运输等工作的全过程，采取切实防范措施；开展馆藏文物展陈安全隐患排查，特别是长时间未进行更新的展览、文物需要重点排查；加强展览和库房设施维护，逐步将展柜更换为夹层玻璃展柜；加强展厅、库房等关键部位的安全监控和环境调控；加强文物点交、包装、运输、布撤展等重点环节的技术要求，严格执行相关技术标准，以确保文物安全③。

2016年12月12日，科学技术部、文化部、国家文物局联合发布《国家"十三五"文化遗产保护与公共文化服务科技创新规划》，明确了"十三五"期间文化遗产保护与公共文化服务科技创新工作在基础理论研究、文化遗产价值认知、文化遗产保护

---

① 《国家文物局关于促进文物合理利用的若干意见》，国家文物局网，2016年10月21日，http://www.sach.gov.cn/art/2016/10/21/art_722_134317.html。
② 国家文物局：《文物拍卖管理办法》，国家文物局网，2016年11月3日，http://www.sach.gov.cn/art/2016/11/3/art_722_134610.html。
③ 《国家文物局关于加强馆藏文物展陈安全工作的通知》，国家文物局网，2016年11月22日，http://www.sach.gov.cn/art/2016/11/22/art_1329_135148.html。

修复、文化遗产传承利用、公共文化服务及人才基地与科研平台建设方面的主要任务。制定了"十三五"期间文化遗产保护与公共文化服务科技创新规划推进的相关保障措施,具体体现为:加强机制建设,强化统筹协调;增加科技投入,提高资金使用效益;完善产学研用模式,推进科技成果转化;强化人才培养,扩大开放交流;紧跟重大科技需求,完善动态调整机制[①]。

2017年2月21日,国家文物局出台《国家文物事业发展"十三五"规划》,从七个方面进行了总体部署:一是要切实加大对不可移动和可移动文物的保护力度,加强文物安全;二是全面提升博物馆发展质量,优化博物馆建设布局,完善博物馆管理机制,提升博物馆教育质量,加强博物馆藏品管理;三是要多措并举让文物活起来,要充分发挥社会教育功能、弘扬优秀传统文化,彰显文物资源优势、促进经济社会发展,要鼓励民间合法收藏文物、提升社会文物管理服务水平,拓展文物对外交流合作、建设"一带一路"文化遗产长廊;四是要加强文物科技创新,提高技术预测预见能力、加强基础科学技术前沿研究,加强共性关键技术攻关、加快文物保护装备建设,加快急需标准制定、推进文物信息化建设,推广文物科技成果、构建多元化科研组织;五是要加强文物法治建设,要完善法律制度、加强文物普法宣传,坚持依法行政、深化文物行政审批制度改革,加大层级监督、强化文物行政执法督察,加强联合执法、打击文物违法犯罪行为,严格责任追究、健全文物违法行为惩戒机制;六是完善规划保障措施,要出台政策举措、完善文物保护管理制度,拓宽投入渠道、提高文物保护资金使用效益,提高人才素质、增强文物保护管理能力;七是要形成规划实施合力,充分发挥各级党委政

---

① 科技部、文化部、国家文物局:《国家"十三五"文化遗产保护与公共文化服务科技创新规划》,科学技术部网,2016年12月7日,http://www.most.gov.cn/mostinfo/xinxifenlei/fgzc/gfxwj/gfxwj2016/201612/t20161221_129720.htm。

府、社会各界参与文物保护利用的积极性、主动性和创造性，共同推动规划顺利实施。在"十三五"时期，充分发挥文物资源在推动经济社会发展中的积极作用，进一步提高文物事业治理能力和治理水平[①]。

2017年5月31日，国家文物局发布《关于加强"十三五"文物科技工作的意见》（以下简称《意见》）。《意见》强调以促进文物事业的可持续发展为宗旨，引导科技创新意识提升，促进科技创新的组织和制度建设，以科技创新服务与推动文物事业发展的理念、机制、制度的全面创新。《意见》指出"十三五"期间，文物科技工作的重点任务要突出行业急需和发展瓶颈两个方面，围绕文物价值认知、保护修复和传承利用3个业务领域，统筹兼顾强化应用基础研究、推进预防性保护技术创新、构建文物保护修复综合技术体系、建立现代信息技术应用体系、着力推进文物保护装备升级及应用、建立和完善标准体系、加强科技成果推广示范7个方面的重点任务。落实加强能力建设、提高管理效能，强化中央与地方联动、落实地方管理主体责任，发挥创新主体功能、优化组织管理机制，创新人才培养模式、完善团队建设机制，加大科技投入力度、完善科技投入机制5项措施。要求各地文物行政部门要根据该《意见》，结合地区文物特点、科技现状和文物保护利用的重要紧迫需求，将文物保护利用纳入地区科技发展的重点领域和优先主题[②]。

国家考古遗址公园是我国大遗址保护实践进程中所提出的新概念，是我国遗产保护理念的创新和实践，自2009年12月国家文物局印发《国家考古遗址公园管理办法（试行）》以来，我国大遗址保护和国家考古遗址公园建设进入新的历史阶段。2017

---

① 国家文物局：《国家文物事业发展"十三五"规划》，国家文物局网，2017年2月21日，http://www.sach.gov.cn/art/2017/2/21/art_722_137348.html。
② 《国家文物局关于加强"十三五"文物科技工作的意见》，国家文物局网，2017年6月12日，http://www.sach.gov.cn/art/2017/6/12/art_1328_141827.html。

年10月10日，国家文物局颁布《国家考古遗址公园创建及运行管理指南（试行）》，进一步明确了国家考古遗址公园的含义，是指以重要考古遗址及其背景环境为主体，具有科研、教育、游憩等功能，在考古遗址保护和展示方面具有全国性示范意义的特定公共空间。该管理指南指出了国家考古遗址公园的相关政策、法规依据、总体内容、创建阶段和运行阶段的注意事项，以规范国家考古遗址公园建设，切实加强大遗址保护①。

为聚焦文物保护的重点难点问题，找准文物事业改革发展的目标和方向，2018年7月6日，中共中央办公厅、国务院办公厅印发《关于加强文物保护利用改革的若干意见》，以深入贯彻落实党的十九大精神，进一步做好文物保护利用和文化遗产保护传承工作，努力实现到2025年走出一条符合我国国情的文物保护利用之路，要把确保文物安全放在首要位置，聚焦文物保护的重点难点问题，加强制度设计和精准管理，注意盘活文物资源，在保护中发展，在发展中保护。以实现文物依法保护水平显著提升、文物保护利用传承体系基本形成、文物安全形势明显好转、文物机构队伍更加优化、文物领域社会参与活力不断焕发的总体目标②。

2018年7月29日，中共中央办公厅、国务院办公厅发布《关于实施革命文物保护利用工程（2018～2022年）的意见》，该意见是首个专门针对革命文物的中央政策文件，体现了以习近平同志为核心的党中央对革命文物工作的高度重视。该意见指出，需要做好夯实革命文物基础工作、加大革命文物保护力度、拓展革命文物利用途径、提升革命文物展示水平、创新革命文物

---

① 国家文物局：《国家考古遗址公园创建及运行管理指南（试行）》，中央文化和旅游管理干部学院网，2018年4月3日，http://www.cacanet.cn/article_policies_regulations.aspx?lawid=10903。

② 《中共中央办公厅、国务院办公厅关于加强文物保护利用改革的若干意见》，中国政府网，2018年10月8日，http://www.gov.cn/zhengce/2018-10/08/content_5328558.htm。

传播方式五方面的内容，实施的重点项目有百年党史文物保护展示工程、革命文物集中连片保护利用工程、长征文化线路整体保护工程、革命文物主题保护展示工程、革命文物陈列展览精品工程、革命文物宣传传播工程①。

②地方。全国各地的文物现状和特点有所不同，各地结合实际出台了相关政策，有针对性地解决文物保护利用中的突出问题，兹略举几例。

福建省位于我国东南沿海，地上、地下及水下文物储藏十分丰富，同时，与台湾一衣带水，因此，涉台文物的管理保护就成为福建省文物工作的一个重要特点。2009年8月2日，福建省第十一届人大常委会第十次会议上通过《福建省文物保护管理条例》，专列三章，对涉台文物、中央苏区革命文物、水下文物的保护作了特别规定。这在全国文物的地方立法中属于首创。在涉台文物方面，指出其定义为：反映大陆和台湾之间政治、经济、文化等方面交流交往，体现两岸同胞宗族关系，并具有历史、艺术、科学价值的实物和重要史迹。随后，通过采取编制保护规划，发挥涉台文物的文化功能、促进两岸文化交流融合，发挥涉台专题博物馆、纪念馆文化交流功能，发挥涉台文物在历史文化名镇、名村、文化街区规划中的作用等措施，以进一步通过发挥文物的价值，增强两岸同胞感情的交流和归属。在水下文物方面，该条例明确了政府及其相关部门水下文物保护责任；核定公布水下文物保护单位和水下文物保护区；规范水下文物保护和管理的相关制度；明确公安机关水下文物保护职责等措施，来加强对水下文物的保护②。通过这两点可以看出，该条例是根据福建

---

① 《中共中央办公厅、国务院办公厅关于实施革命文物保护利用工程（2018～2022年）的意见》，央广网，2018年7月30日，https://baijiahao.baidu.com/s?id=1607365973872976803&wfr=spider&for=pc。

② 徐平、刘用安：《我省文物保护地方立法的特色》，载于《福建法学》2009年第3期。

省文物保护实践的工作特点而制定的,因地制宜开展保护,具有鲜明的"福建特色"。

江苏省目前保存着我国最为完整的水乡古镇,"江南水乡"的风韵通过这些古镇、村落的建筑、物产、生活方式得以充分体现。为保护好历史文化名城、名镇继承优秀历史文化遗产,江苏省人大常委会于 2010 年 9 月 29 日颁布《江苏省历史文化名城名镇保护条例》,指出"历史文化保护区"是经江苏省人民政府批准并公布的文物古迹比较集中、能够较为完整地反映一定历史时期和民族特色的街区、建筑群、村落、水系等。这充分体现了江苏省的区域特色,能够因地制宜,开展保护工作①。随后,2017 年 11 月 30 日,江苏省住房和城乡建设厅颁布了《江苏省传统村落保护办法》,强调整体保护和延续"江南"村落的传统格局和历史风貌,以及与村落相互依存的山、水、田、林、路等自然景观环境②。两项政策的出台,使江苏省形成相对完整的历史文化名城名镇名村和传统村落保护制度体系,同时,南京、无锡、苏州、淮安各地也结合本地文物工作实际,陆续出台 20 多部地方性政策规章,形成了具有江苏特色的文物保护体系,进一步提升了全省历史文化保护工作水平。

陕西省作为我国文物大省,历史文化底蕴厚重,文化遗存丰富。2015 年 3 月 1 日,陕西省政府办公厅印发《陕西省群众保护文物奖励办法》,该办法是我国首部省级群众保护文物奖励办法。办法规定,将文物保护奖励分为精神鼓励和物质奖励,根据保护文物行为情节和文物的等级、数量,由地方人民政府给予 100~1 000 元、500~1 000 元、陕西上年度城镇居民人均可支配

---

① 江苏省人民代表大会常务委员会:《江苏省历史文化名城名镇保护条例》,百度百科,2010 年 9 月 29 日,https://baike.baidu.com/item/江苏省历史文化名城名镇保护条例/6693717?fr=aladdin。

② 江苏省人民政府:《江苏省传统村落保护办法》,江苏省政府网,2017 年 9 月 30 日,http://www.js.gov.cn/jsgov/tj/bgt/201710/t20171018522591.html。

月收入 1~10 倍的现金奖励，精神奖励包括由市县级文物行政部门、市县级和省级政府予以表彰，并对公民依法保护文物先进事迹进行宣传；鼓励通过捐赠等方式设立文物保护基金，用于奖励在保护文物过程中突出贡献的公民或团体；对持有文物收藏单位颁发的荣誉证书者，可免费参观该文物单位，持有各级政府和文物行政部门颁发的荣誉证书者，可免费参观省内所有国有博物馆；文物收藏单位展出上交文物时应对上交者事迹予以说明[1]。

湖北省人民政府常务会议于 2017 年 11 月 21 日审议通过《湖北省文物安全管理办法》，共 28 条，从文物安全责任、经费保障、安全措施、事故处理、责任追究等方面做出了规定，从省级文物管理部门的角度出发，对本行政区内市、县、乡级人民政府承担文物保护的相关部门的工作进行了更为详细的规定，例如，在经费保障方面，要求县级以上人民政府应将文物安全经费纳入本级财政预算，并建立文物资源密集区文物安全经费补偿机制；在安全措施方面，县级以上人民政府文物、民宗、公安、住建、旅游等行政部门应当在各自职责范围内，加强文物安全日常检查、监测，开展联合执法等[2]。该办法作为一部专门针对文物安全的省级规章，在全国属于首例。

总之，新中国成立以来，文物保护工作受到党中央的高度重视，文物政策随时代变迁不断进行调整和优化。先后以党政最高领导机构名义出台多个重要文件，文物政策的内容逐渐丰富和完善，从对古迹、珍贵文物、古建筑进行保护，对古遗址、古墓葬和考古发掘工作进行管理，到对"文革"期间文物进行追回和保护；从对文物的出口、鉴定、展览、拍卖等相关环节做出详细

---

[1] 陕西省政府办公厅：《〈陕西省群众保护文物奖励办法〉出台，可奖 10 倍人均月收入》，人民网，2015 年 3 月 10 日，http://legal.people.com.cn/n/2015/0310/c42510-26669821.html。

[2] 湖北省人民政府：《湖北省文物安全管理办法》，湖北省人民政府网，2017 年 12 月 11 日，http://www.hubei.gov.cn/govfile/ezl/201712/t20171215_1235257.shtml。

规定,到对博物馆、文物市场等领域的行业行为进行规范;随着国家对文化遗产和文博事业的重视,逐步出台有关工业遗产、老字号文化遗产、历史文化名城名镇名村、考古遗址公园等新内容的政策;文物政策不断完善,确立"保护为主、抢救第一、合理利用、加强管理"的方针。随着一系列国家级、部级法规文件的制定和颁布,各省、自治区、直辖市也陆续出台了地方性的文物保护政策,既结合实际对地方文物进行了合理保护,也促进了文物管理政策的完善,形成了中央制定方针政策、统一部署战略规划,各地迅速响应、积极配合的良好局面,进而提升了中央与地方对文物政策的执行力。

(2) 非物质文化遗产的政策规章。

①中央。随着社会的发展,我国日益重视非遗的保护,2004年8月28日,我国正式加入联合国教科文组织《保护非物质文化遗产公约》,从而在世界非遗保护的政策框架下,开启了我国非遗保护政策制定的历程。十几年来,关于非遗的主要政令如下:

2005年3月26日,国务院办公厅下发《关于加强我国非物质文化遗产保护工作的意见》,提出我国非遗的生存、保护和发展遇到的新情况和新问题,充分认识我国非遗保护工作的重要性和紧迫性,要求坚持"政府主导、社会参与,明确职责、形成合力,长远规划、分步实施,点面结合、讲求实效"的原则,加快建立名录体系,形成有中国特色的非遗保护制度,更要加强领导,落实责任,建立协调有效的工作机制①。

中华传统节日具有丰富的文化内涵和周期性、民族性、群众性的特点,深深融入了人们的日常生活之中,为弘扬民族文化,2005年6月17日,中宣部、中央文明办、教育部、民政部、文

---

① 《国务院办公厅关于加强我国非物质文化遗产保护工作的意见》,中国政府网,2005年8月15日,http://www.gov.cn/zwgk/2005-08/15/content_21681.htm。

化部联合发布《关于运用传统节日弘扬民族文化的优秀传统的意见》，要求突出传统节日的文化内涵、组织重要传统节庆活动、充分发挥新闻媒体的作用、积极开展传统节日的研究和保护工作、加强对传统节日活动的管理和引导，以实现传承中华民族文化的优秀传统、推动社会主义文化发展繁荣的目的[①]。

为了进一步加强我国文化遗产保护，继承和弘扬中华民族优秀传统文化，国务院于 2005 年 12 月 22 日下发《关于加强文化遗产保护的通知》，决定从 2006 年起，每年 6 月的第二个星期六为我国的"文化遗产日"，强调非遗保护要贯彻"保护为主、抢救第一、合理利用、传承发展"的方针，要积极推进非遗保护，对开展非遗普查工作、制定非遗保护规划、抢救珍贵非遗、建立非遗名录体系、加强少数民族文化遗产和文化生态区的保护等方面的内容进行了详细规定[②]。

2006 年 5 月 20 日，国务院发布《关于公布第一批国家级非物质文化遗产名录的通知》，第一批名录涉及民间文学、音乐、舞蹈、戏剧、曲艺等十个方面，共计 518 项国家级非物质文化遗产，这对于保护、利用好非遗、促进社会主义精神文明建设具有重要意义[③]。随后于 2008 年 6 月 7 日、2011 年 6 月 10 日、2014 年 7 月 16 日，分别公布第二批（共 510 项）、第三批（共 191 项）、第四批（共 153 项）国家级非遗名录，至此共计 1 372 项。

2006 年 11 月 2 日，文化部出台《国家级非物质文化遗产保护与管理暂行办法》，该办法坚持真实性和整体性的保护原则，

---

① 中央宣传部、中央文明办、教育部、民政部、文化部：《中宣部等部门发出〈运用传统节日弘扬民族文化的优秀传统的意见〉》，中国广播网，2005 年 6 月 24 日，http：//china. cnr. cn/news/200506/t20050624_504072119. shtml。
② 《国务院关于加强文化遗产保护的通知》，中国政府网，2005 年 12 月 22 日，http：//www. gov. cn/gongbao/content/2006/content_185117. htm。
③ 《国务院关于公布第一批国家级非物质文化遗产名录的通知》，中国政府网，2008 年 3 月 28 日，http：//www. gov. cn/zhengce/content/2008 - 03/28/content_5917. htm。

提出建立国家级非物质文化遗产数据库,对非遗项目保护单位应具备的条件和所承担的职责、国家级非物质文化遗产项目代表性传承人的条件和应当履行的义务进行了明确规定;要求县级以上文化行政部门应鼓励、支持通过多种活动宣传国家级非遗的知识,要求省级文化行政部门应对国家级非遗项目的文化场所划定保护范围,制作标识说明,进行整体性保护;对利用国家级非遗项目进行艺术创作、产品开发、旅游活动等,应尊重其原本的形式和文化内涵,防止歪曲和滥用①。

老字号作为传统商业文化遗产的重要载体,广泛分布在餐饮、零售、医药等行业,其拥有的专有品牌、传统技艺、经营理念和文化内涵,既是我国优秀商业文化的集中体现,也是非遗的重要组成部分。商务部、文化部于2007年2月12日发布《关于加强老字号非物质文化遗产保护工作的通知》,明确老字号在我国传统商业文化遗产载体形式中的重要地位,要求进一步提高对保护老字号重要性的认识,做好普查工作,鼓励老字号的传承,并将老字号纳入非遗名录加以保护,以加强对老字号的保护工作②。

为有效保护和传承国家级非遗,鼓励和支持国家级非遗项目代表性传承人开展传习活动,2008年5月14日,文化部颁布《国家级非物质文化遗产项目代表性传承人认定与管理暂行办法》,根据该办法,文化行政部门接到申请传承人的材料后,应组织专家进行审核并逐级上报,审核通过后,向社会公示,并对开展传习活动有困难的传承人予以支持,同时,传承人也应承担

---

① 文化部:《国家级非物质文化遗产保护与管理暂行办法》,中国非物质文化遗产网,2008年6月16日,http://www.ihchina.cn/Article/Index/detail?id=11595。
② 《商务部、文化部关于加强老字号非物质文化遗产保护工作的通知》,中国非物质文化遗产网,2010年4月20日,http://www.ihchina.cn/Article/Index/detail?id=11592。

相应义务，以此规范非遗传承的流程和对人员的管理[①]。

2009年12月16日，文化部办公厅发布《关于加强国家非物质文化遗产保护中央补助地方专项资金使用与管理的通知》，进一步规范和加强国家非物质文化遗产保护中央补助地方专项资金的管理和使用范围，要求统筹考虑、合理安排、做好中央补助地方专项资金的申报工作，加强中央补助地方专项资金的管理、监督和检查，建立中央补助地方专项资金使用与管理情况年报制度，以提高资金使用效益，保证工作实效[②]。

2010年2月10日，文化部颁布《关于加强国家级文化生态保护区建设的指导意见》，指出"国家级文化生态保护区"是以保护非遗为核心，对历史文化积淀丰厚、存续状态良好，具有重要价值和鲜明特色的文化形态进行整体性保护，并经文化部批准设立的特定区域。该意见提出了国家级文化生态保护区设立的条件、程序、建设的基本措施和工作机制，这对于推动非遗的整体性保护和传承发展，维护文化生态系统的平衡和完整，具有重要的意义[③]。

2011年8月24日，文化部发布《关于加强国家级非物质文化遗产代表性项目保护管理工作的通知》，要求各级文化行政部门认真履责，切实将国家级代表性项目保护工作落到实处。通过建立定期自查、报告机制，建立督促检查和社会监督机制，建立表彰奖励机制，建立警告、退出机制，来实现对国家级代表性项目的动态管理，以强化国家级非遗代表性项目的

[①] 文化部：《国家级非物质文化遗产项目代表性传承人认定与管理暂行办法》，中国政府网，2008年5月14日，http://www.gov.cn/gongbao/content/2008/content_1157918.htm。

[②] 《财政部、文化部关于印发〈国家非物质文化遗产保护专项资金管理办法〉的通知》，财政部官网，2012年5月4日，http://jkw.mof.gov.cn/zhengwuxinxi/zhengcefabu/201205/t20120515_651355.html。

[③] 《文化部关于加强国家级文化生态保护区建设的指导意见》，中国非物质文化遗产网，2017年4月17日，http://www.ihchina.cn/Article/Index/detail?id=11580。

保护管理工作①。

2012年2月2日,文化部发布《关于加强非物质文化遗产生产性保护的指导意见》,该意见由充分认识开展非遗生产性保护的重要意义、正确把握非遗生产性保护的方针和原则、科学推进非遗生产性保护工作深入开展、建立完善非遗生产性保护的工作机制4个部分组成,以加强对传统技艺、传统美术和传统医药药物炮制类非遗的保护,这有利于增强非遗自身的活力,提高非遗传承人的积极性,推动非遗保护更加紧密地融入人们的生产生活②。

2012年5月4日,财政部、文化部印发《国家非物质文化遗产保护专项资金管理办法》,该专项资金由中央财政设立,提出专项资金的管理和使用要坚持统一管理、分级负责、合理安排、专款专用的原则,用于补助地方,适当向民族地区、边远地区、贫困地区倾斜,还规定了专项资金的分类、开支范围、申报流程、使用监督等相关细则,受到财政、审计部门的监督,以规范和加强国家非遗保护专项资金的管理,提高专项资金的使用效益③。

戏曲具有悠久的历史、独特的魅力和深厚的群众基础,是非遗的重要类型。2015年7月11日,国务院办公厅印发《关于支持戏曲传承发展若干政策的通知》,要求加强戏曲保护与传承、支持戏曲剧本创作和演出、改善戏曲生产条件、支持戏曲艺术表演团体发展、完善戏曲人才培养和保障机制、加大戏曲普及和宣

---

① 《文化部关于加强国家级非物质文化遗产代表性项目保护管理工作的通知》,文化和旅游部官网,2011年8月24日,http://zwgk.mct.gov.cn/auto255/201109/t20110906_465954.html?keywords=。

② 《文化部关于加强非物质文化遗产生产性保护的指导意见》,文化和旅游部网,2012年2月14日,https://www.mct.gov.cn/whzx/bnsj/fwzwhycs/201202/t20120214_765156.htm。

③ 《财政部、文化部关于印发〈国家非物质文化遗产保护专项资金管理办法〉的通知》,财政部官网,2012年5月4日,http://jkw.mof.gov.cn/zhengwuxinxi/zhengcefabu/201205/t20120515_651355.html。

传、加强组织领导,以促进戏曲繁荣发展①。

2017年1月25日,中共中央办公厅、国务院办公厅印发《关于实施中华优秀传统文化传承发展工程的意见》,这是首次以中央文件形式专题阐述中华优秀传统文化传承发展工作。该意见提出:要弘扬核心思想理念、弘扬中华传统美德、传承发展中华人文精神,要求深入阐发文化精髓、保护传承文化遗产、滋养文艺创作、融入生产生活、加大宣传教育力度、推动中外文化交流互鉴,以增强国家文化软实力,实现中华民族伟大复兴的中国梦②。

2017年3月24日,国务院发布《关于转发文化部等部门中国传统工艺振兴计划的通知》,要求建立国家传统工艺振兴目录,扩大非遗传承人队伍,将传统工艺作为中国非遗传承人群研修研习培训计划实施重点,加强传统工艺相关学科专业建设和理论技术研究,提高传统工艺产品的设计、制作水平和整体品质,拓宽传统工艺产品的推介、展示、销售渠道,加强行业组织建设,加强文化生态环境的整体保护,促进社会普及教育,开展国际交流与合作,以实现振兴传统工艺的目标③。

为弘扬中华优秀传统文化,推动民间文化艺术的繁荣发展,加强基层公共文化服务体系建设,2018年1月4日,文化部颁布《"中国民间文化艺术之乡"命名和管理办法》,"民间文化艺术"涵盖传统美术、书法、音乐、舞蹈、戏剧、游艺等非遗项目,也包括当代兴起的其他文化艺术形式,如摄影、合唱、油画等。文

---

① 《国务院办公厅关于支持戏曲传承发展的若干政策》,中国政府网,2015年7月17日,http://www.gov.cn/xinwen/2015-07/17/content_2899040.htm。
② 《中共中央办公厅、国务院办公厅关于实施中华优秀传统文化传承发展工程的意见》,中国政府网,2017年1月25日,http://www.gov.cn/zhengce/2017-01/25/content_5163472.htm。
③ 《国务院办公厅关于转发文化部等部门中国传统工艺振兴计划的通知》,中国政府网,2017年3月24日,http://www.gov.cn/zhengce/content/2017-03/24/content_5180388.htm。

化部将对具有某一特色鲜明、群众喜闻乐见并广泛参与的民间文化艺术,并在全国产生较大影响的特定区域进行命名和管理[①]。

2018年7月18日,文化和旅游部发布《关于大力振兴贫困地区传统工艺助力精准扶贫的通知》,通过"非遗+扶贫"的方式,加大贫困地区传统工艺振兴力度,加强贫困地区非遗传承人群培养,支持传统工艺项目优秀代表性传承人、工艺师到贫困地区开展讲习活动,支持贫困地区探索设立非遗扶贫就业工坊,搭建贫困地区传统工艺产品设计、展示和销售平台,以大力推进文化扶贫工作,振兴贫困地区传统工艺,发挥非遗,尤其是传统工艺在助力精准扶贫方面的重要作用[②]。

经过10多年文化生态保护区制度的探索和实践,为将工作中行之有效的措施固定下来,2018年12月10日,文化和旅游部颁布《国家级文化生态保护区管理办法》,共4章38条,明确了国家级文化生态保护区建设的指导思想和工作目标,保护区申报设立的条件和程序,以及保护区建设的责任主体、主要任务和措施。设立文化生态保护区,是我国独具特色的非遗保护制度,这有利于加强非遗的区域性整体保护,维护和培育文化生态,传承弘扬中华优秀传统文化,从而实现"遗产丰富、氛围浓厚、特色鲜明、民众受益"的目标[③]。

②地方。各省市的基础资源、文化历史都各具特色,近年来,在国家政策的带动下,地方性的非遗保护政策也相继出台,兹略举数例。

---

① 《文化部办公厅关于印发〈"中国民间文化艺术之乡"命名和管理办法〉的通知》,文化和旅游部官网,2018年1月4日,http://zwgk.mct.gov.cn/auto255/201803/t20180316_831506.html? keywords =。

② 《文化和旅游部办公厅关于大力振兴贫困地区传统工艺助力精准扶贫的通知》,文化和旅游部官网,2018年6月27日,http://zwgk.mct.gov.cn/auto255/201807/t20180717_833855.html? keywords =。

③ 文化和旅游部非物质文化遗产司:《国家级文化生态保护区管理办法》,文化和旅游部官网,2018年12月10日,http://zwgk.mct.gov.cn/auto255/201812/t20181225_836660.html? keywords =。

新中国成立前延续至今的近代工商文明是上海市重要的文化特色,因此,保护老字号这一非遗项目显得尤为重要。2015年12月30日,上海市人大颁布《上海市非物质文化遗产保护条例》,首次提出"生产性保护,让非遗融入生活"的理念,其中第23条指出:"市和区、县人民政府应当将符合条件的中华老字号和上海老字号企业的传统技艺,优先列入本级非物质文化遗产代表性项目名录,加大保护和扶持力度,促进本市工商业文化的传承与发展。"以推动非遗的合理利用,结合上海市工商业老字号众多的特征,扶持、引导符合条件的项目开展生产性方式保护,这样有利于商家和顾客的双赢,实现对于传统文化品牌的认可。该《条例》完善了保护工作局际联席会议,邀请主管"老字号"的商务部门加入,组建更为科学完整的专家委员会,以更好地保护好、利用好非遗[①]。

越剧是我国第二大剧种,发源于浙江省嵊州市,流行于苏浙沪地区,被收录于首批国家级非遗名录。2016年3月1日,浙江省人民政府办公厅发布《关于支持戏曲传承发展的实施意见》,将健全戏曲艺术传承发展工作体系,加强越剧、婺剧、绍剧等代表性地方戏曲剧种发展规划,提高全省戏曲非遗项目整体保护发展水平,在长三角地区形成以浙江为核心的中国越剧文化中心作为总体目标,计划在2020年前,率先建成国家级戏曲传承发展示范区。该《意见》提出,要对戏曲剧种传承、团体发展、剧本创作、人才培养、市场培育以及戏曲创新发展等方面进行扶持,加强财政保障力度,加大戏曲宣传普及,振兴发展越剧等代表性地方戏曲剧种,加强对京剧、昆曲的扶持,积极支持浙江戏

---

① 上海市人大:《上海市非物质文化遗产保护条例》,上海市非物质文化遗产网,2017年11月13日,http://www.ichshanghai.cn/ich/n557/n558/n560/n634/u1ai10506.html。

曲"面向全国、走向世界"①。

云南省位于我国西南边陲，有着丰富的、与少数民族生产生活相关的非遗资源，是云南省历史发展的重要见证。2018 年 1 月 23 日，云南省人民政府出台《关于进一步加强非物质文化遗产保护工作的意见》，指出：云南省应更加细化对非遗保护名录的管理，完善各级名录的类别构成、民族构成和地域构成；有序推进"迪庆民族文化生态保护实验区"和"大理文化生态保护实验区"两个国家级文化生态保护实验区的建设，同时启动省级民族传统文化生态保护区建设；加强对云南省传统村落、民族团结示范村、少数民族特色村寨的规划建设；要充分发挥少数民族的传统音乐、舞蹈、医药、杂技项目在社区、旅游景区中的建设作用；建立云南省非遗博物馆或活态展示中心，促进非遗博物馆、展示中心建设与云南各地的民族博物馆建设相结合。该《意见》的出台有助于少数民族地区的非遗保护，有助于增强各民族文化之间的交流，繁荣民族文化，促进地区的和谐稳定②。

2019 年 1 月 20 日，北京市第十五届人大会通过了《北京市非物质文化遗产条例》，共 7 章 61 条。该条例的亮点在于：一是打破了"一个非遗项目只能有一个代表性传承人"的惯例，首次规定非遗表演团体也可以作为传承人，这有利于集体共同传承的非遗项目更加积极、长远的发展；二是利用工业遗址发展成为非遗活动场所，由于北京市有着丰富的不可移动文物、历史建筑和工业遗址，则可充分利用这些遗址，为非遗的保存、研究、宣传、展示、交流活动等提供场所；三是高校和中职院校增加与非

---

① 浙江省文化厅：《浙江省出台〈关于支持戏曲传承发展的实施意见〉》，浙江文化信息网，2016 年 3 月 13 日，http://www.zjcnt.com/content/2016/03/13/261501.htm。

② 云南省人民政府：《云南省人民政府关于进一步加强非物质文化遗产保护工作的意见》，云南省人民政府网，2018 年 1 月 31 日，http://www.yn.gov.cn/yn_zwlanmu/qy/wj/yzf/201801/t20180130_31835.html。

遗相关专业,鼓励减免学费,鼓励传承人到学校兼职任教、建立工作室等;四是开展条例执法检查,打出保护政策的组合拳①。目前,北京市文化和旅游局正在研究制定《北京市非物质文化遗产代表性项目管理办法》《北京市非物质文化遗产代表性项目代表性传承人认定与管理办法》《北京市非物质文化遗产代表性项目保护单位管理办法》等一系列专题管理办法。通过以上措施,以加强北京市的非遗保护工作,实现传承北京历史文脉、推进全国文化中心建设的目标。

总之,经过二十余年的发展,我国已经建立起比较完善非遗保护的政策体系,建立了与国际接轨的非遗政策,为各地文化行政部门开展非遗保护工作提供政策上的保障和指导,切实推进了我国非遗保护的进程。非遗政策的内容涵盖了非遗的评定、传承人的认定与管理、专项资金的管理、相关机构的建立等多个方面,构建了非遗保护的层级制度和非遗代表性传承人制度②,评定了中国民间文化艺术之乡,建立了国家级文化生态保护区,以更加适应我国非遗保护的实际情况。非遗政策的逐步完善,有利于形成具有中国特色的非遗保护制度,提升中央与地方紧密联动的政策执行力,还有利于提高社会公众的参与意识,形成保护非遗的文化自觉,从而最大化实现对非遗的保护和利用。

2. 法规。

(1)《中华人民共和国文物保护法》是为了增强对文物的保护,继承中华民族优秀历史文化遗产,促进科学研究,进行爱国主义和革命传统教育,建设社会主义精神文明和物质文明,而制

---

① 北京市人大:《北京市非物质文化遗产条例》,北京市人民代表大会常务委员会网,2019年1月20日,http://fuwu.bjrd.gov.cn/rdzw/information/exchange/Laws.do?method=showInfoForWeb&id=2019617。

② 凌照、周耀林:《我国非物质文化遗产保护政策的推进》,载于《忻州师范学院学报》2011年第3期。

定的法规。1982年11月29日，第五届全国人大常务委员会第二十五次会议通过《中华人民共和国文物保护法》，该法共33条，分为总则、文物保护单位、考古发掘、馆藏文物、私人收藏文物、文物出境、奖励与惩罚、附则等八章；该法替代了1961年颁布的《文物保护管理暂行条例》，是我国文物保护工作的第一部正式法律，成为改革开放以来我国文物保护工作的纲领性文本。后于1991年6月29日、2002年10月28日、2007年12月29日、2013年6月29日进行了四次修正。

为进一步推进简政放权，优化服务改革，更大程度激发市场、社会的创新创造活力，为"放管服"改革破除制度上的障碍，2017年11月4日，第十二届全国人大常务委员会第三十次会议通过了关于修改包括《中华人民共和国文物保护法》等十一部法律的决定。以下为《文物保护法（第五次修订）》的主要内容，共计8章80条[①]。

第一章 总则（第1条~第12条）

本章阐明了《文物保护法》制定的背景、文物保护的范围；对于价值不同的不可移动文物，可分为全国重点、省级、市县级文物保护单位，对于可移动文物，可分为珍贵和一般文物，珍贵文物分为一级、二级、三级文物；文物工作继续贯彻保护为主、抢救第一、合理利用、加强管理的方针；中华人民共和国境内地下、内水和领海中遗存的一切文物，属于国家所有；属于集体或私人所有的文物，其所有权受到法律保护；一切机关、组织和个人都有依法保护文物的义务；国务院文物行政部门主管全国文物保护工作，地方各级人民政府负责本行政区域内的文物保护、监督管理工作；要正确处理经济建设、社会发展与文物保护的关系，确保文物安全；国家发展文物保护事业；文物是不可再生的

---

① 《中华人民共和国文物保护法》，中国人大网，2017年11月28日，http://www.npc.gov.cn/npc/xinwen/2017-11/28/content_2032718.htm。

文化资源，国家加强文物保护的宣传教育，加强科学研究；对于保护成绩突出的单位或个人，给予精神鼓励或物质奖励。

第二章　不可移动文物（第13条~第26条）

全国重点文物保护单位由国务院文物行政部门核定公布，省级文物保护单位由省级政府核定公布，并报国务院备案，市、县级文物保护单位，由市县级政府核定公布，并报上一级政府备案；历史文化名城和历史文化街区、村镇的保护办法，由国务院制定，向国务院备案；各级文物保护单位，应划分保护范围，标志说明，建立记录档案，并设置专门机构和人员管理；制定城乡建设规划，应根据文物保护的需要，将其纳入规划；文物保护单位的保护范围内不得进行其他建设工程或爆破、钻探、挖掘等，特殊情况除外，需经政府部门同意；可在文物保护单位的周围划出一定的建设控制地带，并予以公布；在文物保护单位的保护范围和建设控制地带内，不得建设污染其环境的设施，已有设施应限期治理；建设工程选址，应当尽可能避开不可移动文物，尽可能实施原址保护，全国重点文物保护单位不得拆除，其他特殊情况应报国务院和相关部门批准；国有不可移动文物由使用人负责修缮、保养，非国有不可移动文物由所有人负责修缮、保养，文物保护单位的修缮、迁移、重建，由取得文物保护工程资质证书的单位承担；不可移动文物已经全部毁坏的，应当实施遗址保护，不得在原址重建，特殊情况除外；核定为文物保护单位的属于国家所有的纪念建筑物或者古建筑，除可建立博物馆、保管所或者辟为参观游览场所外，作其他用途的，需征得上一级文物行政部门的同意；国有不可移动文物不得转让、抵押，国有文物保护单位，不得作为企业资产经营；非国有不可移动文物不得转让、抵押给外国人，转让、抵押或改变用途的，需进行备案；使用不可移动文物，必须遵守不改变文物原状的原则，负责保护建筑物及其附属文物的安全。

第三章 考古发掘（第27条~第35条）

考古发掘工作，必须履行报批手续，单位或个人都不得私自发掘；为科学研究进行考古发掘，应提出发掘计划，报国务院文物行政部门批准；大型基本建设工程前，必须进行考古调查、勘探；需要配合建设工程进行的考古发掘工作，需提出发掘计划，报国务院文物行政部门批准；因建设产生的考古费用，应列入建设工程预算；在工程建设或农业生产中，任何单位或个人发现文物，应当保护现场，立即报告当地文物行政部门，不得哄抢、私分、藏匿；未经特别许可，外国人和团体不得在境内进行考古发掘；考古发掘的结果，应报告文物行政部门，文物应登记造册，妥善保管，移交指定的国有博物馆、图书馆或者其他国有收藏文物的单位收藏；为进行科学研究或充分发挥文物作用的需要，可以调用所需出土文物。

第四章 馆藏文物（第36条~第49条）

馆藏文物需区分文物等级，设置藏品档案，建立严格的管理制度，并报文物行政部门备案；文物收藏单位可通过购买、接受捐赠、依法交换、法规规定的其他方式取得文物；应建立、健全管理制度，未经批准，不得调取馆藏文物；国务院文物行政部门可以调拨全国的国有馆藏文物；省级文物行政部门可调拨本行政区内的文物；文物收藏单位应当充分发挥馆藏文物的作用，通过举办展览、科学研究等活动，加强宣传教育；已建立馆藏文物档案的国有文物收藏单位，可申请馆藏文物交换；依法调拨、交换、借用国有馆藏文物，可给予合理补偿；禁止国有文物收藏单位将馆藏文物赠与、出租或出售给其他单位、个人；修复馆藏文物，不得改变馆藏文物的原状，复制、拍摄、拓印馆藏文物，不得对文物造成损害；馆藏单位应配备防火、防盗、防自然损坏的设施；馆藏一级文物损毁的，应报国务院文物行政部门核查处理，其他馆藏文物损毁的，应当报主观行政部门核查处理；文物行政部门和国有文物收藏单位的工作人员不得借用、非法侵占国有文物。

第五章 民间收藏文物（第50条~第59条）

公民、法人和其他组织可以通过依法继承或者接受赠与、从文物商店购买、从经营文物拍卖的拍卖企业购买、公民个人合法所有的文物相互交换或者依法转让、国家规定的其他合法方式取得文物，进行收藏；国家鼓励民间将文物捐赠或借出给文物收藏单位展览和研究；文物商店应由政府部门批准设立、管理，不得进行拍卖活动；经营文物拍卖的拍卖企业不得从事文物购销经营活动，不得设立文物商店；文物行政部门的工作人员不得举办或参与文物商店和拍卖活动；文物商店不得销售、拍卖企业不得拍卖本法第51条规定的文物；文物行政部门应当建立文物购销、拍卖信息与信用管理系统；文物行政部门在审核拟拍卖的文物时，可以指定国有文物收藏单位优先购买其中的珍贵文物；银行、冶炼厂、造纸厂以及废旧物资回收单位，应当与文物行政部门共同负责拣选掺杂在金银器和废旧物资中的文物。

第六章 文物出境进境（第60条~第63条）

国有文物、非国有文物中的珍贵文物和国家规定禁止出境的其他文物，不得出境，特殊情况除外；文物出境，应当经国务院文物行政部门指定的文物进出境审核机构审核，审核合格者，发给文物出境许可证，从指定口岸出境；文物出境展览，应当报国务院文物行政部门批准，一级文物中的孤品和易损品，禁止出境展览；文物临时进境，应当向海关申报，并报进出境审核机构审核、登记。

第七章 法律责任（第64条~第79条）

违反本法规定，构成犯罪的，依法追究刑事责任；违反本法规定，造成文物灭失、损毁的，依法承担民事责任；尚不构成犯罪的，由县级以上人民政府文物主管部门责令改正，造成严重后果的，处五万元以上五十万元以下的罚款，情节严重的，由原发证机关吊销资质证书；在文物保护单位的保护范围内或者建设控制地带内建设污染设施的,依法进行处罚;历史文化名城的布局、环境、历史风貌等遭到严重破坏的,由国务院撤销其历史文化名城称号、历史文化街区、村镇称号;买卖国家禁止买卖的文物或者将禁止出境的文物转让、出租、质押给外国人,尚不构成犯罪的,由县级以上人民政府文物主管部门责令改正,没收违法所得,并处罚金;未经许可,擅自设立文物商店、经营文物拍卖的拍卖企业,或经营活动,尚不构成犯罪的,由工商行政管理部门依法予以制止,没收违法所得,并处罚金;文物行政部门、文物收藏单位、文物商店、经营文物拍卖的拍卖企业的工作人员,不得越规;公安机关、工商行政管理部门、海关、城乡建设规划部门和其他国家机关,不得滥用职权;人民法院、人民检察院、公安机关、海关和工商行政管理部门依法没收的文物应当登记造册,妥善保管,结案后无偿移交文物行政部门,由文物行政部门指定的国有文物收藏单位收藏。

第八章 附则(第80条)

本法自公布之日起施行。

(2)《中华人民共和国非物质文化遗产法》。为继承和弘扬中华民族优秀传统文化,促进社会主义精神文明建设,加强非遗保护、保存工作,2011年2月25日,全国人大常务委员会颁布《中华人民共和国非物质文化遗产法》(简称《非遗法》),这是我国非遗领域的首部法律。《非遗法》中,关键词"保护"多次出现,明确了加强非遗保护是各级政府部门的重要职责,使得非遗保护从"党和国家的政策文件"落实到"以法律的形式加以确认"。以下为《中华人民共和国非物质文化遗产法》的主要内容,共6章45条①:

---

① 《中华人民共和国非物质文化遗产法》,中国人大网,2011年5月10日,http://www.npc.gov.cn/huiyi/lfzt/fwzwhycbhf/2011-05/10/content_1666069.htm。

第一章　总则（第1条~第10条）

本法所指的非物质文化遗产，是指各族人民世代相传并视为其文化遗产组成部分的各种传统文化表现形式，以及与传统文化表现形式相关的实物和场所；国家对非遗采取认定、记录、建档等措施予以保存；保护非遗应当注重其真实性、整体性和传承性；使用非遗应当尊重其形式和内涵；县级以上人民政府应当将非遗保护工作纳入本级发展规划和财政预算；国务院文化主管部门负责全国非遗的保护、保存工作，县级以上的文化主管部门负责本行政区域内非遗的保护、保存工作；县级以上人民政府应当加强对非遗工作的宣传，提高社会保护意识；国家鼓励和支持公民、法人和其他组织参与非遗保护工作；对非遗工作做出显著贡献的，予以表彰、奖励。

第二章　非物质文化遗产的调查（第11条~第17条）

县级以上人民政府根据非遗保护、保存的需要，组织非遗的调查；文化主管部门和其他部门进行非遗调查时，应当对非遗予以认定、记录、建档，建立健全调查信息共享机制；文化主管部门应当全面了解非遗的有关情况，建立非遗档案及相关数据库，除依法应当保密的外，其他可向社会公开；公民、法人和其他组织可以依法进行非遗调查；境外组织或个人在我国境内进行非遗调查时，应获文化主管部门批准，同时，还应该同我国非遗学术机构进行合作；进行非遗调查时，应征得调查对象的同意，尊重其风俗习惯；对濒临消失的非遗，应立即记录并收集有关实物，采取抢救性保护措施，支持传承。

第三章　非物质文化遗产代表性项目名录（第18条~第27条）

国务院建立国家级非物质文化遗产代表性项目名录，将体现中华民族优秀传统文化，具有重大历史、文学、艺术、科学价值的非遗列入名录。省、自治区、直辖市人民政府可将本行政区内的非遗项目推荐列入国家级非遗名录；公民、法人和其他组织可提出将非遗项目列入国家级非遗名录的建议；相同的非遗项目，若其形式和内涵在两个以上地区均保持完整，则可同时列入国家级非遗名录；国务院文化主管部门应当组织专家评审小组和委员会，对所推荐的非遗项目进行初评和审议；国务院文化主管部门应当将拟列入国家级非遗的项目予以公示；国务院文化主管部门根据专家评审委员会的审议意见和公示结果，将拟订国家级非遗项目的名录，报国务院批准、公布；国务院、省、自治区、直辖市人民政府的文化主管部门，都应当组织制定保护规划，对国家级非遗项目予以保护；对非遗项目集中、特色鲜明、形式和内涵保持完整的特定区域，可以制定专项保护规划，实行区域性整体保护；对非遗项目保护规划的实施情况应监督检查，及时纠正、处理。

第四章 非物质文化遗产的传承与传播（第28条~第37条）

国家鼓励和支持开展非遗代表性项目的传承、传播；文化主管部门对本级人民政府批准公布的非遗代表性项目，可以认定代表性传承人，传承人应满足相关条件；县级以上人民政府文化主管部门根据需要，采取措施，支持非遗传承人开展传承、传播活动；非遗传承人应履行相关义务；政府部门应宣传、展示非遗代表性项目；鼓励开展相关科学技术研究和非遗保护、保存方法的研究，鼓励开展非遗记录和非遗项目的整理、出版活动；学校应开展非遗教育，新闻媒体应开展非遗宣传和普及；与非遗相关的公共文化机构、学术研究机构和文艺表演团体，应当根据各自业务范围，开展非遗活动；鼓励和支持公民、法人和其他组织依法设立非遗展示场所和传承场所；鼓励和支持合理利用非遗，开发具有地方、民族特色和市场潜力的文化产品和文化服务。

第五章 法律责任（第38条~第42条）

非遗的工作人员不得滥用职权、徇私舞弊，否则给予处分；进行非遗调查时，若侵犯调查对象风俗习惯，造成严重后果的，依法给予处分；破坏非遗组成部分的实物和场所、违反治安管理的,给予处罚;违反本法规定,构成犯罪的,依法追究刑事责任。

第六章 附则(第43条~第45条)

建立地方非遗代表性项目名录的办法,由省、自治区、直辖市参照本法有关规定制定;使用非遗涉及知识产权的,适用有关法律、行政法规的规定;对传统医药、传统工艺美术等的保护,其他法律、行政法规另有规定的,依照其规定;本法自2011年6月1日起施行。

《非遗法》的主要内容可以概括为"一个目标、两大原则、三项制度"。"一个目标"即"继承和弘扬中华民族优秀传统文化,促进社会主义精神文明建设,加强非遗保护、保存工作"。为了实现这一目标,该法从不同角度进行了制度设计:一是在调整范围上,对保护对象进行了明确界定;二是在法律性质上,定位于行政保护为主;三是在保护措施上,即实行区别保护。"两大原则"即非遗保护工作的两大基本原则:一是保护非遗,应当注重其真实性、整体性和传承性;二是保护非遗应有利于增强中华民族的文化认同、有利于维护国家统一和民族团结、有利于促进社会和谐和可持续发展。"三项制度"即设立了非遗保护的三项重要制度,分别是调查制度、代表性项目名录制度、传承与传播制度。以上法律内容为非遗保护政策的长期实施和有效运行提供了法律保障①。

总之,文化领域的法律法规是中国特色社会主义法律体系的重要组成部分,随着近年来文化遗产领域立法力度的加强,有力地推动着文化遗产工作在法治轨道上运行。《文物保护法》出台的意义在于:首先,该法为文化遗产工作提供了重要法律保障,对正确处理当前经济建设和文物保护之间的矛盾具有重要意义,以实现文物保护社会效益与经济效益的统一;其次,《文物保护

---

① 信春鹰:《中华人民共和国非物质文化遗产法解读权威读本》,中国法制出版社2011年版,第14、32~74页。

法》明确了各文物保护单位的责任,细化了政府的主体责任、文保部门的监管责任和文物使用者的直接责任,这为落实文物保护责任终身追究制提供了法律依据;最后,《文物保护法》使文物行政执法有法可依,使全国文物行政执法工作能够顺利开展,在警示和惩戒文物违法行为、依法保护文物等方面发挥了关键作用[1]。

《非遗法》的意义在于:一方面,《非遗法》是继《文物保护法》颁布近30年来,我国文化领域内的又一部重要法律,不仅提升了文化立法的层次和水平,而且丰富了我国法律体系的内容,在文化建设立法中具有里程碑意义,将各级政府部门保护非遗的职责上升为法律责任,有利于建立健全科学有效的保护体系,为非遗保护工作提供坚实保障;另一方面,《非遗法》的颁布是我国履行国际公约义务的重要体现,彰显了我国维护人类文化多样性的决心和努力,是我国为促进世界非遗保护、维护人类文化多样性做出的积极贡献。

二、遗产管理的开放与转型

自1978年以来,随着改革开放的深入推进,文化遗产受到党和国家的高度重视,我国文物事业取得了长足发展,文物保护工作不断迈上新台阶。自1987年国务院提出"加强保护、改善管理、搞好改革"的文物工作方针后,该方针便在实践中不断调整、完善,并于2002年在《文物保护法(二次修订)》中,正式凝练了我国文物工作方针:"保护为主、抢救第一、合理利用、加强管理",并沿用至今。进入21世纪以来,随着非遗保护在国

---

[1] 刘凤明:《文物保护法:文物法治的重要依据》,载于《中国文化报》2018年6月1日。

际范围内不断受到重视，我国非遗管理工作逐步迈入正轨，2005年国务院在《关于加强我国非物质文化遗产保护工作的意见》中，提出非遗保护工作应坚持"保护为主、抢救第一、合理利用、传承发展"，这对于非遗工作的开展具有重要的指导意义。

在文化遗产管理的原则方面，文物管理应坚持原址保护、减少干预、定期保养、保护实物原状和历史信息、使用保护技术、把握审美标准、保护文物环境、不应重建、保护实物遗存、预防灾害侵袭等原则，非遗管理应坚持本真性、以人为本、整体保护、活态保护、有形化、保护文化多样性、精品保护、濒危遗产的优先保护、保护与利用并举、政府主导多方参与的原则。总之，坚持保护文化遗产的真实性和完整性，坚持依法科学管理，正确处理经济社会发展和文化遗产保护之间的关系，统筹规划、分类指导、突出重点、分步实施，是文化遗产管理的基本要求。

机制创新是文化遗产管理转型的关键，正确把握机制创新的方向，有助于推动建成具有中国特色的遗产管理体系。文物管理应从建立文物工作的纵向运行机制、创新文物工作的横向协调机制、创新文物安全长效机制、建立不可移动文物的保护机制、建立完善文物保护投入机制、创新人才培养机制、创新社会参与机制、建立文物资源资产管理机制等方向入手；非遗管理的机制创新应从创新审核和退出机制、创新传承人管理机制、完善传承人培养机制、建立产业化发展机制、强化国际化合作机制等方面出发，努力推进文化遗产管理进一步转型和发展，以适应当今文化遗产管理的需要。

（一）方针与原则

1. 文物管理的方针和原则。

（1）文物政策的方针和原则。自改革开放以来，随着党中央、政府对文物保护、管理和利用重视的提高，先后制定了以下方针和原则：

第三章　中国文化遗产管理体制的变迁

1987年11月24日，国务院发布《关于进一步加强文物工作的通知》，提出"加强保护、改善管理、搞好改革"的工作方针。

1992年在西安召开的全国文物工作会议中，时任中共中央政治局常委李瑞环代表党中央、国务院提出"保护为主，抢救第一"的工作方针[1]；1995年在西安再次召开的全国文物工作会议上，时任国务委员李铁映提出"有效保护、合理利用、加强管理"的原则[2]，由此形成新时期我国文物工作完整的方针原则，文物工作从此有了处理保护与利用、保护与管理等问题的宏观政策依据。

根据1992年、1995年两次全国文物工作会议上所确定的文物工作方针和原则，1997年3月30日，国务院发布《关于加强和改善文物工作的通知》，强调和提炼了文物工作的指导意见，形成了十六字方针的雏形，同时，该通知也提出"五纳入"原则，要求各地、各部门将文物保护纳入经济和社会发展计划、纳入城乡建设规划、纳入财政预算、纳入体制改革、纳入各级领导责任制，成为加强文物保护工作的重要制度安排[3]。

1998年1月1日，中央宣传部、国家教委、民政部、文化部、国家文物局、共青团中央发布《关于加强革命文物工作的意见》，要求贯彻"保护为主，抢救第一"的方针和"有效保护，合理利用，加强管理"的原则，提出要正确处理好文物保护与经济建设的关系，处理好文物事业发展中社会效益与经济效益的关系，建立与社会主义市场经济体制相适应的文物保护体制。

2002年10月28日，第九届全国人大常务委员会第三十次会议对《文物保护法》进行了第二次修订，正式规定文物工作要

---

[1] 张永恒：《文保政策研究先行者》，载于《人民日报海外版》2015年11月27日。
[2] 谢辰生：《保护必须是第一要务》，载于《光明日报》2016年7月22日。
[3] 《国务院关于加强和改善文物工作的通知》，载于《中华人民共和国国务院公报》1997年3月30日。

贯彻"保护为主、抢救第一、合理利用、加强管理"的十六字方针，并一直沿用至今，对指导文物保护工作发挥着重要影响。

2005年12月22日，国务院发布《关于加强文化遗产保护的通知》，进一步肯定了文物保护要贯彻"保护为主、抢救第一、合理利用、加强管理"的方针。

2007年12月29日，第十届全国人大常务委员会第三十一次会议对《文物保护法》进行第三次修正，第一章第四条规定："文物工作贯彻保护为主、抢救第一、合理利用、加强管理的方针。"

2016年10月11日，国家文物局发布《关于促进文物合理利用的若干意见》，其中提出文物利用的基本原则是坚持把社会效益放在首位、坚持依法合规、坚持合理适度，充分发挥文物的历史、艺术、科学价值，推动文物合理利用工作迈上新台阶①。

2018年7月29日，中共中央办公厅、国务院办公厅在《关于实施革命文物保护利用工程（2018～2022年）的意见》中提出革命文物保护利用工程的原则，要求坚持全面保护、整体保护，统筹推进抢救性与预防性保护、文物本体与周边环境保护，确保革命文物的历史真实性、风貌完整性和文化延续性；坚持突出社会效益、重在传承，强化教育功能，提升传播能力，让革命文物活起来，把革命文物利用好、革命传统弘扬好、革命文化传承好；坚持创造性转化、创新性发展，大力推进体制机制、方法手段改革创新，推动革命文物保护利用与中小学教育、干部教育相结合，与脱贫攻坚、乡村振兴相结合，与文化建设、旅游发展相结合，与经济社会发展、民生福祉改善相结合，不断增强革命文化的生命力和影响力②。

---

① 国家文物局：《关于促进文物合理利用的若干意见》，中国政府网，2016年10月18日，http://www.gov.cn/xinwen/2016-10/18/content_5121126.htm。
② 中共中央办公厅、国务院办公厅：《关于实施革命文物保护利用工程（2018～2022年）的意见》，中国政府网，2018年7月29日，http://www.gov.cn/zhengce/2018-07/29/content_5310268.htm。

第三章　中国文化遗产管理体制的变迁

2018年10月8日,《关于加强文物保护利用改革的若干意见》提出,在文物保护利用和文化遗产保护传承的工作中,必须遵守坚持党对文物工作的领导、坚持依法保护利用、坚持问题导向、坚持创造性转化、创新性发展、坚持整体推进、重点突破五项基本原则①。

(2) 文物管理的原则。在具体对文物的保护和管理工作中,主要贯彻以下十项原则②:

①对不可移动文物必须坚持原址保护的原则。只有在发生不可抗拒的自然灾害或因国家重大建设工程的需要,使迁移保护成为唯一有效的手段时,才可以原状迁移,易地保护。易地保护要依法报批,在获得批准后,方可实施。

②减少干预的原则。凡是文物周围没有重大危险的部分,除日常保养以外,不应进行更多的干预。必须干预时,附加的手段只用在最必要部分,并减少到最低限度。采用的保护措施应以延续现状、缓解损伤为主要目标。

③定期实施日常保养的原则。日常保养是最基本和最重要的保护手段,要制定日常保养制度,定期监测,并及时排除不安全因素和轻微的损伤。

④保护现存实物原状与历史信息的原则。修复应当以现存的有价值的实物为主要依据,并必须保存重要事件和重要人物遗留的痕迹。一切技术措施应当不妨碍再次对原物进行保护处理;经过处理的部分要和原物或前一次处理的部分既相协调,又可识别。所有修复的部分都应有详细的记录档案和永久的年代标志。

⑤按照保护要求使用保护技术的原则。独特的传统工艺技术

---

① 中共中央办公厅、国务院办公厅:《关于加强文物保护利用改革的若干意见》,中国政府网,2018年10月8日,http://www.gov.cn/zhengce/2018-10/08/content_5328558.htm。

② 国际古迹遗址理事会中国国家委员会:《中国文物古迹保护准则》,中国文物报社2015年版,第5~31页。

必须保留,所有的新材料和新工艺都必须经过前期试验和研究,证明是最有效的,对文物古迹是无害的,才可以使用。

⑥正确把握审美标准的原则。文物古迹的审美价值主要表现为它的历史真实性,不允许为了追求完整、华丽而改变文物原状。

⑦保护文物环境的原则。与文物古迹价值关联的自然和人文景观构成文物古迹的环境,应当与文物古迹统一进行保护,必须要清除影响安全和破坏景观的环境因素,加强监督管理,提出保护措施。

⑧已不存在的建筑不应重建的原则。文物保护单位中已不存在的少量建筑,经特殊批准,可以在原址重建的,应具备确实依据,经过充分论证,依法按照程序报批,在获得批准后,方可实施,重建的建筑应有醒目的标志说明。

⑨考古发掘应注意保护实物遗存的原则。有计划的考古发掘应当尽可能提出发掘中和发掘后可行的保护方案,同时报批,获准后,方可实施;抢救性的发掘也应对可能发现的文物提出处置方案。

⑩预防灾害侵袭的原则。要充分估计各类灾害对文物古迹和游人可能造成的危害,制订应付突发灾害的周密抢救方案。对于公开开放的建筑和参观场所,应控制参观人数,保证疏散通畅,优先配置防灾设施。在文物古迹中,要严格禁止可能造成重大安全事故的活动。

2. 非遗管理的方针和原则。

(1)非遗政策的方针和原则。近年来,随着国家对非遗保护工作的不断重视和全民对非遗保护重要性认识的不断提高,非遗保护工作不断得到加强,所遵循的原则也在社会变化中不断完善,主要有如下几点:

2005年3月26日,国务院办公厅印发《关于加强我国非物质文化遗产保护工作的意见》,强调我国非遗保护工作的重要性和紧迫性,提出非遗保护工作应坚持"保护为主、抢救第一、合理利用、传承发展"的指导方针，正确处理保护和利用的关系，坚持非遗保护的真实性和整体性，在有效保护的前提下合理利用，防止对非遗的误解、歪曲或滥用。在科学认定的基础上，采取有力措施，使非遗在全社会得到确认、尊重和弘扬。非遗保护工作原则应遵循：政府主导、社会参与，明确职责、形成合力；长远规划、分步实施，点面结合、讲求实效[1]。

2005年12月22日，《国务院关于加强文化遗产保护的通知》明确了非遗保护要贯彻"保护为主、抢救第一、合理利用、传承发展"的方针[2]。

2005年6月17日，中宣部等五部委《关于运用传统节日弘扬民族文化的优秀传统的意见》提出，运用传统节日弘扬民族文化的优秀传统的原则，要求坚持以邓小平理论和"三个代表"重要思想为指导，大力弘扬以爱国主义为核心的伟大民族精神；坚持与时俱进，贴近实际、贴近生活、贴近群众，深入挖掘传统节日的文化内涵，积极创新传统节日的形式和载体；坚持把满足人民群众精神文化需求作为根本目的[3]。

2006年，根据《国家"十一五"时期文化发展规划纲要·民族文化保护》的要求，文化部同意建立国家级文化生态保护区，该区是以保护非遗为核心，对历史文化积淀丰厚、存续状态良好，具有重要价值和鲜明特色的文化形态进行整体性保护的特定区域，于2007年6月在福建省建设了首个文化生态保护区——闽南文化生态保护实验区。国家级文化生态保护区建设要以科学发展观为指导，坚持以保护非遗为核心的原则，坚持人文环境与自然环境

---

[1] 国务院办公厅：《关于加强我国非物质文化遗产保护工作的意见》，中国政府网，2005年8月15日，http://www.gov.cn/zwgk/2005-08/15/content_21681.htm。

[2] 国务院：《关于加强文化遗产保护的通知》，中国政府网，2005年12月22日，http://www.gov.cn/gongbao/content/2006/content_185117.htm。

[3] 中共中央宣传部、中央文明办、教育部、民政部、文化部：《关于运用传统节日弘扬民族文化的优秀传统的意见》，人民网，2015年8月24日，http://ccn.people.com.cn/n/2015/0824/c366510-27505437.html。

协调、维护文化生态平衡的整体性保护原则,坚持尊重人民群众的文化主体地位的原则,坚持以人为本、活态传承的原则,坚持文化与经济社会协调发展的原则,坚持保护优先、开发服从保护的原则,坚持政府主导、社会参与的原则①。

2011年2月25日,中华人民共和国第十一届全国人大常务委员会第十九次会议通过《中华人民共和国非物质文化遗产法》,该法确定了非遗保护工作的两大基本原则:一是保护非遗,应当注重其真实性、整体性和传承性;二是保护非遗应有利于增强中华民族的文化认同,有利于维护国家统一和民族团结,有利于促进社会和谐与可持续发展。两大原则是我国非遗保护经验的高度凝练和总结,是我们在保护实践中遵循非遗传承衍变规律,处理好有关民族、宗教问题以及传统文化中的精华与糟粕等问题的重要指针②。

2012年2月2日,《文化部关于加强非物质文化遗产生产性保护的指导意见》指出,非遗的生产性保护要坚持以科学发展观为指导,认真贯彻"保护为主、抢救第一、合理利用、传承发展"的方针,在非遗生产性保护工作中,坚持以人为本、活态传承原则,坚持保护传统工艺流程的整体性和核心技艺的真实性原则,坚持保护优先、开发服从保护原则,坚持把社会效益放在首位,社会效益和经济效益有机统一原则,坚持依法保护、科学保护原则③。

2017年2月8日,中共中央办公厅、国务院办公厅《关于实施中华优秀传统文化传承发展工程的意见》指出,传承传统优秀文化要遵守把握社会主义先进文化前进方向、坚持以人民为中

---

① 国家文物局:《国家"十一五"时期文化发展规划纲要民族文化保护》,中国政府网,2006年10月27日,http://www.gov.cn/govweb/gongbao/content/2006/content_431834.htm。
② 钟明:《"非遗法"的重大意义》,中国网,2011年6月9日,http://cul.china.com.cn/yichan/2011-06/09/content_4254919.htm。
③ 《文化部关于加强非物质文化遗产生产性保护的指导意见》,文化部官网,2012年2月2日,http://119.255.11.76/auto255/201202/t20120214_28183.html。

心的工作导向、坚持创造性转化和创新性发展、坚持交流互鉴、开放包容、坚持统筹协调、形成合力的原则①。

2017年3月12日,国务院办公厅发布《关于转发文化部等部门中国传统工艺振兴计划的通知》,要求振兴传统工艺应遵守尊重优秀传统文化、坚守工匠精神、激发创造活力、促进就业增收、坚持绿色发展的基本原则②。

(2)非遗管理的原则。针对非遗保护和管理,很多学者提出了相关的保护原则,总结来看,主要有以下十大原则:

①本真性原则,也称原真性或原生性原则。本真性原则初次被引入遗产保护领域是在20世纪60年代,它认为在保护文化遗产的时候要保护原生的、本来的、真实的历史原物,保护它所遗传的全部历史文化信息③。这要求在实际保护工作中要坚决反对混淆真伪的现象,应建立传统文化的"基因库",将那些优秀的、具有原生态性质的传统文化遗产保存下来,为未来新文化的创造保留更多的种源。

②以人为本原则。一方面,在保护过程中,应将出发点和落脚点定位于满足人民大众的文化需求上,让民众主动意识到保护非遗的重要性,调动社会力量保护非遗;另一方面,由于非遗的最大特点在于它的无形性,一般以一种技术、技能和知识的形式存在于传承人的头脑之中。因此,应当重视对非遗传承人的支持和帮助,切实解决他们的实际困难,也要鼓励传承人收徒授业,保证非遗传承后继有人。

---

① 《中共中央办公厅、国务院办公厅关于实施中华优秀传统文化传承发展工程的意见》,中国政府网,2017年1月25日,http://www.gov.cn/zhengce/2017-01/25/content_5163472.htm。

② 《国务院办公厅关于转发文化部等部门中国传统工艺振兴计划的通知》,中国政府网,2017年3月12日,http://www--gov--cn----z5207www--hlj--gov--cn.onewocloud.cn/zhengce/content/2017-03/24/content_5180388.htm。

③ 郭建平:《非物质文化遗产保护的主要原则与方法》,载于《青年文学家》2015年第29期。

③整体保护原则。指在无形文化遗产保护过程中,除必须对无形文化遗产自身及其生存空间实施全方位保护外,还必须对其生存环境及其生存空间实施整体性保护。非遗具有多种多样的艺术形态和文化内涵,根据不同的环境也呈现出不同的状态,这些不同方面综合在一起就形成了文化的整体表现形态,因此,要倡导多方位、多层次的保护,将非遗以最全面的形态传递下去①。

④活态保护原则。在非遗工作中,要尊重非遗的流动性、变异性。一切现存的非遗,都是在与自然、历史、现实的互动中不断发生、变异和创新的,这就注定它处在永不停息的变化中。因此,需要对掌握表现优秀非遗技艺或形态的人加以有效保护,对产生和影响它发展的文化环境加以保护,在搜集整理非遗的物质载体时,还要考虑影响它发展变化的因素及其变化的过程②。

⑤"有形化"原则。技能与技艺类非遗有着"看不见""摸不着"的特点,保护难度较大,但任何非遗都具有"物质"成分。因此在保护过程中,可以通过"有形化"的收藏实物、录音录像及口述记录等方式保存下来,具有直观性和客观性,同时又有利于展示,只有展示出来,才能体现非遗的真正价值。

⑥保护文化多样性原则。由于每个民族历史传统不同、生存空间不同,他们所创造的文化事项也会有所差异,从而形成了世界文化的多样性。我国56个民族创造了丰富多彩的文化,是创造文化的重要源泉,因此,应该尊重各个民族之间的风俗文化,同时,也应该注意到对因流动和变异而衍生出来的各种亚文化类型的保护③。

⑦精品保护原则。保护非遗,应该着重保护民族在其漫长的历史发展过程中所创造并传承下来的文化精华,这些文化精华的

---

①② 徐凤:《甘肃非物质文化遗产概论》,甘肃人民出版社2014年版,第68页。
③ 《文化部关于加强国家级文化生态保护区建设的指导意见》,浙江省非物质文化遗产网,2011年7月6日,http://www.zjfeiyi.cn/xiazai/detail/4-98.html。

价值主要体现在历史价值、艺术价值、科学价值和纪念价值，历史价值就是帮助人们在认识历史的过程中所体现出来的认识价值；艺术价值是指非遗所呈现的认识各种艺术发展规律的独特价值；科学价值是指非遗为研究人类社会科学技术发展史提供一手资料的价值；纪念价值是指非遗从整体上看有重要的认识价值①。因此，在保护过程中，应建立严格的入选标准，对非遗实施分级管理。

⑧濒危遗产的优先保护原则。我国非遗数量众多，但根据我国的实际情况，不可能对所有非遗进行保护，由于传承人病危、社会分化转型等多种原因，濒临灭绝。因此要合理有序地进行保护工作，集中人、财、物三方力量，优先保护濒危遗产，通过建立临时性指定制度，对濒危遗产实施紧急抢救。

⑨保护与利用并举原则。目前，对非遗实施有限度的可控开发，科学有效地利用好非遗使之造福当代，已成为世界主要非遗大国的共识，若在保护文物安全的情况前提下，将非遗推向市场，不仅可以解决非遗保护的经济问题，同时也会在最大限度上发挥非遗的真正价值，并力争实现教育后代的最终目的。

⑩政府主导、多方参与原则。政府作为非遗保护的主导力量，应建立健全非遗相关的政策、法律体系，进一步发挥政府职能，学术界应成为非遗保护的理论传播者，从理论的高度告诉民众为什么保护、怎样保护非遗，新闻媒体也应该成为非遗保护的重要传播载体②。

（二）机制创新

一切有价值的文物，都可以满足公众了解和研究社会历史发

---

① 苑利、顾军：《非物质文化遗产保护与我们所应秉承的十项基本原则》，载于《中华妈祖文化学术论坛》，2006年。
② 王珊珊：《我国非物质文化遗产保护问题研究》，齐鲁工业大学硕士学位论文，2014年，第22~27页。

展的需要，也能为子孙后代留下了一份宝贵的文化遗产。1997年，《国务院关于加强和改善文物工作的通知》提出："要努力建设适应社会主义市场经济体制要求，遵循文物工作自身规律，国家保护为主，并动员全社会参与的文物保护体制"[①]。由于文物保护具有非营利性和公益性特点，决定了文物工作在市场经济条件下，在发挥作用过程中具有非竞争性和排他性。为适应社会主义市场经济体制的发展要求，必须打破过去在计划经济条件下形成的封闭管理模式，根据公有制为主体、多种经济成分并存的社会主义市场经济的特点，动员全社会参与文化遗产的管理和保护工作。做好文化遗产的管理和保护工作，必须遵循文化遗产工作自身的规律，在相关机制上进行创新。

1. 文物管理的机制创新。

（1）建立文物工作纵向运行机制。1997年，国务院发布《关于加强和改善文物工作的通知》，提出"五纳入"原则，即要求各地、各部门将文物保护纳入经济和社会发展计划，纳入城乡建设规划，纳入财政预算，纳入体制改革，纳入各级领导责任制。该原则是建立国家保护为主，动员全社会共同参与文物保护新体制的核心，也是国家保护文物、发展博物馆事业的基本措施，其核心体现了中央为克服文物管理体制中的纵向运行机制问题，从运行机制层面对国家"分级管理"体制中的"条块分割"的功能性纠正的努力，是"条块体制"环境下重要的机制创新，为全国文物工作的健康发展提供了重要的机制保障。2003年6月，国家文物局、中央编办、国家发展改革委、财政部、建设部、文化部、国家税务总局七部委联合下发《关于进一步做好文物保护"五纳入"的通知》，将各级政府保护文物的责任进一步具体化。"五纳入"有力地推动了我国文物、博物馆事业的发

[①] 《国务院关于加强和改善文物工作的通知》，1997年3月30日，见《中华人民共和国国务院公报》1997年第13期。

展，成为我国文物保护机制的核心措施①。

（2）创新文物工作横向协调机制。随着社会联系日益密切，文物的保护利用已不再局限于文物部门，具体表现为保护和利用、营利性和公益性、社会效益与经济效益等多方面的矛盾统一关系。如在城市建设中，建设管理属于规划、城建部门，而建设中的文物保护工作则属于文物部门。而在经济利益的驱动下，不少开发商常以文物为代价，来实现自己短期的经济目的，但由于我国管理体制不顺，政出多门，文物部门对一些违规行为缺乏强有力的约束力。

因此，2016年3月，国务院在《关于进一步加强文物工作的指导意见》中提出，要加强部门协调，各地要建立由主管领导牵头的文物工作协调机制，地方各级人民政府相关部门和单位要认真履行依法承担的保护文物职责，如在有关行政许可和行政审批项目中，发展改革、财政、住房城乡建设、国土资源、文物等部门要加强协调配合；建立文物、文化、公安、住房城乡建设、国土资源、环境保护、旅游、宗教、海洋等部门参加的行政执法联动机制，针对主要问题适时开展联合检查和整治行动；发挥全国文物安全工作部际联席会议作用，公安、海关、工商、海洋、文物等部门要保持对盗窃、盗捞、走私等文物违法犯罪活动的打击，完善严防、严管、严打、严治的长效机制，结案后应及时向文物行政部门移交涉案文物；加强文物行政执法和刑事司法衔接，建立文物行政部门和公安、司法机关案情通报、案件移送制度；工业和信息化、文物等部门和单位要共同推进文物保护装备产业发展；教育部门要在文物工作急需人才培养方面给予支持和

---

① 国家文物局、中央编办、国家发展改革委、财政部、建设部、文化部、国家税务总局：《关于进一步做好文物保护"五纳入"的通知》，引自《中国文物年鉴》，科学出版社2004年版。

倾斜等协调工作①。

2016年12月,《国家"十三五"文化遗产保护与公共文化服务科技创新规划》再次强调要加强机制建设,强化统筹协调。要求充分发挥各级政府在中央与地方间、部门与部门间、部门与地方间的组织和协调作用,建立由国家科技主管部门、行业主管部门和相关机构参与的工作协调和推进机制。加强自然科学、工程技术和人文社会科学的交叉融合,探索建立跨学科、跨领域、跨行业、跨部门的协同创新机制;加强专家支持系统建设,组建由多学科、多领域专家参与的专家顾问委员会,为规划的实施提供技术咨询和指导;营造文化遗产保护与公共文化服务科技发展的良好政策和社会环境②。

(3) 创新文物安全长效机制。2009年,北京市文物局在国家文物局的指导下,率先实验建立了文物安全工作长效机制。北京市文物局属各单位构成以"三种级别防控方案"为框架,"八种保障机制"(即领导决策机制、责任落实机制、运行保障机制、预警监控机制、宣传教育机制、协调联动机制、督查督导机制、应急处置机制)为支撑的"文物安全工作长效机制",明确了文博系统各级、各个岗位的安全责任和责任范围,层层签订安全责任书,划分"点位图",在时间、空间上实现"零死角",用制度明确责任,规范行为,务求取得文物安全实效③。

2011年5月,国务院印发《关于同意建立全国文物安全工作部际联席会议制度的批复》,全国文物安全工作部际联席会议

---

① 《国务院关于进一步加强文物工作的指导意见》,中国政府网,2016年3月8日,http://www.gov.cn/zhengce/content/2016-03/08/content_5050721.htm。
② 科技部、文化部、国家文物局:《国家"十三五"文化遗产保护与公共文化服务科技创新规划》,科学技术部官网,2016年12月7日,http://www.most.gov.cn/mostinfo/xinxifenlei/fgzc/gfxwj/gfxwj2016/201612/t20161221_129720.htm。
③ 北京市文物局:《更新理念创新方法、加大工作力度、保障文物安全》,国家文物局网,2009年12月16日,http://www.sach.gov.cn/sach_tabid_1116/tabid/1117/InfoID/22455/Default.html。

制度旨在切实加强文物安全工作，坚决打击文物违法犯罪活动，建立文物安全监管长效机制，强化部门间协调配合。同年11月，时任文化部部长蔡武指出，要多措并举，构建文物安全长效机制，要求建立文物安全重大事项决策机制、建立文物安全信息共享机制、建立联合执法督察机制、建立文物安全监管机制、建立健全向国际组织通报涉案文物信息机制等国际合作长效机制①。

2018年10月8日，中共中央办公厅、国务院办公厅印发《关于加强文物保护利用改革的若干意见》，再次强调要建立文物安全长效机制，要求实施文物平安工程，建设全国文物安全监管平台，实现文物博物馆单位安全防护设施全覆盖；要求聚焦法人违法、盗窃盗掘、火灾事故三大风险，发挥全国文物安全工作部际联席会议制度作用，坚持专项行动和常态监管相结合，打赢文物安全防范攻坚战。

【案例】

内蒙古自治区健全完善"草原神鹰"文化遗产保护工程工作机制

2013年，内蒙古全面加强"草原神鹰"边境地区文化遗产保护工作长效机制的建设。一是加强"草原神鹰"工程制度建设，建立健全联席会议制度、联合巡查制度、责任制度、文物保护队伍建设制度，形成量化标准，并在工作实践中，不断充实完善"草原神鹰"工作规范和制度，建立规范、齐全的"草原神鹰"工作规范；二是建立"草原神鹰"与"草原110"边境防控体系的高度融合机制，以"草原110"报警点和警务室为基点，

---

① 刘修兵：《文化部部长多措并举构建文物安全长效机制》，载于《中国文化报》2010年11月5日。

加大边境地区重点文物保护区域"草原神鹰"警务室的建设力度，组建和扩大牧民文保员队伍、马匹巡逻摩托车巡逻队等多层次文保队伍；三是建立"草原神鹰"工程纳入边境地区总体发展机制，推动将"草原神鹰"工程纳入边防辖区5个苏木（镇）社会管理综合治理工作，使"草原神鹰"工程与"平安建设"紧密结合，形成市文新广电局市文物管理处、旗县区文物主管部门、市综治办及市公安边防支队组成的"4+1"边境地区文物保护模式；四是建立"草原神鹰"与乡镇文化站联合工作机制，研究将文物保护工作纳入乡镇文化站工作的办法和措施，实现全市边境地区"草原神鹰"工程与乡镇文化站的全面结合，以实现制度化、规范化的保护工作目标①。

（4）建立不可移动文物的保护机制。随着城镇化进程的加快和社会环境的影响，近年来，除自然灾害、历史因素外，不可移动文物屡次遭遇人为破坏，面临着文物保护与各地城镇化建设的冲突、文物盗窃违法活动猖獗等问题，为新时期文物保护工作带来了诸多新问题、新挑战。因此，中共中央办公厅、国务院办公厅在《关于加强文物保护利用改革的若干意见》中提出要求：国土空间规划编制和实施应充分考虑不可移动文物保护管理需要；完善基本建设考古制度，地方政府在土地储备时，对于可能存在文物遗存的土地，在依法完成考古调查、勘探、发掘前不得入库；强化考古项目监管，开展考古出土文物移交专项行动；健全世界文化遗产监测预警和巡查监管制度；建立国家文物保护利用示范区，依托不同类型文物资源，推动区域性文物资源整合和集中连片保护利用；在确保文物安全的前提下，支持在文物保护

---

① 内蒙古文化厅、文物局、公安边防总队：《内蒙古实施警民共建"文化遗产保护"工程》，中国新闻网，2013年9月29日，http://www.chinanews.com/cul/2013/09-29/5337526.shtml。

区域内因地制宜适度发展服务业和休闲农业①。

（5）建立完善文物保护投入机制。2016年12月12日，科技部、文化部、国家文物局联合印发《国家"十三五"文化遗产保护与公共文化服务科技创新规划》，提出增加科技投入，积极争取中央和地方财政加大对文化遗产保护与公共文化服务领域的科技投入，鼓励和吸引社会资金，拓宽投入渠道；坚持稳定支持和竞争性支持相结合，加大稳定支持力度；完善科技投入管理监督机制，建立新形势下的科技经费监督管理和绩效评估体系，提高资金使用效益②。随后，2018年《关于加强文物保护利用改革的若干意见》指出，建立完善文物保护投入机制，支持文物保护由抢救性保护向抢救性与预防性保护并重、由注重文物本体保护向文物本体与周边环境整体保护并重转变；推动文物保护领域中央与地方财政事权和支出责任划分改革，落实各级政府支出责任；加快公布文物领域政府购买公共服务指导性目录；探索对文物资源密集区的支持方式，强化绩效管理；积极引导鼓励社会力量投入文物保护利用③。

（6）创新人才培养机制。2014年4月，《全国文博人才发展中长期规划纲要（2014～2020年）》颁布，要求坚持"解放思想、创新机制"，建立健全科学合理的培养开发、评价发现、选拔任用、流动配置、激励保障等用人机制，从完善人才服务保障体系入手，构建与现代文物事业发展相适应的人才工作体制机制，最大限度地激发各类文博人才的创造活力④。同年，开始实

---

①③ 《中共中央办公厅、国务院办公厅关于加强文物保护利用改革的若干意见》，中国政府网，2018年10月8日，http://www.gov.cn/zhengce/2018-10/08/content_5328558.htm。

② 科技部、文化部、国家文物局：《国家"十三五"文化遗产保护与公共文化服务科技创新规划》，科学技术部官网，2016年12月7日，http://www.most.gov.cn/mostinfo/xinxifenlei/fgzc/gfxwj/gfxwj2016/201612/t20161221_129720.htm。

④ 国家文物局机关党委、人事司：《全国文博人才发展中长期规划纲要（2014～2020)》，国家文物局网，2014年6月3日，http://www.sach.gov.cn/art/2019/4/17/art_2205_56663.html。

施文博人才培养"金鼎工程",公布了《"金鼎工程"实施方案》,提出"高层次领军人才、科技型专业技术人才、技能型职业技术人才、复合型管理人才"四种类型人才的培养措施,构建起多层次、多类型的文博人才培养体系[①]。

2016年12月,《国家"十三五"文化遗产保护与公共文化服务科技创新规划》提出要强化人才培养,扩大开放交流;建立学校教育和实践培养相结合、内部培养和外部引进相结合的开放式人才培养体系;建立健全科技人才遴选、录用、评价、擢升的政策体系;积极拓展文化遗产保护与公共文化服务科技领域的国际合作渠道,探索建立双边或多边国际科技合作机制;组织开展国际科技合作项目,主持或参与国际和区域性合作研究,鼓励该领域科学家在国际组织中担任重要职务;同时,加强与港、澳、台地区的科技合作,不断提升我国文化遗产保护与公共文化服务的国际地位和话语权[②]。

2018年7月,《关于加强文物保护利用改革的若干意见》提出要创新人才机制,要求制定文物博物馆事业单位人事管理指导意见,健全人才培养、使用、评价和激励机制;实施新时代文物人才建设工程,加大对文物领域领军人才、中青年骨干创新人才培养力度;要求出台文物保护工程从业资格管理制度,按照国家有关规定,适时开展文物领域表彰奖励,建设文物领域国家智库[③]。

(7)创新社会参与机制。近年来,博物馆文创的火热,《国

[①] 国家文物局:《国家文物局人才培养"金鼎工程"实施方案》,国家文物局网,2014年9月15日,http://www.sach.gov.cn/art/2014/9/15/art_1330_113475.html。

[②] 科技部、文化部、国家文物局:《国家"十三五"文化遗产保护与公共文化服务科技创新规划》,科学技术部官网,2016年12月7日,http://www.most.gov.cn/mostinfo/xinxifenlei/fgzc/gfxwj/gfxwj2016/201612/t20161221_129720.htm。

[③] 《中共中央办公厅、国务院办公厅关于加强文物保护利用改革的若干意见》,中国政府网,2018年10月8日,http://www.gov.cn/zhengce/2018-10/08/content_5328558.htm。

家宝藏》《如果国宝会说话》等节目的热播,使文物领域与教育的联动加强,表明文物并不只是历史的沉淀,而是寄托着文化血脉的传承,与人们的生活和我们所处的时代息息相关。因此,完善应该逐步创新社会参与机制,坚持政府主导、多元投入,调动社会力量参与文物保护利用的积极性,促进文物市场活跃有序发展。

在社会参与文物保护方面,《国务院关于进一步加强文物工作的指导意见》提出,应制定鼓励社会参与文物保护的政策措施。指导和支持城乡群众自治组织,保护管理区域内尚未核定公布为文物保护单位的不可移动文物;对社会力量自愿投入资金保护修缮市县级文物保护单位和尚未核定公布为文物保护单位的不可移动文物的,可依法依规在不改变所有权的前提下,给予一定期限的使用权;培育以文物保护为宗旨的社会组织,发挥文物保护志愿者作用;鼓励民间合法收藏文物,支持非国有博物馆发展;制定文物公共政策应征求专家学者、社会团体、社会公众的意见,提高公众参与度,形成全社会保护文物的新格局[①]。在社会参与文物有关活动方面,《关于加强文物保护利用改革的若干意见》指出,在坚持国有文物所有权不变的前提下,要探索社会力量参与国有不可移动文物使用和运营管理;加大文物资源基础信息开放力度,支持文物博物馆单位逐步开放共享文物资源信息;促进文物旅游融合发展,推介文物领域研学旅行、体验旅游、休闲旅游项目和精品旅游线路[②]。

(8) 建立文物资源资产管理机制。2018年初,不少专家就是否实行文物资源资产管理机制展开了讨论。有学者认为不可移

---

① 《国务院关于进一步加强文物工作的指导意见》,中国政府网,2016年3月8日,http://www.gov.cn/zhengce/content/2016-03/08/content_5050721.htm。
② 《中共中央办公厅、国务院办公厅关于加强文物保护利用改革的若干意见》,中国政府网,2018年10月8日,http://www.gov.cn/zhengce/2018-10/08/content_5328558.htm。

动文物变成资产，资产变成经济利益，经济利益货币化，文物变成钱，还是文物吗？文物将不复为文物矣，还有文化吗？文化也将不复为文化矣①！但有学者提出了反驳的观点，认为不可移动文物资源和资产、资产和潜在资产在一定条件下可以相互转换，转化条件则应取决于政府行政管制要求以及公众对于不可移动文物资产的公共服务需求②。亦有学者提出，国有文物资产是优质的国有资产，这对文物行业和文物保管使用单位提出了新要求和新任务，在做好文物本体保护和利用的同时，还要做好文物资产的规范管理和保值增值，要求增加国有资产的管理业务③。随着国家对文物"活起来"的重视，将不可移动文物纳入国有资源性资产范畴，促进不可移动文物有序"资产化"，进行资产化管理已势在必行。

2018年7月印发的《关于加强文物保护利用改革的若干意见》提出，建立健全国有文物资源资产管理体系，制定国有文物资源资产管理办法，建立文物资源资产动态管理机制；实行文物资源资产报告制度，地方各级政府定期向本级人大常委会报告文物资源资产管理情况；完善常态化的国家文物登录制度，建设国家文物资源大数据库④。从国家政策的层面上，肯定了该机制实施的必要性。

2. 非遗管理的机制创新。

（1）创新审核和退出机制。自2001年昆曲入选了联合国人类和口头非物质文化遗产之后，很快形成了"非遗申报热"，无

---

① 马自树：《文物不得作为资产来经营》，载于《中国文物报》2018年5月4日。
② 刘尚希：《不可移动文物——从资源到资产》，载于《中国文物报》2018年4月3日。
③ 傅才武、肖波：《国有文物是国家优质资产宜完善健全文物资产管理制度》，载于《中国文物报》2018年5月18日。
④ 《中共中央办公厅、国务院办公厅关于加强文物保护利用改革的若干意见》，中国政府网，2018年10月8日，http://www.gov.cn/zhengce/2018-10/08/content_5328558.htm。

论是各级政府还是民间百姓，都开始积极申报非遗保护名录。但申遗之后，却出现了假非遗项目，这些项目有的属于造假，有的属于对非遗理解不到位，而在传承人评选方面，也出现了"代表性传承人不是行业中最优秀"的现象，不少技艺类的传承人，更是忙于开展各类培训活动，几乎没有时间进行创作，更缺乏传承。因此，对于项目和代表性传承人，也应建立审核机制，发现伪造项目和传承人，经过审核后，必须给予退出处置，并且要对当地文化部门进行处分。国家应成立非遗审核部门，不定期对地方非遗项目和传承人进行突击检查，核查其是否认真履行传承工作，不合格者也应给予"摘牌"惩罚①。

（2）创新传承人管理机制。对已认定代表性传承人应加强动态管理，建立与实施科学的管理机制。一方面，应建立各级非遗传承人的个人档案，包括：传承人的基本情况；所传承项目的主要表现形式、文化内涵、核心价值、核心技艺、技艺要领等；项目传承的计划、任务，不同阶段的目标及执行情况；开展传承工作，带徒授艺、培养后继人才的情况；参与展览、展示、研修、对外交流等情况。另一方面，对传承人的管理应该精细化、科学化，建立起科学有效的管理机制，例如，浙江省文化厅建立了传承人访问和报告制度，规定"三个必报"和"五个访问"，即各地文化部门在工作中了解、发现传承人家中有突发事件必报，传承人大病逝世必报，传承人有重要艺术成果必报；传承人家中困难必访，大病逝世必访，收徒传艺必访，有重要艺术活动必访，有突发事件必访。这一制度的实施，不仅体现了政府对传承人的关爱，而且对传承人应该实施动态跟踪管理，定期总结、考评，对其传承的内容、方式、成效、社会影响进行量化分析，组织业内专家对传承人考核评定，有助于及时推广成功的做法和

---

① 墨竹：《申遗之后：非遗更需审核与退出机制》，载于《中国文化报》2017年7月8日。

经验，帮助他们解决遇到的各种困难①。

（3）完善传承人培养机制。非遗不同于其他文化遗产，其传承靠一代又一代的传承人口传心授、口耳相传。其口头性、无形性的特征凸显了传承人的重要性。但目前不少非遗都面临着传承人老龄化、找不到继承人的难题。究其原因，一定程度上与非遗目前的传承格局有关。据了解，目前不少非遗传承人依然延续着古老的师傅带徒弟的传统教育方式，这让不少对此感兴趣、有意愿学习的人望而却步；另外，学徒各项权益得不到保障，容易挫伤学习积极性②。因此，应当突破师带徒狭窄的传承方式，面向全社会、面向学校，将非遗传承列为学校必修课之一，经常性、有计划地组织学生观摩非遗项目，让更多人感受非遗的文化魅力。

（4）建立产业化发展机制。对具有市场潜力和开发价值、与消费者日常生活密切相关的非遗项目，应采取市场化和产业化发展模式，通过符合市场经济规律的商业开发，吸引更多的社会资源投入到保护和传承非遗事业中来，进而实现可持续发展。首先，开展非遗市场化，应研究、了解和掌握不同类别、不同项目的特点，不能进行盲目、破坏性的开发。其次，在利用非遗进行创作、展示、产品开发等活动时，必须重视其文化内涵，使其健康地活态传承。最后，对于政府而言，应该设立非遗市场化专项资金，一方面，用于保护无法市场化的非遗，如民间文学类项目的收集和归档，民俗类项目的完整录像和数字化保存，为适合展演的传统音乐、舞蹈、戏剧、曲艺类项目举办展演活动；另一方面，对于一些可以与市场挂钩的非遗，应面对市场，进行标准规

---

① 李荣启：《对非遗传承人保护及传承机制建设的思考》，载于《中国文化研究》2016年第2期。

② 胡子轩：《非物质文化遗产保护还需建立完善的创新机制》，中国社会科学网，2016年12月13日，http：//ex.cssn.cn/ysx/ysx_fwzwhyc/201612/t20161213_3314639.shtml。

范的生产和推广,同时,政府应积极吸纳社会资金,鼓励企业以多样化的形式投资衍生品市场,通过银行优先贷款、税费减免、资金补贴等政策,引导企业资本投资具有较大发展潜力的非遗衍生品产业[①]。

(5) 强化国际化合作机制。自 2012 年,中国政府与联合国教科文组织共同在北京设立的亚太地区非物质文化遗产国际培训中心以来,紧扣联合国教科文组织非物质文化遗产能力建设战略,根据发展中国家优先的原则,先后为柬埔寨、汤加、巴基斯坦、尼泊尔等国家的非遗保护工作者举办了 28 期培训班,直接受益人数达 900 余人,有力地推动了全球非遗保护工作的开展。2018 年 11 月 26 日,我国永新华韵文化发展有限公司作为联合国教科文组织在全球非遗领域的唯一官方合作伙伴参加此次会议。永新华韵的执行总裁指出,该公司旨在建设世界领先的标准化、数字化、数据化、智慧化、开放化的非遗大数据共享平台,以全新的形式展现非遗的历史古韵和美学价值,打造世界级的非遗保护与传承平台,助力世界各民族文化多样性发展。可见,我国企业正在为国际非遗提供中国经验,是我国积极参与非遗国际合作的重要之举[②]。

三、遗产管理的创新与创意

党的十八大以来,习近平总书记站在实现中华民族伟大复兴中国梦的高度,深刻阐述了中华优秀传统文化的历史地位和时代价值,多次就文化遗产工作做出重要指示,为新时期文化遗产的

[①] 肖丽:《以"非遗"市场化促进"非遗"活态传承》,载于《艺海》2017 年第 4 期。

[②] 罗勇:《构建国际合作机制,创新非遗发展模式》,央广网,2018 年 11 月 28 日,https://baijiahao.baidu.com/s? id = 1618344890367097237&wfr = spider&for = pc。

管理指明了方向，提供了遵循。

　　保护文化遗产需要全社会的共同参与。在社会力量参与文化遗产的管理过程中，各社会主体应当承担不同的职责和作用，如市场机构承担配置作用，社会组织承担协调作用，普通公众承担监督作用。尽管随着社会参与机制的完善，全社会参与文化遗产保护的意识和积极性不断加强，取得了可喜的进展，但由于我国社会参与机制才刚刚上路，还存在很多的缺陷和不足，因此西方发达国家成功的经验做法，值得参考借鉴。鼓浪屿的管理和"申遗"之路、十三陵思陵石烛台被盗案两个案例，体现了我国近几年来社会参与文化遗产的现实状况，有助于为其他社会参与的实践提供经验和参考。

　　让遗产"活起来"可以激发人民群众对中华优秀传统文化的了解、认同和热爱，坚定文化自信，汇聚发展力量。让遗产"活起来"的首要前提是，要让人民群众易于理解、获取、参与文化遗产的保护和利用，可通过创新文物利用的机制体制、创新文物利用的商业手段、充分运用互联网传播平台等路径，努力让文化遗产"活起来"。现阶段，不少文物通过互联网技术实现了"活起来"，如故宫推出的"APP软件"、苏州紫金庵的"数字化"保护以及紫禁城"节庆+科技"的上元之夜活动，而非遗主要通过活态传承的方式使非遗活起来，如杭州工艺美术博物馆，将非遗的各个环节以动态的方式呈现，真正让非遗融入于人们的生活之中。

（一）社会参与

　　2017年，党的十九大报告提出："解决社会的新矛盾，加强和创新社会治理领域，需要以开放的心态，平等地对待各类社会主体，整合社会各种资源、动员社会多个主体共同参与对群众的服务和对国家社会公共事务的管理，形成社会治理人人有责、人人尽责的局面,努力实现社会共建共治"①。社会参与已被国内外学者和实践工作者广泛证实为一种文化遗产保护行之有效的方法,结合我国共建共治共享的社会治理格局,社会力量参与保护文化遗产具有必要性,国家近年来的高度重视让社会力量参与具有可行性,正确定位社会力量在管理文化遗产中的职责和作用,探索建立文化遗产保护社会参与的途径,明确我国现阶段社会参与的状况和差距,是对文化遗产保护实践工作中的进一步完善,对我国文化遗产保护的理论研究也具有一定的指导意义。

1. 社会参与文化遗产保护的必要性。

(1) 社会力量参与是保护文化遗产的需要。据第三次文物普查统计,我国现有不可移动文物76.7万多处,国保单位4 296处,被列入世界文化与自然遗产名录的有53处,全国与文物和遗址有关的博物馆、纪念馆共4 692家,可见我国文物资源浩如烟海,文物保护责任重若泰山。从文博行政机构来看,全国有4个正厅级文物局,14个独立的副厅级文物局,还有13个附属于文化厅的内设机构,而在全国2 853个县中,单独设立文物局的少之又少,一般由文广新、文广旅或文广体局来管理文物,并由一位副局长兼管文物工作,另有1/3的县没有行政管理部门,由县博物馆、县文管所代行文物管理的行政职能②。

从文物管理的从业人员来看,截至2016年底,文物从业人员共15.1万人,大部分人员集中在省市文物部门、文保事业单位(古建院、保护中心、考古所等)和博物馆,而基层文管所、县博物馆管理人员很少,专业人才比例也较低。但我国大量文物,尤其是不可移动文物主要分布在县域地区,常无人看管,文

---

① 习近平:《决胜全面建成小康社会 夺取新时代中国特色社会主义伟大胜利——在中国共产党第十九次全国代表大会上的报告》,央广网,2017年10月27日,http://news.cnr.cn/native/gd/20171027/t20171027_524003098.shtml。

② 史一棋、邱志伟:《人民日报深观察:文物保护呼唤更多社会力量》,人民网,2017年9月21日,http://opinion.people.com.cn/n1/2017/0921/c1003-29548424.html。

物管理呈现出"文物资源结构为正金字塔,文物管理人员结构为倒金字塔"的畸形态势,导致日常的管理工作难以正常完成。在资金投入方面,全国重点文物保护单位主要由中央财政支持,省级文物保护单位由省财政支持,市县级文物保护单位的经费也由本级财政负责。近年来,省级政府越来越重视文物保护,经费投入比重较大,国保、省保的保护状况相对比较好,但市县还存在大量不可移动文物,由于受到市县级财力限制,保护投入资金难以保障,许多文物保护状况极差。因此,需进一步理清政府、社会、企业的关系,明确各方权责,拓宽投融资渠道,创新管理,吸引社会力量、社会资金参与文物保护。

(2) 人民群众是文化遗产保护的主体。当前,文化遗产保护应与当地经济社会发展,特别是与当地人民群众现实生活之间紧密地联系在一起,要充分尊重这种联系,将其提升和转化为文化遗产保护与传承的动力,使文化遗产保护的成果惠及广大人民群众。例如,在修复新疆坎儿井的过程中,采取传统技艺和现代方法相结合的方式进行修复,仅对结构薄弱、险情严重的部分采用现代材料和施工方法进行抢救性保护,其他部分继续采用民间传统工艺,为此举办了坎儿井保护修缮工程培训班,让当地掌握坎儿井建造技术的工匠教授传统的建造技术,让文物专家讲授文化遗产保护理念和基本知识。这样既实现了对文化遗产本真性的最小干预,又有利于充分调动当地人民群众的积极性进行保护和修缮,使文化遗产能够世代相承,更好地造福当地群众。因此,人民群众是文化遗产的创造者、使用者和守护者,是文化遗产保护的主体,人民群众的积极参与和支持,是文化遗产事业赖以存在和发展的决定性力量,也是文化遗产事业的未来和希望①。

---

① 励小捷:《社会力量如何参与文物保护?》,搜狐网,2016年11月7日,https://www.sohu.com/a/118282267_488370。

2. 社会参与文化遗产管理的可行性。

（1）中央政府的大力支持。中央政府出台了社会力量参与文物保护、文物捐赠、民办博物馆等一系列政策法规，形成了以《文物保护法》为核心、相关法律法规配套完善的法律体系。自2005年以来，国务院印发了《关于加强文化遗产保护的通知》《世界文化遗产保护管理办法》，颁布了《中华人民共和国非物质文化遗产法》《博物馆条例》等相关政策，从不同角度对社会力量参与文物保护提出要求，强调社会参与的重要性。2011年，我国《非物质文化遗产法》中，明确提出鼓励"全社会参与"，要求国家鼓励和支持公民、法人和其他组织参与非遗保护，要求学校按照国务院教育主管部门的规定，开展相关的非遗教育，要求新闻媒体开展非遗代表性项目的宣传。2016年，国务院《关于进一步加强文物工作的指导意见》提出，对社会力量自愿投入资金保护修缮市县级文物保护单位和尚未核定公布为文物保护单位的不可移动文物的，可依法依规在不改变所有权的前提下，给予一定期限的使用权。2018年，《关于加强文物保护利用改革的若干意见》再次强调要"健全社会参与机制，坚持政府主导、多元投入，调动社会力量参与文物保护利用的积极性，探索社会力量参与国有不可移动文物使用和运营管理。"因此，党和政府大力支持和倡导社会力量参与文物保护，是推进社会参与文化遗产保护工作的重要保证。

（2）中华民族的优良传统。中华民族自古就有乐善好施、扶危济困的优良传统，以个人资产修桥、铺路、造庙等被视为善行义举，而保护文化遗产正是这种优良传统在当代的继承和弘扬，也是社会主义道德的实践和体现。中国历史上对文化遗产保护的传统渊远流长，商周青铜器常见的铭文"子子孙孙永宝用"；春秋战国时期，鲁国修建孔子冢、孔庙以供奉孔子遗物，以古物的保护利用作为圣贤纪念的载体；隋唐以后，民间便有大量收藏及丰富的文物研究文献；宋代的文人雅士对青铜器、石刻碑刻进行收藏研究；清代由地方官员带领，乡绅集资进行古迹保护；近代抗战时期，各地群众掩埋文物使其免遭掠夺；新中国成立初期，以张伯驹为代表的一批大藏家将用身家性命在战火中保存下来的珍贵文物捐献国家；"文化大革命"期间，人民群众以勇敢和智慧用涂泥巴、造暗室等方式保住了一大批文物；改革开放以来，随着政府对保护文化遗产的重视和宣传力度的加大，人民群众的文物保护意识进一步提高，民间收藏开始发端，文物保护的志愿者和社会组织开始涌现①。中华民族历朝历代有着保护古代器物和文化遗产的意识，有着深远而优良的民族传统。

（3）国际社会的经验惯例。在公众参与机制较为完善的发达国家，人民群众和社会组织会积极参与到文化遗产保护的实践中，促进了文化遗产保护制度的完善。例如，英国于1895年成立英国国民信托组织，它是一个脱离政府、独立运作的公益组织，也是欧洲最成功的历史文化遗产和自然景观保护组织，该组织积极推动了《国家信托法》的批准与修订，有力地保证了英国大量古老庄园的保存和激活；再如，自1994年起，意大利政府采取"领养人"制度，将部分博物馆、古迹、遗址等逐步租让给私人资本管理，但国家仍然掌握该文化遗产所有权和监督保护权，由于有了固定的维护人和稳定的资金支持，很多文化遗产得以更好地保存下去；2018年12月8日，德国政府为吸引社会资金保护文化遗产，德国汉诺威亲王宣布1欧元"甩卖"位于下萨克森州的马林堡城堡，这样不仅可以为公众保留1700件艺术品，同时也解决了城堡的维护费用②。上述国家的经验表明，对历史文化遗产的有效保护，有赖于人民群众文化遗产保护意识的培养和积极参与，反之，人民群众予以社会组织的公共利益表

---

① 励小捷：《社会力量如何参与文物保护？》，搜狐网，2016年11月7日，https://www.sohu.com/a/118282267_488370。

② 李赛：《德国亲王1欧元甩卖城堡，西媒：135间房实在维护不起》，参考消息网，2018年12月8日，http://www.cankaoxiaoxi.com/world/20181208/2364067.shtml。

达，将进一步推动政府产生更大的责任感，做出更加迅速、公正的回应。

3. 社会力量在管理遗产中的职责与作用。

（1）市场机构——配置作用。市场机构作为保护文化遗产的社会力量之一，最重要的就是发挥优化资源配置的作用。市场机构是政府部门公共决策的具体执行者，也是政府购买公共服务的提供者，为政府部门和社会其他参与者管理文化遗产事务提供了有效渠道支撑和产品支持。此处的市场机构也包括通过服务购买提供智囊支撑的专家型研究机构，在文化遗产保护中，要积极达到市场机构经济利益与社会利益之间的平衡，达到良性参与文化遗产保护的效果。

（2）社会组织——协调作用。社会组织是多中心主体网格中的协调中心，是普通公众参与文化遗产保护的主要渠道。若对社会组织的适当赋权，可以降低和减轻政府部门行政权的过度集中，同时社会组织也是管理和保护文化遗产的理想平台。目前出台的激励措施，把社会组织纳入了制度化、规范化、法制化的体系中，积极扶持和培育了社会组织的发展，成为文化遗产保护现代治理机制中的重要一环，要鼓励社会组织广泛参与到文化遗产保护工作中，发挥其联络协调、弥补优化、智力支持、动员整合和监督评价作用，使其成为政府部门和社会公众在文化遗产保护领域的有效沟通平台。

（3）普通公众——监督作用。普通公众可对政府部门、社会组织、市场机构在文化遗产保护上进行持续性监督，尤其是在自媒体信息时代，管理文化遗产逐渐从边缘走向主流，来自普通公众的声音也形成了强大的社会舆论，并被主流媒体所关注，普通公众的话语权和监督权被进一步激活和放大，因此改变了社会关系和社会结构。政府部门应充分保障普通公众的知情权、言论权和参与权，拓宽群众的民意表达渠道，丰富公众参与文化遗产保护的方法，鼓励公众积极承担社会责任，强化主人意识。

4. 我国社会参与的进展。

随着遗产管理的社会参与机制不断完善，社会参与文化遗产保护的意识不断加强，文化遗产保护的理念深入人心，取得的进展有：第一，文博社会组织得到发展，文博社会组织积极开展政策宣传、技术咨询、业务指导、建言献策等活动，多方筹集资金，拓宽了文物保护领域，扩大了社会组织影响，为文物事业提供了技术、经济上的支撑；第二，文化遗产保护的权力运行方向逐步转变，从以前"政府主导、专家呼吁普通公众参与"的单一方向，转向依托微博、微信等平台，由政府、媒体、专家、市场、普通公众等多方主体互动、彼此合作、多元协商的网络型治理格局，保护权力的运行方向由单向转变为多向；第三，文物宣传工作不断深化，将文物保护法纳入全民普法规划，纳入国家全面推进依法行政实施纲要，努力形成全社会保护文物的良好风尚。

但我国文物保护的社会参与才刚刚上路，与西方发达国家相比，发展时间较短参与经验不多，仍然存在较大差距。尽管对文物保护关心的人越来越多，但还是只有少部分群体关心，民众参与保护的自觉性不高，文物保护意识不够普遍；文博社会组织特别是民间组织尚在形成之中，大多数自身实力不强，人才短缺，结构较为松散，稳定性差；针对文化遗产的公益捐赠在整个公益慈善捐赠中所占比例还很少，没有成为应有的一个类别，也缺少以文化遗产保护为主要捐赠方向的大企业和企业家；尚未形成公众参与文物保护的法规保障和有效机制，程序性权利缺失，公众参与的权益缺乏认可和保护，存在一定的制度性障碍。

5. 案例分析。

（1）鼓浪屿的管理和"申遗"之路。鼓浪屿古名"圆洲仔"，因西南海滨礁穴受到海浪冲击，声如擂鼓，明代改称"鼓浪屿"。鼓浪屿隶属于福建省厦门市，面积达1.88平方公里，素有"海上花园"的美称，它以其婀娜多姿的自然风光和积淀深厚的文化底蕴,成为国家重点风景名胜区,每年吸引着数以百万计的中外游客前来观光游览。

据史料记载,1843年,厦门成为通商口岸。闽南兴起了"百万华侨下南洋"的移民活动,鼓浪屿因此成为外国侨民的聚居地,英国、美国、日本等13个国家陆续在鼓浪屿设立领事馆,该岛现留存有931座展现不同时期、风格多样的历史建筑及园林、自然有机的历史道路网络以及内涵丰富的自然景观,有"万国建筑博览会"之美誉,鼓浪屿因此成为全球化早期阶段多元文化交流、碰撞的典范。

2008年11月2日,厦门市决定正式启动鼓浪屿申报世界文化遗产工作,先后出台《厦门经济特区鼓浪屿文化遗产保护条例》《厦门经济特区鼓浪屿历史风貌建筑保护条例》等政策,鼓浪屿"申遗"办还制定了《鼓浪屿文化遗产地保护管理规划》;2012年11月16日,国家文物局公布鼓浪屿为世界文化遗产预备名单;2016年1月29日经国务院通过,中国联合国教科处函告联合国教科文组织世界遗产中心,正式推荐"福建鼓浪屿"作为2017年文化遗产项目;2017年7月8日,在波兰举行的第41届世界遗产大会上,中国福建省厦门市鼓浪屿以"鼓浪屿:历史国际社区"获准列入世界文化遗产名录,成为中国第52项世界遗产项目。在9年的"申遗"过程中,形成了独特的全社会参与文化遗产保护的"鼓浪屿模式"。

在申遗前,鼓浪屿面临着社区萎缩、人文消退、管理薄弱、环境杂乱、人满为患等诸多问题,一直为市民和游客所诟病,也有相关人士表示:"鼓浪屿上涉及这么多的资产、如此多的文物,此外还有不同的单位、不同的部门以及私家别墅,所以在申遗过程中,遇到最棘手的问题就是如何协调他们,按照规划进行统一调整。"因此,在申遗之初,厦门市委市政府正视社会现实根基和问题,明确提出"文化景区+文化社区"的发展定位,理顺了思明区和管委会的关系,明确了城管、环卫、旅游监督"三支队伍"的归属等问题,为整治提升和遗产保护铺平了道路。

随后,鼓浪屿通过多元参与、多元共治的方式,让国际社区与景区实现了和谐共生。从工作人员的角度来讲,为恢复鼓浪屿的历史教育功能,鼓浪屿管委会及街道的工作人员,上门挨家挨户耐心细致地做工作,在申遗期间,拆除2.5亿平方米违章搭盖,搬迁101户居民①,使鼓浪屿的环境得到极大的改善,同时,国际古迹遗址理事会认为,有效管理旅游者数量是保持文化遗产完整性的关键因素,因此工作人员也将游客和通勤者的数量控制在最为合宜的2.5万人左右。从当地居民来讲,保护和申报文化遗产离不开居民的积极配合,通过"以奖代补"的方式让居民融入保护文化遗产的过程之中,按照规定,岛上的居民住房、家庭旅馆庭院、商家街道两侧的阳台,只要绿地布局合理、植物造景得当、定期维护修剪的,都可以申请资金奖励,这种花海行动从细节上改善了鼓浪屿的生态环境。从艺术团体来讲,鼓浪屿着重全面提升艺术文化氛围,按照规定,在辖区内注册成立的乐队、合唱团等各类非营利艺术团体,只要满足相关必要条件,即可申请团队每人500元/年的资金扶持,由此通过活动、展览、演出、体育活动、出版等形式,使文化遗产得以"活化",呈现给越来越多的观众。从社区协会来讲,鼓浪屿注重自治共管,设立的鼓浪屿公共议事会、家庭旅馆协会、商家协会等,协会成员涵盖鼓浪屿驻岛单位、居民、商事、社会组织等相关人士,共同参与鼓浪屿治理的公共协商平台,该平台能集思广益,使管理者与被管理者之间的意见得以畅通。从媒体来讲,通过互联网、电视、广播、报刊等媒体,倡导文明旅游,如自2015年起,媒体便在鼓浪屿大力宣传"垃圾不落地"的口号,呼吁人们共同参与垃圾不落地的行动,共同维护鼓浪屿的生态环境,另外,通过

---

① 徐林:《鼓浪屿申遗成功的背后:如何守住这座独特的文化遗产》,人民网,2017年7月8日,http://fj.people.com.cn/n2/2017/0708/c181466-30441928.html。

报道、揭示、评论不文明旅游现象,来规范居民和游客的行为举止①。

可见,通过调动社会多方人员的积极性,鼓励社会力量加入,让鼓浪屿管理逐步实现了文化社区和文化景区两个概念有机融合,达到一个适度平衡的状态,最终让世界文化遗产得到有效的管理和保护。

(2) 十三陵思陵石烛台被盗案。明十三陵坐落于北京市昌平区天寿山麓,总面积120余平方公里,是国家5A级旅游景区。1961年,十三陵被列为第一批全国重点文物保护单位;1981年6月,国家专门成立十三陵特区办事处,作为昌平区政府的正处级派出机构,以加强对十三陵的管理和文保工作;2003年,明十三陵被列入《世界遗产名录》后,国家对其文保工作的扶持力度再次加大,据了解,2012年,北京市委市政府设立"文物及历史文化保护区专项资金",每年投入10亿元,支持重大文物保护项目。但在投入大量的人力、物力、财力的国家级文物保护单位,却发生了文物被盗案,一时疑云笼罩,众说纷纭。

十三陵石烛台被盗地点在明思陵,简称思陵,约建于1642年,位于北京市昌平区天寿山,是明思宗朱由检与周皇后及田贵妃之合葬墓,被盗文物是思陵前的一对石烛台,体量较大,实为罕见,具有重要的文物价值。2016年4月,在北京一个陵寝探秘的微信群里,有人上传了一张照片,照片显示,明思陵的"石五供"变成了"石三供",其中的一对烛台已不在原位,不少网友猜测烛台被盗,随后,一位记者前往明思陵实地查证,但十三陵护陵的工作人员称"烛台被拿去修缮";直至2017年3月19日,有市民拨打110报警,反映明十三陵思陵石五供中的两个烛台被盗,北京警方成立了专案组,开展案件侦破工作;2017年4

---

① 段马水:《鼓浪屿申遗成功一周年,守护国之瑰宝永续历史文脉》,搜狐网,2018年7月9日,https://www.sohu.com/a/240028956_411853。

月 5 日，昌平区政府证实了文物被盗，随后立即组织公安力量成立专案组，并于 4 月 8 日案件告破；2018 年 4 月国家文物局通报称：十三陵思陵石烛台被盗时安防设施已全面瘫痪，十三陵发现思陵石烛台被盗后，竟长期隐瞒不报，思陵石烛台被盗案的 17 名相关责任人也被严肃追责①。

十三陵文物被盗案的成功破获，离不开社会力量的参与和博弈。由于十三陵特区办事处在发现烛台被盗后，长期隐瞒不报，导致文物迟迟未被追回。首先，新闻媒体的介入推进了案件的进程，引发了社会舆论，既保障了公众知情权，又向政府反映了民众关于保护文物的诉求；事件被曝光，也引起了十三陵特区办事处的重视，保卫科加大了巡视监管的力度，建立巡更系统，设立后台指挥中心，对文物进行及时跟踪和监控。其次，非政府组织——北京市文物保护协会在保护文化遗产的过程中，也承担了宣传者和监督者的角色，文物保护协会的言论为政府工作提供信息支持，协会会员吴晓平曾描述："在 2016 年 4 月 24 日去查看思陵石烛台时，就发现烛台已经不在。"文物保护协会以专业人士的身份，督促相关部门调查案件。最后，社会公众对明十三陵文物享有文化权利，公众通过开放的民政平台参与议程问题的设置，利用网络微信平台引起烛台失窃讨论，拨打 110 报警电话，举报烛台被盗，表达了希望烛台尽快回到展台发挥其文物价值的诉求，推动了整个案件的进展。公众的参与约束了十三陵特区办事处隐瞒不报的不当行为，对遗产管理者的行为进行了监督。

面对文物保护的复杂情况，一种社会共识亟待形成，文物保护不纯粹是某家单位或机构的事，也不仅仅是某个专业群体的事，而是需要社会各方力量共同行动起来，参与文化遗产的管理和保护。

---

① 霍思伊：《揭秘十三陵被盗真相：思陵原有安防设施全面瘫痪》，中国新闻网，2017 年 4 月 25 日，http://www.chinanews.com/cul/2017/04-25/8208124.shtml。

第三章 中国文化遗产管理体制的变迁

（二）让遗产"活起来"

党的十八大以来，习近平总书记对保护我国文化遗产做出了重要指示，成为社会各界开展文物工作的新标向。2014年3月27日，习近平在联合国教科文组织总部中演讲时讲道："让收藏在博物馆里的文物、陈列在广阔大地上的遗产、书写在古籍里的文字都活起来，让中华文明同世界各国人民创造的丰富多彩的文明一道，为人类提供正确的精神指引和强大的精神动力。"① 同年，国家文物局围绕"让文化遗产活起来"的主题开展了文化遗产日活动，标志着党中央对文物工作提出了新要求，也是文物工作围绕大局、服务社会的必然要求。随后，中共中央、国务院、国家文物局先后在《关于促进文物合理利用的若干意见》（2016年）、《国家文物事业发展"十三五"规划》（2017年）、《关于实施革命文物保护利用工程的意见》（2018年）等文件中多次强调，要加强对革命文物展示利用、落实文化创意产品开发的相关政策，鼓励社会力量参与、提升传播能力，多措并举让文物活起来。一系列重大举措的有序推进，如传统村落整体保护和活化利用，抗战文物、长征文物保护展示和"互联网+中华文明"三年行动计划，使文物工作服务经济社会发展的能力进一步增强，让"让文物活起来"逐渐从理念转化为行动，让积淀下来的文物不断走近百姓、走进当代、走向世界。因此，努力展示中华文化的独特魅力，将文物和文化遗产的价值和意义贯穿于日常生活之中，让文物活起来，是在新时代下坚定文化自信的深层次要求。

1. 让遗产"活起来"的前提。

让文化遗产在人民群众中"活起来"，一方面，文化遗产的

---

① 习近平:《习近平在联合国教科文组织总部的演讲（全文）》，人民网，2014年3月28日，http://world.people.com.cn/n/2014/0328/c1002-24761811.html。

价值应该易于理解和展现。曾经，我国的考古工作只偏重专业发掘和学术研究，出现了忽视遗址保护、遗址展示的倾向，造成了文物保护与社会、与大众的隔阂。经过多年的实践和反思，这种局面已有所转变。另一方面，文化遗产保护的目的和方式，也应该易于理解和接受。尽管在文化遗产学术领域，需要进行深层次的学术对话，但更需要能服务、能沟通大众的文化工作者。在面向社会、服务公众的过程中，过分和轻易地标立新概念，创造晦涩难解的新术语，都不利于文化遗产走进人民的生活。因此，要让文化遗产"活起来"，首先就应该让人民群众易于理解、易于获取、易于参与文化遗产的保护和利用。

2. 让遗产"活起来"的路径。

（1）创新文物利用的机制体制。让传统文物融入日常生活，是文物"活起来"的根本目的。纵观国外经验，美国芝加哥博物馆、荷兰国家博物馆加入 CC0（creative commons zero）无权利保留协议，协议规定版权人将对作品不保留任何权利，并且鼓励公众下载博物馆数字资源，支持公众对于数字资源的商业化利用，意味着公众可以下载任意艺术作品，印在衣服及手机壳上，做成自己的文创产品，既不用付费也不用担心侵权问题[①]。这既是传统文物融入日常生活的创新之举，也是将传统文化精神与现代生活巧妙互联的有益尝试。尽管在我国现行的著作权法律体系下，该协议无法付诸实践，但其做法仍可借鉴，积极探索出让传统文物融入日常生活的"中国路径"。

（2）创新文物利用的商业手段。国外博物馆早就意识到用现代艺术手段把馆藏资源开发为文创产品，将文物故事和文物精神通过商业化手段传递给消费者。2018年7月，英国大英博物馆在天猫商城开设官方旗舰店以来，仅仅两个星期便冲上行业日

---

① 范周：《文物与互联网究竟怎么"融"才能让文物活起来?》，搜狐网，2018年11月21日，http://www.sohu.com/a/277223572_182272。

销的第一名，环比增长度高达 5 044%，开店当天便有 16 万人涌进店铺，一天销售额近 30 万元①。可见，商业化程度和市场化运作能力是衡量文物是否活起来的重要指标。因此，未来可依托更多博物馆开设文创产品的电商平台，依托互联网的技术能力，将商业化手段的效用实现最大化，在吸引公众消费文创产品的同时，传递底蕴深厚的文物精神，传播灿烂辉煌的中华文明。

（3）充分运用互联网传播平台。2018 年 11 月 8 日，国家文物局局长刘玉珠在第五届世界互联网大会分论坛上围绕"强化站位，服务大局，促进发展，构建文物保护利用新格局"展开演讲，提出要大力推动文物与互联网的跨界融合②。近年来，国家文物局与腾讯、百度、网易等多家战略合作企业共同推进的项目落地生根，文物与互联网的跨界融合方兴未艾。在互联网的时代，运用"互联网＋文化遗产"，能让更多人关注和参与到文化遗产的保护中来，积极运用当今新兴社交平台，用潮流方式、时尚元素和大众喜爱的方式宣传文化遗产项目，将文化遗产快速、便捷地融入现代生活。

3. 案例分析。

（1）"APP 软件"让遗产"活起来"。

在 2014 年，故宫推出了三款 APP 软件：胤禛美人图、紫禁城祥瑞、皇帝的一天，三款 APP 极具趣味，吸引了大量关注，随后故宫通过开发各类 APP 陆续"打"开了宫门。2017 年 5 月 1 日，故宫推出故宫社区 APP，据故宫博物院资料信息部主任苏怡介绍道："故宫社区 APP 能提供一个综合性的信息数据入口，让全世界故宫粉、让喜欢故宫的人团结起来，把大家对故宫的认知、个人的兴趣点拿出来和大家分享，把喜欢故宫的人聚拢起

---

① 杨虞波罗、杨波：《大英博物馆等 8 大博物馆参与天猫双 11》，人民网，2018 年 10 月 25 日，http://it.people.com.cn/n1/2018/1025/c1009-30363074.html。

② 刘玉珠：《用互联网思维弥合鸿沟 构建中国文物事业新格局》，国家文物局网，2018 年 11 月 9 日，http://www.sach.gov.cn/art/2018/11/9/art_722_152565.html。

来,反馈到我们的工作上,帮助我们把博物馆工作做得更好。"

故宫社区 APP 整合了故宫资讯、建筑、藏品、展览、学术、文创等 10 余类相关文化资源和服务形态,探索数字文化服务的创新模式,为观众打造一个"可入住"故宫的 APP。该 APP 分为了"上宫下城"的板块,上面是一个官方信息的平台,提供相关服务和信息,下面是一个用户内容的平台,就是一个社区概念,用户之间、用户和博物馆之间的关系在平台上得以体现。在社区里,有着一系列成长体系,包括有城市的规划体系、经济体系、任务体系等,而社区用户通过阅读或点赞、完成任务等方式获取积分,使用积分和经验值便可以升级自己的专属府邸,还可以到别人的府中串门,让了解文物变得更加生动有趣,也可邀请用户以现代方式体验具有古典范的文化生活,如亲历紫微宫中的故事、新事,走街串巷探寻别样的文化空间等①。故宫社区 APP 在博物馆行业内具有开创性,创新了对文化遗产的体验方式,形成了一个有温度、会呼吸的线上文化社区,这让用户从消极被动的文化消费者转变为积极的文化参与者,既展示了精美文物,又了解了文物故事,有效地提升了用户的参与度。

(2)"数字化"让遗产"活起来"。

洞庭东山紫金庵,坐落于苏州市吴中区东山镇,始创于唐代,清代重修。主要建筑仅有一殿一堂,但它因有南宋民间雕塑名手雷潮夫妇塑的"精神超忽,呼之欲活"的泥塑彩像而闻名遐迩。2006 年紫金庵罗汉塑像被国务院公布为全国重点文物保护单位。由于紫金庵地处山间,环境潮湿,微生物和昆虫大量繁衍,严重影响了泥塑的整体强度和表面彩绘的附着力,保护形势极为严峻。

随着三维数字化技术的发展,在各个领域中得以应用。2016

---

① 苏怡、于壮:《故宫社区究竟是一款什么样的 APP?》,搜狐网,2017 年 7 月 1 日,https://www.sohu.com/a/153544094_488371。

年10月苏州市吴中区文物局决定实施"精密三维数字化建设项目",并以紫金庵为试点,运用三维技术,最大限度地记录彩绘群像的真实面貌,建立文化遗产永久性、高精度的数字化档案。2016年12月该项目启动,采用大空间三维激光扫描仪,高精度手持式扫描仪,近景摄影测量相机以及无人机等先进设备,对彩塑群像进行了无接触式数据采集,拍摄照片2万余张。现场工作结束后,又采用多种应用软件,对采集到的数据进行融合精度计算,完成了三维几何模型、优化纹理、还原色彩和开发漫游系统等相关工作,将整座紫金庵"搬进"了计算机。

2017年9月13日,该项目进行专家评审。在评审会现场,应用精密三维数字化技术,经3D打印而成的"伏虎"罗汉像,摆放在会议现场,这尊模型惟妙惟肖,除身略小外,其造型、衣褶、神态特征与原型一模一样,充分体现和展示了项目的技术成果。在评审会上,苏州市测绘院汇报了项目的实施过程,在屏幕上对紫金庵泥塑彩绘群像的三维数字化成果进行了全面演示,每尊彩绘塑像可以720度旋转观察,成果逼真、精细。而基于成果数据开发制作的展示系统,能非常好地反映紫金庵的现状,视觉上逼真度高,沉浸感强,能实现虚拟浏览和自我漫游等多种功能,拥有广阔的应用前景,使文化遗产借助现代科技真正"活起来"[①]。

(3)"节庆+科技"让遗产"活起来"。

元宵佳节作为中华传统文化的重要组成部分,它承载了中国人古往今来对生活的美好祝福和期盼,装点了一代又一代人温暖的年节记忆。2019年的上元之夜,故宫博物院举办了"紫禁城上元之夜"文化活动,是建院94年来,首次在晚间免费对公众开放,让紫禁城古建筑群第一次在晚间被大规模点亮。

---

① 张志新:《让文化遗产在数字化空间里活起来》,载于《中国文物报》2017年10月13日。

"紫禁城上元之夜"活动主要运用现代灯光科技,其照明设计将科技与文物保护有机融合,在方案制定阶段,就考虑了避免因照明对古建筑产生损害。通过设定不同的灯光强度,产生光影对比,使其在夜间自然产生立体感,达到"见光不见灯"的布光效果。在活动入场前,群众可以观赏到午门和西雁翅楼在灯光下的美景,灯光也在午门城墙打上了各种元宵佳节的诗句,进午门城楼,巨大的太和门广场映入眼帘,游客即可看到投射在太和门上各种海水江崖图案、上元之夜和元宵节的字样。太和门建筑主体及汉白玉台阶作为主要投影目标,通过激光投影技术,让《清明上河图》《千里江山图卷》等画卷通过数字画面跃然于故宫建筑之上,仿佛在画中漫步。午门至神武门东侧城墙区域,由充满节日氛围的红灯笼点缀城墙,引导游客步行,还可在东南角楼欣赏虚拟现实影片《角楼》①。

此次节日活动,用人们喜闻乐见的方式展示和解读了传统文化,调动了观众参与的积极性,让收藏在禁宫里的文物"活了起来",为人民群众享受更多"传统节庆"带来了团圆幸福感,使故宫博物院成为人们的精神家园和文化绿洲。

(4)"非遗"的活态传承。

杭州工艺美术博物馆是利用工业遗存改建而成的,于2009年正式对外开放,属无围墙、全开放式管理的馆群。博物馆坚持以"人"与"制作"为核心,承担着工美与非遗保护传承、促进工美行业发展的职责,力求以全活态展览的方式对手工艺类非遗进行保护和生产。博物馆内的大师工作室形成了"展示+创作+会客+授艺+交流+销售"六位一体的平台,使观众不仅能在这里直接选购大师及其弟子的作品,还能在节假日及博物馆

---

① 应妮:《故宫94年来首开夜场,"紫禁城上元之夜"点亮北京夜空》,中国新闻网,2019年2月19日,http://www.chinanews.com/cul/2019/02-19/8758950.shtml。

活动中观摩到大师的创作。

2012年，杭州工艺美术博物馆启动了"薪火传承——工艺美术大师带徒学艺"项目，该项目由萧山花边、机绣、手绣、陶瓷、铜雕五位国家级工艺美术大师向全国范围招收徒弟，并在5年的周期内带领徒弟传授技艺，带徒授艺期间，大师们根据各自的技艺传承要求和徒弟自身的情况，制订科学合理的教学计划，系统、全面地向徒弟传授技艺，而市文创办、市经信委、市工美协会和杭州工艺美术博物馆有关人员仅负责开展日常工作，同时也会对该项目予以专项资金扶持。2018年10月9日，杭州工艺美术博物馆又启动了第二届"薪火传承计划"，延续了首届陶瓷、手绣、铜雕三项技艺，又新增木雕、王星记扇艺两项技艺。此次计划联合了国内最大的手工艺匠人专业平台"东家"APP，搭建传统工艺"传承+传播"线上、线下培育、作品有效市场转化等新平台，尝试"线上+线下"的传承模式，让传承的影响范围进一步扩大①。

杭州市首创的带徒模式，获得了极高的社会影响力、认知度和美誉度，被认为是工美行业中最高层次、目的性最明确的人才培养精品工程，使传统手工艺在全社会的共同努力下，实现了非遗的活态传承。

---

① 王征：《让文化遗产活起来，传下去》，国家文物局网，2018年12月25日，http://www.sach.gov.cn/art/2018/12/25/art_722_153208.html。

第四章

中国文化遗产事业的成就、经验与前景

新中国成立以来,文化遗产事业在波澜壮阔的发展改革进程中取得了丰硕的成果,在不断探索的实践过程中积累了丰富的经验。在新时代建设中国特色社会主义伟大事业的新征程中,文化遗产事业将承担新使命,完成新任务,迈向新高度。

一、成就、经验与问题

党和国家始终高度重视文化遗产保护工作,经过无数文物工作者的辛勤工作,我国文化遗产保护取得了丰硕成果。尤其是进入 21 世纪以来,我国文化遗产保护事业发展突飞猛进、文化遗产保护经费投入逐年递增,国际文化遗产保护先进理念的引入、专业化和科学化的文化遗产保护技术的运用,使我国文化遗产得到了很好的保护和传承,并逐步形成了具有中国特色的文化遗产事业发展经验和道路。然而,目前文化遗产保护领域仍然面临着诸多问题,加强文化遗产保护是现阶段乃至今后长期的工作重点。

第四章　中国文化遗产事业的成就、经验与前景

（一）主要成就

1. 文化遗产资源状况基本摸清。

近年来，我国通过第三次全国文物普查、第一次全国可移动文物普查、第一次全国非物质文化遗产资源普查、全国地方戏曲剧种普查等，基本摸清了文化遗产家底，共登记不可移动文物76.7万处，国有可移动文物约1.08亿件，非物质文化遗产资源87万项，348个地方戏曲剧种，革命旧址3.3万多处，抗战文物保护单位2100多处。52项遗产列入《世界遗产名录》，列世界第二；39项遗产列入人类非物质文化遗产代表作名录，列世界第一[①]。全国文化遗产家底已基本摸清，为做好保护工作奠定了基础。

2. 文化遗产保护工作不断夯实。

（1）文化遗产政策法规逐步完善。新中国成立以来，《中华人民共和国文物保护法》（1982年）、《国家文物局考古发掘管理办法》（1998年）、《文化部世界文化遗产保护管理办法》（2006年）、《国务院关于进一步加强文物工作的指导意见》（2016年）、《关于加强文物保护利用改革的若干意见》（2018年）等多项重要文物政策陆续出台，主要围绕文物保护、考古发掘、文物安全、文物市场、管理机构等内容展开，逐步搭建了具有中国特色的文物管理制度框架。非遗领域陆续颁布了《国务院办公厅关于加强我国非物质文化遗产保护工作的意见》（2005年）、《中华人民共和国非物质文化遗产法》（2011年）、《财政部、文化部关于国家非物质文化遗产保护专项资金管理办法》（2012年）、《文化和旅游部关于国家级文化生态保护区管理办法》（2018年）等多项文件，经过20余年的发展，逐步完善了非遗保护政策体系。

（2）文化遗产相关制度逐步健全。在文物保护方面，实行

---

① 雒树刚：《全国文化遗产家底基本摸清》，新华网，2018年3月13日，http://www.xinhuanet.com/politics/2018lh/2018-03/13/c_1122531612.htm。

革命文物定期排查制度，并将排查结果报中央宣传部、国家文物局①；健全世界文化遗产监测预警和巡查监管制度；建立传统建筑挂牌保护制度，推进传统民居保护。在文物安全方面，建立文物安全长效机制，国家文物局与全国文物安全工作部际联席会议成员单位密切协作，加强了部门间的联合执法力度。在文物管理方面，健全国有文物资源资产管理体系，制定国有文物资源资产管理办法，建立文物资源资产动态管理机制；健全文化遗产工作绩效评估制度，完善了基本建设考古制度。在问责执法方面，建立了严格的文物案件和安全事故追责问责机制，明确了处分种类和运用规则②，各地建立了由主管领导牵头的文物工作协调机制和多部门参加的行政执法联动机制，建立了案件分级管理、应急处置、挂牌督办机制，建设了文物执法管理平台，完善了守法诚信行为褒奖机制和违法失信行为惩戒机制。

非遗方面，建立了代表性项目、代表性传承人动态管理机制，完善了文化生态保护实验区建设、研培计划和各类非遗保护项目的绩效评估制度。

（3）各项重大工程计划有序开展。在不可移动文物方面，实施革命旧址维修保护行动计划和水下文物保护重点工程。在可移动文物方面，实施馆藏文物修复计划，分类推进珍贵文物保护修复工程；实施预防性保护工程，对展陈珍贵文物进行保护；实施经济社会发展变迁物证征藏工程，征集新中国成立以来反映经济社会发展的重要实物。在投入保障方面，实施文物平安工程，建设全国文物安全监管平台，实现文物博物馆单位安全防护设施全覆盖；实施人才培养"金鼎工程"。在宣传利用方面，实施

---

① 《中共中央办公厅、国务院办公厅印发关于实施革命文物保护利用工程（2018~2022年）的意见》，中国政府网，2018年7月29日，http://www.gov.cn/zhengce/2018-07/29/content_5310268.htm。

② 《国务院办公厅关于进一步加强文物安全工作的实施意见》，中国政府网，2017年3月24日，http://www.gov.cn/zhengce/content/2017-09/20/content_5226346.htm。

"互联网+中华文明"行动计划,开展文物外展精品工程,打造文物外交品牌;开展革命文物保护利用工程,保护好革命文物①。

在非遗方面,中国民族民间文化保护工程得到有序开展,制定实施了中国传统工艺振兴计划和非遗传承人群研修研习培训计划,促进了中国传统工艺的传承与振兴②,实施地方戏曲振兴工程和当代昆曲名家收徒传艺工程,极大地促进了戏曲传承发展③。

(4)文物安全工作取得初步成果。2009年,国家文物局增设督察司,集中整治和公开通报了重大文物安全案件。"十二五"时期,国家文物局与海关总署在13个省份开展打击走私文物违法犯罪专项行动,与国家海洋局在11个省份开展文化遗产联合执法巡航专项行动,制定了文物安全公示公告制度和安全事故通报制度,加强安全监管和设施建设。2017年,联合开展了文物安全状况大排查,督促整改安全隐患近2万处;持续推进文物平安工程,加强文物安全监管,为2 600余处全国重点文物保护单位配备了安全防护设施设备;广泛开展国际合作,先后与21个国家签署了防止盗窃、盗掘和非法进出境文物的双边协定;16个省份明确将文物安全纳入各级政府绩效考核评价体系;公安部和国家文物局共建的中国被盗(丢失)文物信息发布平台也正式上线,对追缴被盗文物、追索海外流失文物将发挥重要作用④。

3. 保护经费和保护力量持续增长。

(1)文物保护投入经费持续增长。大力推广政府和社会资

---

① 《中共中央办公厅、国务院办公厅印发关于实施革命文物保护利用工程(2018~2022年)的意见》,中国政府网,2018年7月29日,http://www.gov.cn/zhengce/2018-07/29/content_5310268.htm。
② 《国务院办公厅关于转发文化部等部门中国传统工艺振兴计划的通知》,中国政府网,2017年3月24日,http://www.gov.cn/zhengce/content/2017-03/24/content_5180388.htm。
③ 《国务院办公厅印发关于支持戏曲传承发展若干政策的通知》,中国政府网,2015年7月17日,http://www.gov.cn/zhengce/content/2015-07/17/content_10010.htm。
④ 《全国打击防范文物犯罪成果展开幕》,文化和旅游部网,2018年12月27日,https://www.mct.gov.cn/whzx/whyw/201812/t20181227_836677.htm。

本合作（PPP）模式，拓宽社会资金进入文物保护利用的渠道。县级以上政府将文物保护作为支持重点，加强了对文物相关财政资金的绩效管理和监督审计，提高了资金使用效益。2011～2016年，我国文物事业经费占国家财政支出的比重均在0.15%以上，各级财政每年投入到文物事业的经费由2011年的166.6亿元增长到2016年的354.5亿元，年均增长16.3%，六年累计超过1 625亿元①。各级财政对文物事业的支持力度持续加大，为推进文物事业的发展提供了资金支撑。

（2）社会参与文物违法举报成果丰硕。2015年，国家文物局建立"12359"文物违法举报平台，督察督办文物违法问题，有力推进了国家文物督察制度的创新发展，提升了文物督察督办工作效率；督促了地方文物部门按照"属地管理、分级负责"的原则，认真履职尽职，畅通了社会参与文物保护的渠道，拓宽了文物保护力量，通过群众监督举报信息，由文物部门主动向公安机关移交文物违法犯罪信息，为侦破文物违法案件提供了重要线索，开展打击文物犯罪专项行动，取得丰硕成果。

4. 公共文化服务水平稳步提高。

公共文化服务水平稳步提高，逐步完善了博物馆公共文化服务功能，扩大公共文化服务覆盖面，将更多的博物馆纳入财政支持的免费开放范围。建立了博物馆免费开放运行绩效评估管理体系，加强了革命老区、民族地区、边疆地区、贫困地区博物馆建设，促进博物馆公共文化服务标准化、均等化；分类推进了博物馆法人治理结构建设，赋予博物馆更大办馆自主权；发展智慧博物馆，打造了博物馆网络矩阵②。

---

① 《2011～2016年我国文物事业发展迅速，主要业务指标快速增长》，中国经济网，2017年9月7日，http://finance.sina.com.cn/roll/2017-09-07/doc-ifykuftz5185314.shtml。

② 《中共中央办公厅、国务院办公厅印发关于加强文物保护利用改革的若干意见》，中国政府网，2018年10月8日，http://www.gov.cn/zhengce/2018-10/08/content_5328558.htm。

第四章 中国文化遗产事业的成就、经验与前景

5. 文物利用的广度深度不断拓展。

近年来,通过鼓励博物馆利用馆藏资源开发创意产品,扩大引导了文化消费,培育了新型文化业态,让文化文物单位馆藏文物利用效率明显提升。依托重点文化文物单位,培育"故宫博物院""南京博物院"等文化创意领军单位和产品品牌,建立健全了品牌授权机制,扩大优秀品牌产品生产销售,促进文化创意产品开发与文博事业的融合发展。建成了一批革命文物保护利用示范基地,推介出了一批红色旅游精品线路,开发了一批革命文物宣传产品和文化产品,大力推动了中华文化遗产创造性转化和创新性发展。

6. 文物拍卖市场管理逐步规范。

(1) 文物市场活跃有序发展。文物流通领域登记交易制度试点成功开展,文物经营主体可自愿申报登记拟交易的文物标的,文物登记单位鉴定申报登记的文物标的是否属于文物、是否可交易,并分类进行登记,文物行政部门依据文物登记单位意见依法开展文物流通活动的全流程监管,文物收藏者和社会公众便利了解登记交易文物基本信息[1]。加强了文物进出境审核管理,推广进出境文物电子标签,2016 年审核出境文物及复仿制品 14 万件/套,禁止出境文物 1 100 余件/套[2]。

(2) 文物拍卖市场逐步规范。2016 年国家文物局印发《文物拍卖管理办法》,明确了文物拍卖管理的范围,在降低文物经营门槛、简化标的审核程序、建立信用信息制度等方面加大"放管服"改革力度,支持守法诚信企业做大做强,依法查处违法违规经营行为,构建良好的文物拍卖市场秩序[3]。健全了涉案文物

---

[1] 《中共中央办公厅、国务院办公厅印发关于加强文物保护利用改革的若干意见》,中国政府网,2018 年 10 月 8 日,http://www.gov.cn/zhengce/2018-10/08/content_5328558.htm。

[2] 《国家文物局的年度总结和工作部署——2016 回顾 2017 展望》,搜狐网,2016 年 12 月 30 日,http://www.sohu.com/a/122987301_488370。

[3] 《国家文物局印发〈文物拍卖管理办法〉》,国家文物局网,2016 年 11 月 3 日,http://www.sach.gov.cn/art/2016/11/3/art_722_134610.html。

鉴定管理制度，2016年共公布41家涉案文物鉴定评估机构，审核备案文物拍卖标的25万件/套，撤拍标的500余件/套，协调境外机构撤拍非法流失中国文物100余件①。

7. 文物对外交流合作日益扩大。

近年来，文物领域的国际合作正逐步深化，我国积极参与了国际文化遗产保护事务，扩大与相关国际组织的合作，形成了文物交流双边、多边合作机制，与更多国家和地区签署防止盗窃、盗掘和非法进出境文物双边协定，通过外交、司法、民间等多种形式推进非法流失海外文物的追索与返还。2011~2016年，中国文物出境展览累计293个，文物入境展览累计116个，从美国、法国、加拿大、日本、澳大利亚等国促成流失文物回归累计100余件（套）。此外，援外文物保护工程和联合考古也是近年来中国文物对外交流合作领域的重要成就，中国曾援助柬埔寨吴哥古迹周萨神庙和蒙古科伦巴尔古塔保护工程，推进援助柬埔寨吴哥古迹茶胶寺、乌兹别克斯坦希瓦古城修缮工程，启动援助尼泊尔加德满都九层神庙、缅甸蒲甘佛塔灾后抢险工程前期工作等。文物援外工作在国家外交大局中的独特作用日渐彰显，已成为文化领域"一带一路"建设的重要成就。总的来看，"一带一路"文物国际交流合作的成就体现在：国家元首不断参与、合作领域不断拓展、文物展览不断出彩、人员交往不断密切、国际责任不断彰显等方面。携手推进"一带一路"文物国际合作成为中外人文交流的新亮点，中国逐步向国际文化遗产领域的参与者、贡献者和引领者转变②。

---

① 《国家文物局的年度总结和工作部署——2016回顾2017展望》，搜狐网，2016年12月30日，http：//www.sohu.com/a/122987301_488370。

② 孟欣：《各方携手推进"一带一路"文物国际合作》，载于《中国文化报》2018年6月11日。

(二) 经验做法

1. 规范工作流程,逐步完善规章制度。

(1) 开展文化遗产调查研究,落实普查工作。自新中国成立以来,国家高度重视文物保护管理工作,为摸清我国文物家底,曾先后于20世纪50年代、80年代和2007~2011年开展三次以不可移动文物为对象的文物普查,对总量约77万处的不可移动文物进行了调查登记。2012年10月,对我国境内(不含港澳台地区)全部国有单位收藏保管的可移动文物进行了第三次全面普查登记[①],为全面掌握我国现存文物的数量、分布情况、本体特征、基本数据及其保存情况,判断文物保护形势、制定文物保护政策、建立文物档案管理系统和中长期规划提供了重要依据。2005年6月,文化部启动全国非遗的普查工作,运用数字化多媒体等方式,对非遗进行真实、系统的调查研究,并建立档案和数据库[②],全面了解各地区、各民族非遗的种类、数量、分布状况、生存环境、保护现状和存在的问题。

(2) 建立国家文物登录制度和非遗名录体系。通过普查,我国建立了一套完整规范的可移动文物登录指标、基础档案,摸清了文物数量、保存状况及资源分布情况,建立各级政府逐级组织申报、认定、登录的文物工作机制,实现了通过大数据进行资源管理和文物资源社会共享。至2016年2月22日,已有1 756万件套文物在全国可移动文物信息登录平台上登录,每件文物获得22位编码的"文物身份证"[③]。通过制定评审非遗名录的标准,建立了国家级和省、市、县级非遗代表作名录体系[④]。

[①③] 单霁翔:《关于建立国家文物登录制度的提案》,国家文物局网,2016年3月7日,http://www.sach.gov.cn/art/2016/3/7/art_1877_128865.html。

[②④] 《国务院办公厅关于加强我国非物质文化遗产保护工作的意见》,中国政府网,2008年3月28日,http://www.gov.cn/zhengce/content/2008-03/28/content_5937.htm。

（3）统筹制定规章政策，完善相关制度。2004年，国务院批准建立国家文物保护部际联席会议，负责审定世界文化遗产保护规划①。2005年成立国家文化遗产保护领导小组，定期研究文化遗产保护工作的重大问题和政策方案②。2016年国务院强调，国务院文物行政部门，统筹安排世界文化遗产、全国重点文物保护单位保护规划的编制工作，省级人民政府具体组织编制，地方各级人民政府要及时核定本行政区内的文物保护单位和不可移动文物，并向社会公开，受社会监督③。逐步完善了基本建设考古制度、流失文物等制度。在非遗方面，统筹制定国家和地区非遗保护规划，明确保护范围，提出了长远目标和近期工作任务④。

2. 明确责任主体，落实文物安全工作。

（1）落实地方政府主体责任。2005年，国务院提出地方各级人民政府和部门应将文化遗产保护列入重要议事日程，并纳入经济和社会发展计划和城乡规划，建立健全文化遗产保护责任制度和责任追究制度、文化遗产保护定期通报等制度，推进文化遗产保护工作的科学化、民主化。2016年国务院进一步强调，各级人民政府要进一步提高对文物保护重要性的认识，依法履行管理和监督责任，地方政府要切实履行文物保护主体责任，把文物保护工作列入地方领导综合考核评价的重要参考指标，建立健全文物保护责任评估机制，每年对本行政区域的文物保存状况进行一次检查评估。

（2）强化各部门的监管责任。厘清各部门文物安全工作职责，明确了各部门的监管责任。其中，文物部门负责制定文物行

---

① 《文化部、建设部、文物局等部门关于加强我国世界文化遗产保护管理工作意见的通知》，中国政府网，2008年3月28日，http://www.gov.cn/zhengce/content/2008-03/28/content_5943.htm。

②④ 《国务院关于加强文化遗产保护的通知》中国政府网，2008年3月28日，http://www.gov.cn/zhengce/content/2008-03/28/content_5926.htm。

③ 《国务院关于进一步加强文物工作的指导意见》，中国政府网，2016年3月8日，http://www.gov.cn/zhengce/content/2016-03/08/content_5050721.htm。

第四章 中国文化遗产事业的成就、经验与前景

政执法督察的标准,协同处理文物犯罪案件、安全事故;公安部门负责打击文物犯罪,指导文物保护单位开展消防和治安工作;海关部门负责进出境文物监管和打击文物走私工作;工商部门负责依法对文物市场进行检查;国土资源、住房城乡建设、旅游、宗教、海洋等负有文物安全职责的部门需认真履责;发展改革、教育、财政等其他部门在职责范围内为文物安全工作提供支持保障[①]。

(3)加强部门间的协调配合。2016年,国务院指出,各地要建立由主管领导牵头的文物工作协调机制,发展改革、财政、住房城乡建设、国土资源、文物等部门要加强协调配合,建立文物、文化、公安、国土资源等部门的行政执法联动机制,以开展联合检查和整治行动。同时,发挥全国文物安全工作部际联席会议作用,公安、海关、工商、海洋、文物等部门保持对文物违法犯罪活动的高压态势。在非遗方面,2005年由文化部牵头,建立了中国非物质文化遗产保护工作部际联席会议制度,统一协调非遗保护工作,文化行政部门与相关部门积极配合,形成了合力[②]。

(4)建立文物安全长效机制。一是建立工作机制,包括16个部委的文物安全部际联席会议,坚持专项行动和常态监管相结合,打赢文物安全防范攻坚战;二是依法打击,2015年10月修订的《关于办理妨害文物犯罪等刑事案件适用法律若干问题的解释》,有助于公安司法机关在文物犯罪活动方面适当刑罚;三是国家文物局和公安部建立了全国文物犯罪信息中心,对盗掘文物的数据和情况进行对接,加大了流失文物追讨力度;四是将文物安全纳入全国文明城市评比;五是实施文物平安工程,建设全国

---

① 《国务院办公厅关于进一步加强文物安全工作的实施意见》,中国政府网,2017年9月20日,http://www.gov.cn/zhengce/content/2017-09/20/content_5226346.htm。
② 《国务院办公厅关于加强我国非物质文化遗产保护工作的意见》,中国政府网,2008年3月28日,http://www.gov.cn/zhengce/content/2008-03/28/content_5937.htm。

文物安全监管平台，实现文物博物馆单位安全防护设施全覆盖①。

（5）完善文物安全防护设施。完善安全防护设施，健全文物安全防护标准，推广应用文物和博物馆单位安防、消防先进技术和装备。对于文物资源密集、专门机构人员短缺的地区，可集中设置安全防护综合控制中心。通过现有资金渠道，对文物保护单位的安全防护设施建设、运行及维护经费予以保障。鼓励和引导社会力量参与，开拓多元化的文物安全防护设施资金投入渠道。

（6）强化日常安全督查巡查。2008年，国务院建立了世界文化遗产保护的专家咨询机制和监测巡视制度，对世界文化遗产保护规划和专项法规的实施情况进行经常性的监督检查②。地方各级政府每年会开展一次文物安全检查评估；文物、公安、住房城乡建设等部门会在职责范围内加强文物安全日常检查和监测工作；文物和博物馆的主管部门会加强对文物安全关键岗位、关键环节的检查，文物管理使用单位会做到"日日有巡查、次次有记录"。

3. 加强有效保护，巩固抢救保护成果。

（1）加强不可移动文物保护。加强不可移动文物日常养护巡查和监测保护，防止因维修不当造成破坏③。健全不可移动文物保护机制，深入推进文物领域"放管服"改革。国土空间规划编制和实施应充分考虑不可移动文物保护管理需要，建立国家文物保护利用示范区，推动区域性文物资源整合和集中连片保护

---

① 《建立文物安全的长效机制包含五个方面的内容》，中国政府网，2017年9月22日，http://www.gov.cn/xinwen/2017-09/22/content_5226836.htm。

② 《文化部、建设部、文物局等部门关于加强我国世界文化遗产保护管理工作意见的通知》，中国政府网，2008年3月28日，http://www.gov.cn/zhengce/content/2008-03/28/content_5943.htm。

③ 《国务院关于进一步加强文物工作的指导意见》，中国政府网，2016年3月8日，http://www.gov.cn/zhengce/content/2016-03/08/content_5050721.htm。

利用，在坚持国有不可移动文物所有权不变的前提下，探索社会力量参与国有不可移动文物使用和运营管理①。

（2）加强可移动文物保护。2016年，国务院决定实施馆藏文物修复计划，及时抢救修复濒危珍贵文物，优先保护材质脆弱的珍贵文物，分类推进珍贵文物保护修复工程，注重保护修复馆藏革命文物；实施预防性保护工程，对展陈珍贵文物配备具有环境监测功能的展柜，完善博物馆、文物收藏单位的文物监测和调控设施，对珍贵文物配备柜架囊匣。为处于地震带的博物馆的珍贵文物配置防震保护设备。

（3）落实重点文物保护修缮工程。统筹规划、集中资金，实施文物保护重点工程，必须确保文物的真实性，加强对重要濒危文物的保护，对文物"复建"应进行严格限制，把有限的人力、物力切实用到对重要文物、重大濒危文物的保护项目上。严格工程管理，落实文物保护工程队伍资质制度，建立健全各类文物保护技术规范，确保工程质量②。

（4）加强城乡建设中的文物保护。重视城市改造和新农村建设中的文物保护，不可移动文物不得擅自迁移、拆除，做好基本建设中的考古调查、勘探、发掘和文物保护工作，防止拆真建假、拆旧建新等建设性破坏行为。涉及各级文物保护单位建设控制地带和地下文物埋藏区的建设项目，应按照《文物保护法》的规定办理相关手续。研究制定文物保护补偿办法，确定补偿对象和范围。利用公益性基金平台，募集社会资金，解决产权属于私人的不可移动文物保护维修的资金补助问题③。

---

① 《中共中央办公厅、国务院办公厅印发关于加强文物保护利用改革的若干意见》，中国政府网，2018年10月8日，http：//www.gov.cn/zhengce/2018-10/08/content_5328558.htm。

② 《国务院关于加强文化遗产保护的通知》，中国政府网，2008年3月28日，http：//www.gov.cn/zhengce/content/2008-03/28/content_5926.htm。

③ 《国务院关于进一步加强文物工作的指导意见》，中国政府网，2016年3月8日，http：//www.gov.cn/zhengce/content/2016-03/08/content_5050721.htm。

(5) 加强历史文化名城、街区、村镇保护。历史文化名城、名镇、名村的保护遵循科学规划、严格保护的原则,保持和延续其传统格局和历史风貌,维护历史文化遗产的真实性和完整性;国家对历史文化名城、名镇、名村的保护给予必要的资金支持;完善历史文化名城、街区、村镇的申报、评审工作;批准公布后,当地政府应当组织编制历史文化名城保护规划;历史文化名城、街区、村镇遭到严重破坏的,应当依法取消其称号,并追究责任①。

(6) 保护、抢救、传承濒危珍贵非遗。中国民族民间文化保护工程是非遗保护工作的重要组成部分,重点扶持少数民族地区的非遗保护工作。抓紧征集具有重要价值的非遗实物和资料,完善征集和保管制度,建立非遗资料库、博物馆或展示中心。建立科学有效的非遗传承机制,对列入名录的非遗,采取授予称号、表彰奖励、资助扶持等方式进行保护,鼓励代表作传承人进行传习活动②。

4. 推进合理利用,提升中华文化魅力。

(1) 为培育和弘扬社会主义核心价值观服务。挖掘研究文物价值内涵,传播优秀传统文化,推出一批具有鲜明教育作用、彰显社会主义核心价值观的陈列展览、文物影视节目和图书。推动建立中小学生定期参观博物馆的研学机制,鼓励推出一批全国研学实践线路、课程和活动③。发挥非遗对青少年进行传统文化教育和爱国主义教育的作用,公共文化机构要积极开展对非遗的传播和展示。教育部门应将优秀的、具有民族特色的非遗编入教

---

① 《历史文化名城名镇名村保护条例》,中国政府网,2008年4月30日,http://www.gov.cn/zhengce/content/2008-04/30/content_5619.htm。
② 《国务院办公厅关于加强我国非物质文化遗产保护工作的意见》,中国政府网,2008年3月28日,http://www.gov.cn/zhengce/content/2008-03/28/content_5937.htm。
③ 《国务院关于进一步加强文物工作的指导意见》,中国政府网,2006年3月8日,http://www.gov.cn/zhengce/content/2016-03/08/content_5050721.htm。

材,开展教学活动①,为培育和弘扬社会主义核心价值观服务。

(2)为保障人民群众基本文化权益服务。完善博物馆公共文化服务功能,扩大公共文化服务覆盖面,将更多的博物馆纳入财政支持的免费开放范围。推动博物馆由数量增长向质量提升转变,完善服务标准,提升文物陈列质量,促进馆藏资源、展览的共享交流,坚持向未成年人等特殊社会群体减、免费开放,不断提高服务质量和水平②,促进博物馆公共文化服务标准化、均等化。

(3)为促进经济社会发展服务。发挥文化遗产在促进地区经济社会发展、壮大旅游业中的重要作用,打造文物旅游品牌,培育以文物保护单位、博物馆为支撑的体验旅游、研学旅行和传统村落休闲旅游线路,设计生产较高文化品位的旅游纪念品,增加地方收入,扩大居民就业。实施"互联网+中华文明"行动计划,推动文物与教育、旅游、创新创意、设计和动漫游戏等领域跨界融合,组织参加相关展会③。

(4)大力发展文博创意产业。深入挖掘文物资源的价值内涵和文化元素,延伸文博衍生产品链条,扩大引导文化消费,培育新型文化业态。鼓励众创、众筹,以创新创意为动力,以文博单位和文化创意设计企业为主体,开发原创文化产品。支持和引导企事业单位通过市场方式让文物活起来,丰富人民群众的精神文化生活④。

---

① 《国务院办公厅关于加强我国非物质文化遗产保护工作的意见》,中国政府网,2008年3月28日,http://www.gov.cn/zhengce/content/2008-03/28/content_5937.htm。
② 《国务院关于加强文化遗产保护的通知》,中国政府网,2008年3月28日,http://www.gov.cn/zhengce/content/2008-03/28/content_5926.htm。
③ 国家文物局:《2019年工作要点》,国家文物局网,2019年2月8日,http://gl.sach.gov.cn/sachhome/details.html?public=gcml&theme=public&id=20672&column=0402210000。
④ 《文化部关于推动文化文物单位文化创意产品开发若干意见的通知》,中国政府网,2016年5月16日,http://www.gov.cn/zhengce/content/2016-05/16/content_5073722.htm。

(5) 促进文物对外交流合作,提升中华文化魅力。积极参与国际文化遗产保护事务,扩大与相关国际组织的合作,形成文物交流双边、多边合作机制。与更多国家和地区签署防止盗窃、盗掘和非法进出境文物双边协定,通过外交、司法、民间等形式,推进流失海外文物的追索与返还。拓宽文物对外展示传播渠道,加强文物与外交、文化、海洋等部门的联动,推进与"一带一路"沿线国家文物保护领域的实质性合作[1]。

5. 健全文物法规,强化执法监管力度。

(1) 加快文化遗产保护法制建设。加强文化遗产保护法律法规建设,推进文化遗产保护的法制化、制度化和规范化。根据遗产地的具体情况,制定和完善文化遗产保护的地方性法规、规划和管理规章,明确世界文化遗产保护范围、保护措施和目标。推进《文物保护法》《水下文物保护管理条例》等法律法规的修订工作,鼓励各省、自治区、直辖市制定文物保护的地方性法规,健全文物保护利用的法律制度和标准规范[2]。

(2) 加强地方文物执法工作。严格按照相关法律、法规办事,打击破坏文化遗产的各类违法犯罪行为,地方各级政府结合综合行政执法改革,进一步加强文物执法工作,落实执法责任。文物行政部门要强化预防控制措施,加大执法巡查力度,及时制止违法行为;建立案件分级管理、应急处置、挂牌督办等机制,建设文物执法管理平台[3]。

(3) 落实文物保护责任终身追究制。落实文物保护责任终身追究制,厘清责任单位和责任人员,界定违法违纪行为,明确处分种类和运用规则。重点追究因决策失误、玩忽职守,造成文

---

[1][3] 《国务院关于进一步加强文物工作的指导意见》,中国政府网,2016年3月8日,http://www.gov.cn/zhengce/content/2016-03/08/content_5050721.htm。

[2] 《中共中央办公厅、国务院办公厅印发关于加强文物保护利用改革的若干意见》,中国政府网,2018年10月8日,http://www.gov.cn/zhengce/2018-10/08/content_5328558.htm。

化遗产破坏、被盗或流失的责任人的法律责任①。涉嫌犯罪的，必须移送司法机关处理；建立健全文物保护工程勘察设计、施工、监理、技术审核质量负责制。

（4）强化文物保护督察机制。强化文物保护监督机制，畅通文物保护社会监督渠道。加强层级监督，依法对地方履行文物保护职责情况进行督察，集中曝光重大典型案例②。全国文物安全工作部际联席会议成员单位每年对各地文物安全工作落实情况开展一次督察，确定重大文物案件和安全事故并挂牌督办。推进国家文物督察试点，开展国家文物督察试点工作机制研究，开展不可移动文物执法监测。

（5）加大普法宣传力度。将文物保护法的学习宣传纳入普法教育规划。文化、新闻出版广电等部门和单位要主动做好文物保护法的宣传普及工作。各级文物行政部门要将文物保护法的宣传普及作为长期工作任务，切实提高全民文物保护意识。开展多种形式的普法教育活动。建立健全文物单位的守法信用记录，完善守法诚信行为、褒奖机制和违法失信行为惩戒机制。

（6）畅通社会监督渠道。充分利用文艺演出、公益广告、广播电视节目等形式，积极利用各类新闻媒体平台，引导社会力量参与文物保护，树立全社会保护文物光荣、破坏文物违法的意识。树立正确文物收藏观，鼓励合法收藏，拒绝非法交易文物。加强社会监督，鼓励文物保护社会组织、志愿者等积极参与文物安全监督管理，畅通社会监督渠道③。

（7）清理整顿文物流通市场。加强对文物市场的调控和监

---

① 《国务院关于加强文化遗产保护的通知》，中国政府网，2008 年 3 月 28 日，http://www.gov.cn/zhengce/content/2008-03/28/content_5926.htm。
② 《国务院关于进一步加强文物工作的指导意见》，中国政府网，2016 年 3 月 8 日，http://www.gov.cn/zhengce/content/2016-03/08/content_5050721.htm。
③ 《国务院办公厅关于进一步加强文物安全工作的实施意见》，中国政府网，2017 年 9 月 20 日，http://www.gov.cn/zhengce/content/2017-09/20/content_5226346.htm。

督管理，严格把握文物流通市场准入条件，规范文物经营和民间文物收藏行为。依法加强文物商店销售文物、文物拍卖企业、拍卖文物的审核备案工作。坚决取缔非法文物市场，严厉打击盗窃、盗掘、走私、倒卖文物等违法犯罪活动。严格执行文物出入境审核、监管制度，加强鉴定机构队伍建设，严防珍贵文物流失。加强国际合作，对非法流失境外的文物要坚决依法追索①。

6. 完善投入保障，促进社会多元参与。

（1）安排专项资金，保障经费投入。加大对世界文化遗产保护经费的投入和管理，保护专项资金的分配重点向世界文化遗产倾斜。各级人民政府要将文化遗产保护经费纳入本级财政预算，保障重点文化遗产经费投入。探索对文物资源密集区的财政支持方式，在土地置换、容积率补偿等方面给予政策倾斜。加强经费绩效管理和监督审计，提高资金使用效益。大力推广政府和社会资本合作（PPP）模式，拓宽社会资金进入文物保护利用的渠道②。

（2）重视人才培养，加强人才队伍建设。加强培训，提高世界文化遗产管理人员素质，实行世界文化遗产保护管理人员持证上岗制度。实施人才培养"金鼎工程"，加快文博领军人才、科技人才、技能人才、复合型管理人才培养。组织高等院校、科研院所以及文物大省，实施保护项目与人才培养联动战略，加快文物保护修复、水下考古、展览策划、法律政策研究等人才培养。重视民间匠人传统技艺的挖掘、保护与传承。加强全国文博网络学院建设。推进国家文物领域智库建设，搭建文物政策研究咨询平台③。

---

① 国家文物局：《2019年工作要点》，国家文物局网，2019年2月8日，http://gl.sach.gov.cn/sachhome/details.html?public=gcml&theme=public&id=20672&column=0402210000。

② 《国务院关于进一步加强文物工作的指导意见》，中国政府网，2016年3月8日，http://www.gov.cn/zhengce/content/2016-03/08/content_5050721.htm。

③ 《国家文物局2019年工作要点》，国家文物局网，2019年2月8日，http://gl.sach.gov.cn/sachhome/details.html?public=gcml&theme=public&id=20672&column=0402210000。

第四章　中国文化遗产事业的成就、经验与前景

（3）加强科技支撑，推动文物保护与科技融合创新。发挥科技创新的引领作用，运用云计算、大数据、"互联网＋"等现代信息技术，推动文物保护与现代科技融合创新。加强信息平台建设，建立覆盖全国重点文物保护单位和世界文化遗产地的监控系统，实现远程监管、消防物联网监控和文物安全监管人员智能巡检，建设完善文物安全监管平台。完善全国文物犯罪信息平台，及时发布被盗文物信息[①]。

（4）加大宣传力度，营造保护文化遗产的良好氛围。认真举办"文化遗产日"系列活动，增强全社会的文化遗产保护意识。文化遗产保护机构经常举办展示、论坛、讲座等活动。教育部门将优秀文化遗产纳入教学计划，编入教材，组织参观学习活动[②]。实施中华文物全媒体传播计划。推进国家文物局新闻宣传全媒体采编管理系统与传播平台建设。各类新闻媒体通过开设专题、专栏等方式，宣传保护文化遗产的先进典型，及时曝光违法事件，加强文物舆情监测管理工作。

（5）鼓励社会参与，形成全方位的参与机制。鼓励制定社会参与文物保护的政策措施，培育以文物保护为宗旨的社会组织，发挥文物保护志愿者作用。鼓励民间合法收藏文物，支持非国有博物馆发展。制定文物公共政策应征求专家学者、社会团体、社会公众的意见，提高公众参与度，形成全社会保护文物的新格局[③]。充分发挥专家的作用，建立非遗保护的专家咨询机制

[①]《国务院办公厅关于进一步加强文物安全工作的实施意见》，中国政府网，2017年9月20日，http://www.gov.cn/zhengce/content/2017-09/20/content_5226346.htm。

[②]《国务院关于加强文化遗产保护的通知》，中国政府网，2008年3月28日，http://www.gov.cn/zhengce/content/2008-03/28/content_5926.htm。

[③]《国务院关于进一步加强文物工作的指导意见》，中国政府网，2016年3月8日，http://www.gov.cn/zhengce/content/2016-03/08/content_5050721.htm。

和检查监督制度①。

(三) 存在问题

1. 文化遗产安全形势不容乐观。

文物受损情况普遍存在，保护形势严峻。目前，文物保护形势依旧严峻，一些地方政府重申报、重开发，轻保护、轻管理的工作现象比较普遍。一些文物保护单位因自然和人为因素遭到破坏，一些革命文物的保护没有得到足够重视，尚未核定公布为文物保护单位的不可移动文物消失速度加快。少数地方对世界文化遗产进行超负荷利用和破坏性开发，存在商业化、人工化和城镇化倾向，使世界文化遗产的真实性、完整性受到损害②；在文物修复过程中，由于部分工作人员缺少职业素养和专业知识，导致大量珍贵文物受到破坏。

文物安全监管力量不足，保护意识薄弱。文物安全监管力量严重不足，导致文物安全检查和执法巡查难以到位，农村和边远地区的文物安全尤其令人担忧。安全监管与执法力量仍显不足，省级文物部门一半未设专门文物安全监管处室，市县级设置专管机构的不足5%，管理单位隐瞒不报、主管部门毫不知情现象依然普遍存在③。同时，许多地方政府虽已认识到宣传文物保护工作的重要性，但因宣传经费紧张等问题，选择降低了宣传力度，导致群众缺乏保护意识，也无法真正参与到文物保护工作中。

文物盗窃盗掘案件高发，市场缺乏规范。当前，文物遭受盗

---

① 《国务院办公厅关于加强我国非物质文化遗产保护工作的意见》，中国政府网，2008年3月28日，http://www.gov.cn/zhengce/content/2008-03/28/content_5937.htm。

② 《关于加强我国世界文化遗产保护管理工作意见的通知》，中国政府网，2008年3月28日，http://www.gov.cn/zhengce/content/2008-03/28/content_5943.htm。

③ 《国家文物局督察司就文物行政执法和安全监管工作情况答记者问》，中国政府网，2018年4月16日，http://www.lywwj.gov.cn/do/bencandy.php?fid=141&id=13635。

第四章　中国文化遗产事业的成就、经验与前景

窃盗掘案件高发，盗窃和盗掘古遗址古墓葬以及走私文物的违法犯罪活动还没有得到有效遏制，大量珍贵文物流失境外。文物流通领域非法交易、非法收藏、拍假卖假乱象丛生①，但我国尚未建立文物鉴定资格管理制度，鉴定资格准入和鉴定行为监管体制尚未确立，加之鉴定从业人员素质参差不齐，甚至存在受利益驱使随意开具鉴定证书的现象。此外，部分民间收藏文物通过古玩城、古董店、旧货市场、网络交易等渠道进行流通，这些场所的买卖文物行为，不同程度存在鱼龙混杂、假冒伪劣、交易欺诈等现象②。

2. 文化遗产管理效率有待提升。

文物工作任务日益繁重，管理难度加大。随着文物数量大幅度增加，文物登记的总量在大幅度增长，文物保护的任务日益繁重，文物工作面临着新的问题和挑战。文物数量和保护工作量的巨大与专业人员的不足，严重制约了工作质量的提升，特别是文物资源多的省份，暴露了更多问题。同时，文物部门与政府部门之间存在管理体制不顺、管理层次总体偏低等问题，有的地方机构出现重叠、职能交叉等现象，都表明治理能力和治理水平尚需提升③。

相关法律法规尚未健全，执法力度薄弱。全社会保护文物的法治观念有待提升，文物保护的配套法规体系尚需完善，一些地方履行文物保护的责任不到位，违法行为屡禁不止。主要表现在：一是文物违法举报工作宣传普及力度不够；二是一些地区对文物违法举报工作重视不够；三是处置文物违法举报工作合力有

---

① 刘玉珠：《解读〈关于进一步加强文物安全工作的实施意见〉》，中国政府网，2017年9月22日，http://www.gov.cn/zhengce/2017-09/22/content_5226972.htm。
② 《国家文物局回应我国当前文物工作中一些热点问题》，中国政府网，2012年3月30日，http://www.gov.cn/gzdt/2012-03/30/content_2103703.htm。
③ 《中共中央办公厅、国务院办公厅印发关于加强文物保护利用改革的若干意见》，中国政府网，2018年10月8日，http://www.gov.cn/zhengce/2018-10/08/content_5328558.htm。

待加强；四是利用网络涉嫌文物违法问题查办难，"直播寻宝""闲鱼售卖""全民直播"等网络平台中涉嫌违法交易或直播盗墓的举报信息调查核实难度大。

文物保护经费短缺紧张，社会资金利用不足。目前，我国许多地方财政力量不足，能够投入文物保护利用的部分很少。在中西部地区，一些文物资源丰富的县通常也是贫困县，资金需求和政府财力之间的缺口非常大，导致许多文物保护状况极差。而基层文物单位的经费一般由地方政府财政投入，经费来源单一，难以顺利开展普查、征集、保护、开发、科研等工作。由于经费的短缺，在外面流散的文物不能进行有效回收，导致文物流失。同时，由于经费难以落实，业余保护人员的积极性被挫伤，不利于文物的有效保护。

3. 文化遗产工作离世界一流水准仍有差距。

文博人才素质参差不齐，专业人才短缺。尤其缺乏考古、历史、文物鉴定等专业人才，这种情况在基层文物部门更加凸显。由于受到经费和人员编制等因素的制约，相关文物保护专业人才调不进来，导致基层文物保护部门多是非文博相关专业毕业的人员，基层文保部门专业人才断层现象严重。由于基层文物部门工作人员缺乏文物专业知识的培训、学习和深造的机会，造成现在基层博物馆难以更好地持续开展工作，削弱了文物管理的能力[①]。

文化遗产"走出去"的体制壁垒难以突破。我国博物馆走出国门可以上溯到20世纪70年代。"过去主要是出国举办展览，服务于领导人出访、建交纪念日等重要的政治任务，渠道、形式、目的都相对单一"。但从近年来的增量看，"走进来"的展览增加更多，"走出去"的增量反而不大。而"走出去"的主要

---

① 黄瀚东：《我国文物保护工作中存在的问题与对策》，载于《教育观察（上半月）》2016年第6期。

制约因素，首先是财政经费的不足，缺乏鼓励性政策；其次是受到展览形式单一、复合型人才缺乏、保费过高等因素限制。相比之下，民办博物馆"走出去"所面临的壁垒更难突破，根本在于其登记注册制度的缺陷①。这使得我国在国际交流合作上处于被动地位的不利状态。

二、新使命、新任务与前景展望

党的十八大以来，以习近平同志为核心的党中央高度重视文化遗产工作。习近平总书记多次就保护弘扬中华优秀传统文化发表重要讲话，做出重要指示批示。党的十九大报告提出要"加强文物保护利用和文化遗产保护传承"。这些重要论述和决策部署，为我们做好文化遗产工作提供了根本遵循。

（一）十八大以来我国文化遗产工作的成就

党的十八大以来，我国文化遗产工作体系已经基本形成，属地管理、分级负责的管理模式渐趋成熟，思路和理念更加清晰，法律法规和政策体系更加完善，保护利用传承发展水平不断提高，形成了中国经验；国务院出台《关于进一步加强文物工作的指导意见》，召开全国文物工作会议，对新时期文物工作进行全面部署。多部委与国家文物局联合发布《关于推动文化文物单位文化创意产品开发的若干意见》《"互联网+中华文明"三年行动计划》《国家"十三五"文化遗产保护与公共文化服务科技创新规划》，为文物工作创新发展提供了政策支撑；各级财政的投入稳步增长，"十二五"期间全国一般公共预算文物支出累计

---

① 鲁博林：《中国博物馆为何难以"走出去"》，新华网，2017年3月31日，http：//www.xinhuanet.com/overseas/2017-03/31/c_129522059.htm。

1 404 亿元，年均增长 16.5%；其中中央财政文物支出累计 607 亿元，年均增长 17.1%①；文化遗产快速消失势头得到遏制，安全保障程度得到有效提升，重点文化遗产资源保护和传承状况明显改善，合理利用稳步推进；全社会关注程度极大提升，保护意识明显增强。

1. 推进文物普查工作，进一步摸清家底。

2012~2016 年，我国开展了第一次全国可移动文物普查，是全面摸清我国文物资源总体情况、完善文物保护体系、加强文物资源管理利用的重要措施和基础工程②。普查实现了国有单位的全覆盖，国民经济统计的 20 个行业中，除国际组织不在普查范围外，19 个行业都收藏有文物。普查打破原有行业系统条块分割局限，在全国范围内将文物资源统计从传统的以文物单位为主拓展到各行业领域③。2017 年 4 月 7 日，国务院第一次全国可移动文物普查领导小组正式发布了第一次全国可移动文物普查工作报告和数据公告，标志着我国首次针对可移动文物开展的全国性普查工作圆满结束。

截至 2018 年，普查全国可移动文物共计 6 407 318 件/套。（见表 4-1），全国各级综合档案馆馆藏纸质历史档案 81 544 000 卷/件。按文物类别统计，数量最多的五个类别分别是：钱币 24 827 078 件，数量占比 38.75%；古籍图书 11 912 756 件，数量占比 18.59%；档案文书 4 073 555 件，数量占比 6.36%；陶器 2 287 469 件，数量占比 3.57%；瓷器 2 252 805 件，数量占比 3.52%。以上五个类别合计 45 353 663 件，数量占比 70.78%。可移动文物数量最多的五个省（直辖市）分别是：北京市

---

① 《党的十八大以来文物工作成就》，载于《中国文物报》2017 年 6 月 9 日。
② 耿坤：《第一次全国可移动文物普查圆满收官》，载于《文物天地》2017 年第 5 期。
③ 张伟：《国家文物局局长刘玉珠就第一次全国可移动文物普查成果发布答记者问》，载于《中国文物报》2017 年 4 月 8 日。

11 615 758 件,数量占比 18.13%;陕西省 7 748 750 件,数量占比 12.09%;山东省 5 580 463 件,数量占比 8.71%;河南省 4 783 457 件,数量占比 7.47%;山西省 3 220 550 件,数量占比 5.03%。以上五省(直辖市)合计 32 948 978 件,占可移动文物总量的 51.42%[①]。

表 4-1　　可移动文物分级别统计情况

可移动文物级别	可移动文物实际数量(件)	数量占比(%)
合计	64 073 178	100.00
一级	218 911	0.34
二级	551 192	0.86
三级	3 086 165	4.82
一般	24 353 746	38.01
未定级	35 863 164	55.97

普查结果显示,我国有可移动文物呈现出资源总量庞大、收藏体系多元、收藏主体集中、文物类型丰富、文物数量快速增长等特点。通过普查,全面掌握了我国可移动文物的分布、保存管理状况等总体情况,梳理了按文物级别、类别、时代划分、收藏主体、完残程度、文物来源、入藏阶段等细分数据。有利于更好地保护、管理和利用这些文物资源,充分发挥文物资源在促进经济社会协调发展、促进传承中华优秀传统文化、满足人民群众基本文化需求等方面的基础性支撑作用。

2. 积极落实申遗工作,增强民族文化自信。

十八大以来,我国的世界文化遗产管理机构建设不断加强,管理体制持续完善,法律法规进一步健全,已逐步形成了较为完备的世界文化遗产保护、管理、监测体系。世界文化遗产不仅使

---

① 《第一次全国可移动文物普查数据公报》,国家文物局网,2017 年 4 月 7 日,http://www.sach.gov.cn/art/2017/4/7/art_722_139374.html。

所在地的凝聚力得到增强，使广大民众的珍贵记忆得以激活，增强了中华民族的认同感、凝聚力，还不断提高遗产所在地人民群众的生活质量，改善生活环境，增加经济收益，创造出旅游等多种直接或间接的就业机会①。

近年来，我国申遗项目起到了很大的示范作用，代表了中国世界遗产事业的水平。如从2013年的红河哈尼梯田、新疆天山；2014年的大运河和丝绸之路；2015年的土司遗址；2016年的花山岩画和湖北神农架；2017年的"鼓浪屿：历史国际社区"和"青海可可西里"；2018年的贵州梵净山和藏医药浴法；2019年的中国黄（渤）海候鸟栖息地、良渚古城遗址等。截至2019年7月，我国世界遗产已达55项（见表4-2）。

表4-2　　　　　　　十八大以来我国申遗成功项目

年份	项目名
2013	红河哈尼梯田、新疆天山
2014	大运河、丝绸之路
2015	土司遗址
2016	花山岩画、湖北神农架
2017	鼓浪屿、青海可可西里
2018	贵州梵净山、藏医药浴法
2019	中国黄（渤）海候鸟栖息地、良渚古城遗址

文化遗产申遗的重要目的就是通过这种方式对文化、自然和文化景观更好的保护和利用，传承中华民族的文化记忆，增强中国人民的文化自信。据联合国教科文组织评估，中国每年"申

---

① 闻白：《凝聚力来自文明的自信》，载于《人民日报（海外版）》2017年9月15日。

遗"花费3亿元。每一项文化遗产的申请成功，都意味着世界对其价值的认定，每项文化遗产都是人类罕见的、无法替代的财富。

3. 持续加大遗产保护力度，推动文化惠及大众。

进入新时代，文化遗产保护与文化传承面临着前所未有的大好形势，文化的力量和价值越来越为全社会广泛认知，文化遗产的保护与利用给我国文化发展带来的推动作用日益凸显。

十八大以来，文化遗产保护的制度化、法治化进程加快。修订了《文物保护法》；国务院印发了《关于进一步做好旅游等开发建设活动中文物保护工作的意见》《关于进一步加强文物工作的指导意见》；发布了《博物馆条例》《关于办理妨害文物管理等刑事案件适用法律若干问题的解释》等。具体而言，一是加强了对不可移动文物的保护，实施了"平安故宫"等一大批重点工程项目，进一步加强对长城、革命文物、大运河、大遗址的保护；二是加强了对可移动文物的保护，十八大到十九大召开前夕，我国累计完成可移动文物修复和博物馆藏品预防性保护项目1 000余项，修复文物4万余件；三是提升了考古发掘保护能力，2013年以来共实施考古发掘保护项目3 000余个，取得重大成果；四是着力加强了文物安全工作，落实文物安全责任制，开展全国文物安全状况大排查和专项整治行动，持续加大文物违法犯罪打击力度，2013年以来海关共查获非法进出境文物1.2万余件[①]。

随着文化遗产保护力度的加大，我国政府及相关部门也多措并举推动文化遗产的宣传和普及，使优秀传统文化更加深入人心，推动形成"人人了解文化遗产、保护文化遗产"的生动局

---

① 雒树刚：《国务院关于文化遗产工作情况的报告——2017年12月23日在第十二届全国人民代表大会常务委员会第三十一次会议上》，人民网，2017年12月25日，http://www.npc.gov.cn/npc/xinwen/2017-12/23/content_2034497.html。

面。我国每年举办国际博物馆日、文化和自然遗产日主场城市活动，每年覆盖受众上亿人次①。十八大以来，全国开展非物质文化遗产展示宣传活动 30 余万场次，受众 5 亿余人次。报刊、广播、电视台、网站等也不断推出《中国诗词大会》《致我们正在消逝的文化印记》《我在故宫修文物》《粉墨宝贝》等一批深受欢迎的节目、栏目。

4. 加强非物质文化遗产保护，特别注重文化传承。

文化是民族生存和发展的重要力量，而非物质文化遗产是人类文明的记忆载体，体现着各民族不同的精神特质、价值观念、心理结构、气质情感。十八大以来，我国非遗保护工作从"抢救保护、建章立制"的基础工作阶段转入"巩固抢救保护成果，提高保护传承水平"的纵深发展阶段。

首先，顶层设计不断完善，工作流程日益规范。进一步完善了关于非遗代表性项目保护与管理、代表性传承人认定与管理、专项资金管理、文化生态保护区建设管理等制度规范；积极探索建立重点工程、重点工作和非遗保护项目的绩效评估制度；分门别类研究制定保护传承和振兴计划等。同时，加强非物质文化遗产名录体系建设，重视优秀文化传承。我国相继建立了国家、省、市、县四级非遗名录体系。截至十九大召开前夕，国务院批准公布了四批共 1 372 项国家级代表性项目，各省区市批准公布了 13 087 项省级代表性项目。文化部命名了四批 1 986 名国家级代表性传承人，各省区市命名了 14 928 名省级代表性传承人。文化部还于 2015 年联合教育部启动实施中国非遗传承人群研修研习培训计划，为非遗传承提供大学的学术和教学资源支持。目前，全国 78 所院校已举办培训班 280 余期，加上延伸培训，合

---

① 宋俊华：《中国非物质文化遗产保护发展报告》，社会科学文献出版社 2018 年版，第 26 页。

第四章 中国文化遗产事业的成就、经验与前景

计培训 4 万余人①。此外，有效推动抢救性非遗记录工作，拓展非遗记录工程。2015 年 4 月，文化部印发《关于开展国家级非物质文化遗产代表性传承人抢救性记录工作的通知》，启动 300 名年满 70 周岁及不满 70 周岁但体弱多病的国家级代表性传承人记录工作，逐年分步实施②。到目前，中央财政累计支持对 839 名国家级代表性传承人开展抢救性记录工作，一批代表性传承人所承载的独到技艺、文化记忆得到记录和保存③。

5. 深化文化遗产领域合作，努力开展对外交流。

在文化遗产领域，我国已有多项跨国联合申报文化遗产的成功范例。如 2014 年，我国成功与哈萨克斯坦、吉尔吉斯斯坦联合申报"丝绸之路"世界遗产等。十八大以来，我国已建成的 35 个海外中国文化中心和 512 个孔子学院多次举办文化遗产主题活动。到目前，我国文物出境展览近 300 个、入境展览 100 多个。在非物质文化遗产领域，与蒙古国等国联合申报人类非物质文化遗产代表作，与泰国、日本、英国开展交流。

2013 年，习近平总书记提出"一带一路"的伟大构想，极大地推动了我国文化遗产对外交流合作的进程。全世界 72% 以上的文化遗产集中于"一带一路"沿线国家和地区，还包含全世界超过 70% 的民俗和 68% 的自然遗产，旅游总量占全球国际旅游总量的 70%④。"一带一路"倡议实施以来，我国和多个参与国家开展了 15 个境外联合考古项目合作，对 5 个参与国家进行了文物修复方面的援助，援助金额都达上亿元；成功建设了

---

①② 王学思：《党的十八大以来我国非遗保护工作综述》，中国政府网，2017 年 10 月 17 日，http://www.gov.cn/zhuanti/2017-10/17/content_5232430.html。

③ 《国家级非物质文化遗产代表性传承人抢救性记录验收工作培训班在京举办》，文化和旅游部网，2017 年 9 月 28 日，https://www.mct.gov.cn/whzx/bnsj/fwzwhycs/201711/t20171115_765231.htm。

④ 高江虹：《"一带一路"沿线文化遗产占全球 72% 旅游合作机制有待建立》，中国"一带一路"网，2017 年 9 月 8 日，https://www.yidaiyilu.gov.cn/xwzx/gnxw/27139.html。

"一带一路"文化遗产长廊,成立了丝绸之路国际博物馆联盟,举办了丝绸之路(敦煌)国际文化博览会、丝绸之路国际艺术节等品牌活动(见图4-1)。

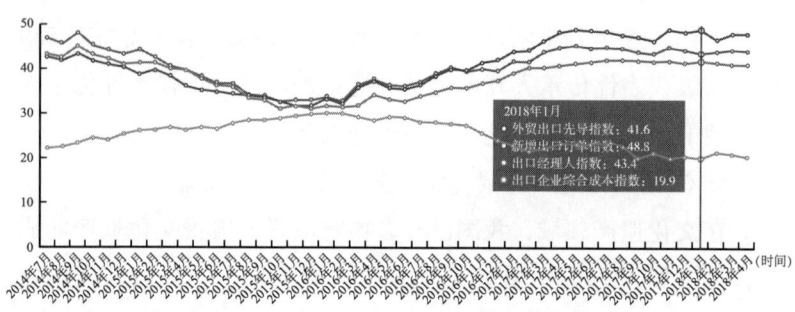

图4-1 "一带一路"外贸出口指数

跨文化交流和传播是推动文化不断发展和进步的重要力量。我国文化遗产资源丰富,"一带一路"等文化遗产对外交流战略的提出和开展,为文化遗产的跨文化传播、实现与各国文化交流提供了良好的契机,有利于促进我国文化领域的外资引进和经济发展。

(二)十九大对我国文化遗产工作的新要求

随着文化遗产保护机制的日臻完善,我国文化遗产工作进展顺利、成果颇丰。党的十九大召开以来,党和政府在我国文化遗产保护现实的基础上,立足于我国历史性变化,对文化遗产事业又提出了新的要求和新的愿景。

1. 多措并举,探索更加符合国情的文物保护之路。

努力走出一条符合国情的文物保护利用之路,是习近平总书记在对文物工作的重要指示中指明的方向,也是当下文物事业发展的时代使命。十九大前夕,我国政府出台的《国家文物事业发展"十三五"规划》,着重落实"多措并举让文物活起来",强调"坚持创造性转化和创新性发展,着力大力拓展文物合理适度利用的有效途径","努力走出一条符合国情的文物保护利用之路"①。规划将文物利用拓展到新型城镇化、新农村建设、扶贫攻坚、美丽中国建设、人文城市建设等领域,要求文化遗产工作要突破对发展旅游的单一依赖,实现文化遗产保护与经济社会发展的更广泛融合;提出的"促进文化创意产品开发",则要求文化遗产工作要突破仅依赖文化遗产本体的利用途径,建立依托文化遗产价值的新型利用方式②。

随着经济社会的快速发展,文物作为国家和民族弥足珍贵的文化资源,日益成为经济发展的精神力量、基础资源、战略资源。十九大报告指出,要推进国际传播能力建设,讲好中国故事,展现真实、立体、全面的中国,提高国家文化软实力③。要着眼于我国文物资源众多、保护任务繁重的实际,把世界文化遗产保护利用的普遍性与中国文物保护利用的特殊性相统一,加强基础研究和战略研究,建立政府主导、全社会广泛参与的文物保护利用管理体制机制,为文物事业改革发展提供动力源泉④。一方面,应当植根于中华民族优秀传统文化保护利用、传承发展的悠久历史,在博大精深的中华文化遗产的丰厚沃土滋养中形成的一条道路;另一方面,还应当从中国特色文物资源禀赋和保护利用实践出发,经过反复探索、总结,逐步确立、日益完善一系列行之有效的政策理论、方针原则、法律制度、标准规范、体制机制等。

---

① 《国家文物事业发展"十三五"规划》,国家文物局网,2017年2月21日,http://www.sach.gov.cn/art/2017/2/21/art_722_137348.html。
② 王京传:《新中国文化遗产管理制度的发展演变》,载于《光明日报》2018年1月24日。
③ 习近平:《决胜全面建成小康社会 夺取新时代中国特色社会主义伟大胜利——在中国共产党第十九次全国代表大会上的报告》,央广网,2017年10月27日,http://news.cnr.cn/native/gd/20171027/t20171027_524003098.shtml。
④ 刘玉珠:《努力探索符合国情的文物保护利用之路》,载于《求是》2016年第9期。

2. 协同创新，构建与科技融合的文化遗产保护机制。

习近平总书记指出，传承中华文化，要"以古人之规矩，开自己之生面"，重点做好创造性转化和创新性发展。使中华民族最基本的文化基因与当代文化相适应、与现代社会相协调①。2018年国家文物局、工业和信息化部、科学技术部印发《文物保护装备发展纲要（2018～2025年）》，聚焦安全防护与监管、文物勘查与考古、文物监测与修复、文物展示与利用等重点领域，推动文物保护装备领域高质量发展，为增强我国文化遗产保护传承能力提供科技保障②。

互联网的出现使数字经济带动了科技、产业的新转变，新一代的科学技术又将带来城市面貌的革新并让城市文明得以传承。数字化技术作为新生力量，以其在存储、传播、应用等方面的突出优势，成为文化遗产保护工作中的重要方法和内容。空间信息的统一梳理，可以聚集文化、创意、文物、科技、艺术、建筑等多维度的资源，形成聚合效应。用数字化管理、建立数据基础设施，整合各部门的资源，能更好地焕发城市的文化精神，使音乐、美术、艺术、街区、民俗、乡村的文化印迹与新技术相互渗透下得到完美的呈现。如意大利通过精度、色彩和仪器便携性都极高的三维激光扫描技术，在很大程度上避免了客观条件对于文物测绘工作的限制，为文物保护的数字化提供了新途径；再如第四届香港文化节通过360度投影技术和3D动画等新媒体技术重现香港多项非物质文化遗产，旨在应用科技实现艺术表达及文化保育等。

3. 互动体验，促进文化遗产与优秀文化活态传承。

文化遗产的保护受到国际社会的普遍关注，尤其是1972年

---

① 陈通：《以古人之规矩，开自己之生面》，载于《人民日报》2017年6月18日。

② 施雨岑：《我国为文化遗产保护传承筑牢科技支撑》，新华网，2018年11月16日，http://www.xinhuanet.com/politics/2018-11/16/c_1123726067.htm。

第四章　中国文化遗产事业的成就、经验与前景

联合国教科文组织通过《保护世界文化和自然遗产公约》以来，保护文化多样性已经成为全人类的共识。英国学者哈里森说过："遗产最重要的不是关乎过去，而是我们与现在、未来的关系。"① 十九大报告提出："深入挖掘中华优秀传统文化蕴含的思想观念、人文精神、道德规范，结合时代要求继承创新，让中华文化展现出永久魅力和时代风采"。② 文化遗产是千年文明古国的历史积淀，是中华民族传统文化的瑰宝，需要真真切切地让其"活起来"，实现代代传承的愿景。

十九大召开前夕，为了适应非遗活态传承的现实需要、加强传承能力建设、促进非遗的可持续发展，文化部、教育部实施了中国非物质文化遗产传承人群研修研习培训计划。旨在提高非遗传承能力，帮助传承人群"强基础、拓眼界、增学养"③。为进一步助力我国优秀文化遗产的活态传承，部分省份也集中力量进行了实践探索。例如 2019 年 6 月 1 日，湖北省政府出台的《宜昌市非物质文化遗产保护条例》正式施行，该条例规定，对非遗传承人实行奖补政策，由县级以上政府制定补助标准，通过助学、奖学金或给予职业培训补贴等方式，鼓励传承人带徒授艺，同时对高龄、灾病、特困等非遗传承人实施救助④。再如 2019 年 3 月举办的第十届"'中原古韵'——中国（淮阳）非物质文化遗产展演"就以"活态传承、活力再现，见人见物见生活"的非遗保护理念为主题，邀请了陕西、青海、四川、内蒙古、安徽、广西、辽宁等省、自治区具有鲜明地方特色的项目参与，内

---

① Harrison R. *Heritage*: *Critical Approaches*. Oxford Handbooks, 2012, P. 6.
② 习近平：《决胜全面建成小康社会　夺取新时代中国特色社会主义伟大胜利——在中国共产党第十九次全国代表大会上的报告》，央广网，2017 年 10 月 27 日，http://news.cnr.cn/native/gd/20171027/t20171027_524003098.shtml。
③ 刘洋：《研培计划：现代职业教育实现"非遗"项目活态传承》，光明网，2019 年 9 月 25 日，http://www.xinhuanet.com/culture/2017-09/25/c_1121720172.htm。
④《宜昌市非物质文化遗产保护条例》，2019 年 1 月 24 日，宜昌市政府网，http://www.ycsrd.gov.cn/content-54460-972239-1.html。

容丰富，形式多样，增强了非遗活动的群众性、广泛性、吸引力、感染力①。诸多实践证明，文化遗产应在被观赏、被分享中得到保护、诠释和延续。只有通过适当途径发挥作用，通过特定方式被大众所关注与分享，文化遗产才能具有旺盛的生命力②。

（三）习近平关于文化遗产的思想理论

党的十八大以来，以习近平同志为核心的党中央，高度重视文化遗产的历史意义与作用，将其作为新时期治国理政新理念新思想新战略的组成部分。党的十九大庄严宣告，中国特色社会主义进入新时代，习近平新时代中国特色社会主义思想成为我们党的指导思想。在习近平新时代中国特色社会主义思想中，关于文化遗产的思想理论占有重要位置。

1. 习近平关于文化遗产的重要论述。

在习近平一系列工作论述和重要指示的指导下，我国文化遗产保护工作不断取得重大成就。总书记站在实现中华民族伟大复兴中国梦的战略高度，就加强文物保护做出的重要指示和批示，充分体现了党中央对中华优秀传统文化的高度自信、对文物工作的高度重视，为新时期文物事业发展指明了方向，提供了遵循。

十八大以来，习近平同志对传承中华优秀传统文化发表了系列重要论述，立意高远，内涵深邃，为统筹推进文化遗产保护利用赋予了历史担当、指明了前进方向、提供了澎湃动能。国家文物局局长刘玉珠表示，在习近平同志关于"努力走出一条符合国情的文物保护利用之路"的重要指示精神的指引下，保护文物的社会共识已经形成，政府主导、部门协作、社会参与的文物保护利用格局日臻完善；文物资源家底基本摸清，文物保护状况明显

---

① 焦宏昌：《第十届中原古韵——中国（淮阳）非物质文化遗产展演3月8日在周口淮阳举行》，央广网，2019年2月28日，http://hn.cnr.cn/hngd/20190228/t20190228_524525287.shtml。

② 单霁翔：《让文化遗产活起来》，载于《人民日报》2019年5月17日。

改善；文物工作更好融入经济社会发展大局，文物惠及民生作用不断彰显；文物保护法律制度体系基本形成，文物保护责任意识、治理能力和管理水平大幅提升①。

习近平总书记关于文化遗产保护的重要论述，主要有如下几个重点：第一，合理利用文化遗产资源。党的十八大以来，习近平总书记秉持对历史文物的敬畏之心，强化"保护文物也是政绩"的科学理念，统筹好文物保护与经济社会发展。以大运河为例，2017年6月，习近平总书记对建设大运河文化带做出重要指示："大运河是祖先留给我们的宝贵遗产，是流动的文化，要统筹保护好、传承好、利用好"。在习近平总书记关心指导下，中央和地方整体规划、有序推进，一条"文化玉带"串联起沿岸无数物质和非物质文化遗产，为经济社会发展提供新能量②。第二，树立正确的文化遗产保护观念。在福建工作时他就指出，珍贵的历史文物，不仅属于我们，也属于后代子孙，任何个人和单位都不能为了谋取眼前或局部利益而破坏全社会和后代的利益。他将历史文物看作是激发爱国热情、凝聚人民力量、培育民族精神的重要载体，多次要求文物工作者要"让收藏在博物馆里的文物、陈列在广阔大地上的遗产、书写在古籍里的文字都活起来"，从而为中华民族的伟大复兴提供强大的文化自信③。第三，坚持文化遗产领域的对外交流。习近平总书记不仅是"文明交流互鉴"的提出者，更是这一思想的践行者。以"一带一路"建设为例来说，"一带一路"的目标是推进"五通"，即政策沟通、设施联通、贸易畅通、资金融通、民心相通。其中，民心相通最为关

---

① 李韵：《不断铸就中华文化新辉煌——代表、专家热议坚定文化自信、推动社会主义文化繁荣兴盛》，载于《光明日报》2017年10月21日。

② 施雨岑、吴晶、胡浩：《文明之光照亮复兴之路——以习近平同志为核心的党中央关心文化和自然遗产保护工作纪实》，新华网，http：//www.xinhuanet.com/2019-06/09/c_1210154260.htm。

③ 卜宪群：《深入领会习近平关于文化遗产的思想理论》，载于《人民日报》2018年1月10日。

键。而民心相通的基础，就是不同文明的交流互鉴①。

在实现中国梦的新征途上，我们离不开文化遗产所蕴含和代表的中国精神、中华文化。正如习近平总书记指出："中华文化积淀着中华民族最深沉的精神追求，是中华民族生生不息、发展壮大的丰厚滋养"。中华文化源远流长，形成了底蕴深厚、影响深远的中华传统文化②。而对文化遗产的认知，深刻影响着人们对民族文化与民族文化主体的认同，能够唤起人们的文化自觉与文化自信。保护文化遗产是一个世界性的实践难题，在中国工业化和城镇化的快速推进中，中国文化遗产保护更是重大的挑战③。习近平关于文化遗产的思想理论内涵博大，既包括中华优秀文化中的物质文化、精神文化和制度文化，也包括人类文明所创造的一切优秀文化遗产。在其思想指导下，我国文化遗产工作所取得的一系列的卓越成果都证明，在文化遗产保护过程中，应该关注文化遗产所具有的民族性特征，让文化遗产保护工作符合中国国情、讲好中国故事。

2. 文化遗产工作发展方向新展望

习近平总书记为我国文化遗产工作进行了精辟总结、提出了全新要求，更为未来的文化遗产工作指明了方向。

（1）更好地发挥文化遗产历史价值，优化制度架构。文物是不可再生的文化资源，总书记强调要留住文化根脉，守住民族之魂。2016年4月，习近平在对文物工作做出的指示中，要求各级党委和政府要增强对历史文物的敬畏之心，树立保护文物也是政绩的科学理念，统筹好文物保护与经济社会发展，全面贯彻"保护为主，抢救第一，合理利用，加强管理"的工作方针，切

---

① 马建堂：《民心相通的基础是不同文明的交流互鉴》，新华网，2017年5月16日，http://www.xinhuanet.com//fortune/2017-05/16/c_129605636.html。

② 《中华民族最深沉的精神追求——国学界学习习近平总书记"四个讲清楚"座谈纪要》，载于《光明日报》2013年12月23日。

③ 欧阳雪梅：《努力走出一条符合国情的文物保护利用之路——习近平总书记文化遗产观研究》，载于《湖南社会科学》2018年第6期。

实加大文物保护力度,推进文物合理适度利用,使文物保护成果更多惠及人民群众[1]。

由于非遗文化价值的特殊性,在我国,非遗具有国家公共利益属性。不应把它与经营性国有资产、行政事业性国有资产的原则、制度、监管放在同一法律中加以规定,而应该单独制定公法保护机制[2]。即保护民族文化的多样性;非物质文化遗产的概念和种类;非遗权主体及权利、义务、内容和限制;非遗的传承权及传承人的权利和义务;收集、整理者的权利;改编者的权利、义务;法律责任等。

(2) 更重视城市历史文化遗产保护,延续历史文脉。2018年,我国城镇化率为59.58%。长期以来,我国部分城市在开发建设中,大量真遗存、古建筑受到一定程度的破坏,造成文脉的断裂,带来了不可估量的损失。越来越多的城市逐渐失去个性,出现"千城一面"的现象。习近平总书记在北京考察时指出,"历史文化是城市的灵魂,要像爱惜自己的生命一样保护好城市历史文化遗产"。文化遗产中蕴含着城市的精神基因,隐藏着"从哪里来,向何处去"的发展密码。文化遗产是不可再生、无法复制的宝贵财富,必须把保护放在第一位,敬畏历史、敬畏文化,坚决防止急功近利的破坏性开发,切实做到在保护中发展、在发展中保护。文化遗产连接历史与未来,有着生生不息的生命力[3]。

在城市发展过程中,文化遗产保护工作应当更加谨慎,重视博物馆文物收藏与展览,推动文化旅游与文化遗产的有机结合,使城市文化与历史文化的相映生辉,让城市更有魅力、更具特色,也让传统文化在传承与创新中焕发新的光芒。

---

[1] 中共中央文献研究室:《习近平关于社会主义文化建设摘编》,中央文献出版社2017年版,第190~191页。

[2] 戴有山、周耀林:《完善非物质文化遗产公法保护机制》,载于《中国社会科学报》2017年9月13日。

[3] 辛识平:《习近平守护"文化之魂"》,新华网,2018年6月22日,http://www.xinhuanet.com//politics/2018-06/22/c_129899138.htm。

（3）更强调文化遗产在交流中发展，发挥遗产活力。习近平主席在亚洲文明对话大会开幕式上的主旨演讲强调："文明因多样而交流，因交流而互鉴，因互鉴而发展。我们要加强世界上不同国家、不同民族、不同文化的交流互鉴，夯实共建亚洲命运共同体、人类命运共同体的人文基础"。近年来，联合国教科文组织将世界文化遗产视为推动经济发展、增强社会凝聚力、实现和平共处的关键要素，发展世界文化遗产事业的目标已不再是单纯的文化遗产保护，而是要推动文化对话，保护文化多样性，助力可持续发展①。

未来，我国文化遗产保护工作应从三个方面继续推进。第一是要继续推进世界文化遗产申报工作。2019年7月，良渚古城遗址申遗的成功是贯彻落实习近平总书记关于考古和申遗工作重要批示的重要成果，是文化遗产保护与经济社会发展相协调的突出范例。雒树刚在纪念习近平总书记"7·13"关于文物保护工作重要批示三周年座谈会上指出，文物系统要全面深刻认识习近平总书记关于文物工作重要指示批示精神，以良渚申遗成功为契机，统筹开展世界文化遗产申报与保护，积极促进世界文明交流互鉴，开展亚洲文化遗产保护行动，讲好中国文物故事，传承传播好中华文明②。第二是要将世界文化遗产保护纳入法制轨道。世界文化遗产工作已经成为我国文化遗产事业的重要组成部分。进一步加强对世界文化遗产的保护和管理，需要从法律层面加以支撑。第三是要加强世界文化遗产领域的学术研究和人才培养。以"不忘初心、牢记使命"的主题教育为出发点，继续推进我国考古工程和文化复兴，加快构建起中国特色考古学学科体系、学术体系、话语体系。

---

① 刘曙光：《保护世界文化遗产，推动文明交流互鉴》，载于《人民日报》2019年5月17日。

② 应妮：《国家文物局将科学安排文化遗产与自然遗产的申报次序和比例》，新华网，2019年7月13日，http：//www.chinanews.com/cul/2019/07-13/8893719.shtml。

附 表

附表1 中国文物管理机构变迁

阶段	起止时间	机构名称	历任局长	下设机构	备注
基本完成社会主义改造时期和开始全面建设社会主义时期（1949年10月至1966年5月）	1949年11月至1951年9月	文化部文物局	郑振铎（1949年12月至1951年9月）	办公室、图书馆处、博物馆处、文物处、资料室	在中国科学院设立考古研究所
	1951年10月至1955年3月	文化部社会文化事业管理局	郑振铎（1951年10月至1955年3月）	办公室文化馆处、博物馆处、图书馆处、文物处、资料室	由文化部文物局与科学普及局合并；1952年底，博物馆处和文物处合并为一个处；1953年处恢复和博物馆处的建制；1953年社会文化事业管理局与办公厅合署办公

297

续表

阶段	起止时间	机构名称	历任局长	下设机构	备注
基本完成社会主义改造时期和开始全面建设社会主义时期（1949年10月至1966年5月）	1955年3月至1965年8月	文化部文物管理局	郑振铎（1955年3月至1958年10月）；王冶秋（1958年10月至1965年8月）	办公室、文物管理处、博物馆管理处、资料室	划出图书馆，文化馆事业部分，由文化部社会文化事业管理局管理；1958年下放文物系统中的部分直属单位，归北京市领导
	1965年8月至1966年5月	文化部图博文事业管理局	王冶秋（1965年8月至1966年5月）	办公室、文物处、博物馆处和图书馆处、计划财务处	—
"文化大革命"时期（1966年5月至1976年10月）	1970年5月至1973年2月	图博口领导小组	郎捷（1970年5月至1973年2月）	政工组、办事组、业务组	由国务院办公室直接领导
	1973年2月至1976年10月	国家文物事业管理局	王冶秋（1973年10月至1976年10月）	办公室、图书馆处、文物处、外事处、计划财务处、党委办公室	1975年9月国家文物事业管理局被认定为国务院直属局；1976年初成立流散文物处，由文物处负责管理
社会主义建设新时期（1976年10月至今）	1976年10月至1982年5月	国家文物事业管理局	王冶秋（1976年10月至1979年12月）；任质斌（1979年12月至1982年5月）	办公室、图书馆处、文物处、外事处、计划财务处、行政处	1978年6月撤销党委办公室，成立政治部，增设行政处；1978年9月成立研究室；1980年5月将图书馆事业从国家文物事业管理局划出

续表

阶段	起止时间	机构名称	历任局长	下设机构	备注
社会主义建设新时期（1976年10月至今）	1982年5月至1987年6月	文化部文物事业管理局	孙轶青（1982年3月至1984年5月）；吕济民（1984年3月至1987年6月）	办公室、党委办公室、研究室、文物处、博物馆处、流散文物处、教育处、保卫处、计划财务处、外事处、人事处、行政处、审计室	1982年10月文物档案资料室与研究室合并为研究资料室，1985年12月改为研究处；1985年3月，人事处改为干部处；1986年11月成立审计室
	1987年6月至1996年12月	国家文物事业管理局——国家文物局阶段	吕济民（1987年6月至1988年4月）；张德勤（1988年4月至1996年9月）；张文彬（1996年9月至1996年12月）	办公室、研究室、计划财务处、人事处、文物处、博物馆处、流散文物处、教育处、外事处、行政处、保卫处、法制处（1987年6月至1994年1月）；办公室、文物保护司、博物馆司、综合司（1994年1月至1996年12月）	1988年5月3日，国务院办公会议决定颁发"国家文物"印章，国家文物事业管理局改称国家文物局，并沿用至今；1994年1月28日，国务院决定国家文物局为文化部直接管理的国家局

299

续表

阶段	起止时间	机构名称	历任局长	下设机构	备注
社会主义建设新时期（1976年10月至今）	1996年12月至今	国家文物局	张文彬（1996年12月至2002年8月）；单霁翔（2002年8月至2012年2月）；励小捷（2012年2月至2015年10月）；刘玉珠（2015年10月至今）	①外事联络司：秘书处、综合处、预算处、财务处（审计处）、外事处、国际组织与港澳合作处（护照签证处）；②政策法规司：法规处、政策研究处、新闻与宣传处；③督察司：督察处、安全监管处、执法指导处；④文物保护与考古司（世界文化遗产司）：资源管理处、文物保护处、考古处、世界遗产处；⑤博物馆与社会文物司（科技司）：博物馆处、社会文物处、科技与信息处；⑥机关党委（纪委）办公室、人事处、专家与培训处、离退休干部处	2001年在文物保护司下增设世界遗产处，将社会文物处划归博物馆司；2005年设立政策法规司，将安全保卫处划归该司；2009年设立督察司，文物保护与考古司、博物馆司更名为文物司（科技司）

300

附表 2　中国非物质文化遗产管理机构组成

机构性质	机构名称		建立时间	下设机构	主要职责
行政机构	非物质文化遗产司		2008 年 7 月 10 日	综合处、规划处、管理处、发展处、传播处	拟订非遗保护政策和规划并组织实施；组织开展非遗保护工作；指导非遗调查、记录、确认和建立名录；组织非遗研究、宣传和传播工作
专业机构	中国艺术研究院	中国非物质文化遗产保护中心	2006 年 9 月 14 日	办公室、管理保护部、理论室、数字化保护中心	开展艺术创作、艺术理论研究；开展民族民间艺术研究；承担全国非遗保护的具体工作，组织相关学术交流和展览活动；承担有关人才培训工作；承担文化部交办的其他事项
		亚太地区非物质文化遗产国际培训中心	2012 年 2 月 22 日	管理委员会、执行委员会、咨询委员会、秘书处	组织长期和短期培训课程，开展非遗课堂和田野培训；动员国际、中国非遗专家以及具有非遗专长的科技类非政府人员，担任讲师和顾问；与相关非遗机构，特别是联合国教科文组织支持的二类机构开展国际性、地区性合作

续表

机构性质	机构名称	建立时间	下设机构	主要职责
专业机构	中国艺术研究院非物质文化遗产数据库管理中心	2005年6月22日	—	筹建中国艺术研究院非遗数据库；承办《中国非物质文化遗产网》；筹建中国非遗数据库及电子管理系统
社会团体	中国非物质文化遗产保护协会	2013年11月6日	外联部、财务部、会议会展部、培训部、党群工作部、备案中心	参与非遗的调查研究、信息收集、举办展览、专业培训、咨询服务和国际合作

附表3 中国重要文物政策文件一览

发布日期	发布部门	政策文件名称	效力级别	时效性
1950年5月24日	政务院	禁止珍贵文物图书出口暂行办法	行政法规	无效
1950年5月24日	政务院	古迹、珍贵文物、图书及稀有生物保护办法	行政法规	无效
1950年7月6日	政务院	关于保护古文物建筑的指示	规范性文件	无效
1953年10月12日	政务院	关于在基本建设工程中保护历史及革命文物的指示	规范性文件	有效
1956年4月2日	国务院	关于在农业生产建设中保护文物的通知	规范性文件	无效

续表

发布日期	发布部门	政策文件名称	效力级别	时效性
1956年9月3日	文化部、全国供销合作总社	关于加强保护文物工作的通知	规范性文件	无效
1961年3月4日	国务院	关于进一步加强文物保护和管理工作的指示	规范性文件	无效
1961年3月4日	文化部文物管理局	文物保护管理暂行条例	行政法规	无效
1962年8月22日	文化部文物管理局	关于博物馆和文物工作的几点意见（草稿）	规范性文件	无效
1963年4月17日	文化部文物管理局	文物保护单位保护管理暂行办法	部门规章	有效
1963年8月27日	文化部	革命纪念建筑、历史纪念建筑、古建筑、石窟寺修缮暂行管理办法	部门规章	无效
1964年9月17日	国务院	古遗址、古墓葬调查、发掘暂行管理办法	部门规章	有效
1967年5月14日	中共中央	关于无产阶级"文化大革命"中保护文物图书的几点意见	规范性文件	无效
1973年10月31日	中共中央	关于严禁将馆藏文物图书出售作外销商品的管理通知	规范性文件	无效
1973年8月1日	国家文物事业管理局	关于进一步加强考古发掘工作的管理通知	规范性文件	有效
1973年11月16日	对外贸易部、商业部、国家文物事业管理局	关于加强从杂铜中拣选文物的通知	规范性文件	有效
1974年8月8日	国务院	关于加强文物保护工作的通知	规范性文件	有效
1977年2月15日	国务院	关于在农业学大寨运动中加强文物保护管理的报告的通知	规范性文件	无效

续表

发布日期	发布部门	政策文件名称	效力级别	时效性
1978年1月20日	国家文物事业管理局	博物馆藏品保管试行办法	部门规章	无效
1978年1月20日	国家文物事业管理局	博物馆一级藏品鉴选标准	规范性文件	有效
1979年6月29日	国家文物事业管理局	省、市、自治区博物馆工作条例	部门规章	无效
1979年8月3日	国家文物事业管理局	关于博物馆涉外工作的通知	规范性文件	有效
1980年6月4日	中共中央、国务院	关于收回"文化大革命"期间散失的珍贵文物和图书的规定	党内法规	有效
1981年1月15日	国务院	关于加强文物工作的请示报告的通知	规范性文件	无效
1982年11月29日	全国人大	中华人民共和国文物保护法	法律	已被修改
1983年2月20日	城乡建设环境保护部	关于加强历史文化名城规划工作的几点意见	规范性文件	有效
1983年5月28日	文化部、城乡建设环境保护部	关于在建设中认真保护文物古迹和风景名胜的通知	规范性文件	有效
1986年6月19日	文化部	博物馆藏品管理办法	部门规章	有效
1986年7月12日	文化部	纪念建筑、古建筑、石窟寺等修缮工程管理办法	部门规章	有效
1987年11月24日	国务院	关于进一步加强文物工作的通知	规范性文件	有效
1989年2月27日	文化部	文物出境鉴定管理办法	部门规章	无效
1989年10月20日	国务院	中华人民共和国水下文物保护管理条例	行政法规	已被修改

续表

发布日期	发布部门	政策文件名称	效力级别	时效性
1991年2月22日	国家文物局	中华人民共和国考古涉外工作管理办法	行政法规	已被修改
1992年5月3日	国家文物局、国家工商行政管理总局、公安部、海关总署	关于加强文物市场管理的通知	规范性文件	有效
1993年11月15日	财政部、国家文物局	国家重点文物保护专项补助经费使用管理办法	部门规章	无效
1996年12月24日	国家文物局	关于加强文物拍卖标的鉴定管理的通知	规范性文件	有效
1997年3月30日	国务院	关于加强和改善文物工作的通知	规范性文件	有效
1997年7月1日	国家文物局	文物出国（境）展览管理规定（试行）	部门规章	有效
1998年1月20日	中共中央办公厅、国务院办公厅	中央宣传部、国家教委、民政部、文化部、国家文物局、共青团中央关于加强革命文物工作的意见	党内法规	有效
1998年7月15日	国家文物局	考古发掘管理办法	部门规章	有效
2000年10月10日	国家文物局	中国文物古迹保护准则	规范性文件	已被修改
2002年4月25日	文化部、国家文物局、教育部、国家计委、财政部、国土资源部、建设部、环保总局、国家林业局	关于加强和改善世界遗产保护管理工作的意见	规范性文件	有效

续表

发布日期	发布部门	政策文件名称	效力级别	时效性
2003年5月18日	国务院	中华人民共和国文物保护法实施条例	行政法规	已被修改
2005年12月22日	国务院	关于加强文化遗产保护的通知	规范性文件	有效
2006年5月12日	国家文物局	关于加强工业遗产保护的通知	规范性文件	有效
2006年11月14日	文化部	世界文化遗产保护管理办法	部门规章	有效
2006年10月26日	商务部、国家文物局	关于加强老字号文化遗产保护工作的通知	规范性文件	有效
2007年1月19日	国务院办公厅	关于进一步加强古籍保护工作的意见	规范性文件	有效
2007年7月13日	文化部	文物进出境审核管理办法	部门规章	有效
2007年6月5日	国家文物局	文物出境审核标准	部门规章	有效
2008年1月23日	中共中央宣传部、财政部、文化部、国家文物局	关于全国博物馆、纪念馆免费开放的通知	党内法规	有效
2008年4月22日	国务院	历史文化名城名镇名村保护条例	行政法规	已被修改
2009年8月10日	文化部	文物认定管理暂行办法	部门规章	有效
2009年12月17日	国家文物局	国家考古遗址公园管理办法（试行）	规范性文件	有效
2010年12月1日	国家文物局	关于加强田野文物安全工作的紧急通知	规范性文件	有效
2012年12月19日	国务院	关于进一步做好旅游等开发建设活动中文物保护工作的意见	规范性文件	有效

续表

发布日期	发布部门	政策文件名称	效力级别	时效性
2014年7月29日	国家文物局	可移动文物修复管理办法	规范性文件	有效
2015年8月17日	国家文物局	文物违法行为举报管理办法（试行）	规范性文件	有效
2016年3月4日	国务院	国务院关于进一步加强文物工作的指导意见	规范性文件	有效
2016年10月11日	国家文物局	关于促进文物合理利用的若干意见	规范性文件	有效
2016年10月20日	国家文物局	文物拍卖管理办法	部门规章	有效
2016年11月9日	国家文物局	关于加强馆藏文物展陈安全工作的通知	规范性文件	有效
2016年12月12日	科学技术部、文化部、国家文物局	国家"十三五"文化遗产保护与公共文化服务科技创新规划	规范性文件	有效
2017年2月21日	国家文物局	国家文物事业发展"十三五"规划	规范性文件	有效
2017年5月31日	国家文物局	关于加强"十三五"文物科技工作的意见	规范性文件	有效
2017年10月10日	国家文物局	国家考古遗址公园创建及运行管理指南（试行）	规范性文件	有效
2018年7月6日	中共中央办公厅、国务院办公厅	关于加强文物保护利用改革的若干意见	规范性文件	有效
2018年7月29日	中共中央办公厅、国务院办公厅	关于实施革命文物保护利用工程（2018~2022年）的意见	规范性文件	有效

附表 4 中国重要非遗政策文件一览

发布日期	发布部门	政策文件名称	效力级别	时效性
2005年3月26日	国务院	国务院办公厅关于加强我国非物质文化遗产保护工作的意见	规范性文件	有效
2005年6月17日	中宣部、中央文明办、教育部、民政部、文化部	关于运用传统节日弘扬民族文化的优秀传统的意见	规范性文件	有效
2005年12月22日	国务院	国务院关于加强文化遗产保护的通知	规范性文件	有效
2006年5月20日	国务院	关于公布第一批国家级非物质文化遗产名录的通知	规范性文件	有效
2006年7月13日	财政部、文化部	国家非物质文化遗产保护专项资金管理办法	部门规章	失效
2006年11月2日	文化部	国家级非物质文化遗产保护与管理暂行办法	部门规章	有效
2007年2月12日	商务部、文化部	关于加强老字号非物质文化遗产保护工作的通知	规范性文件	有效
2008年5月14日	文化部	国家级非物质文化遗产项目代表性传承人认定与管理暂行办法	部门规章	有效
2009年12月16日	文化部办公厅	关于加强国家级非物质文化遗产保护中央补助地方专项资金使用与管理的通知	规范性文件	有效
2010年2月10日	文化部	关于加强国家级文化生态保护区建设的指导意见	规范性文件	有效
2011年2月25日	全国人大	中华人民共和国非物质文化遗产法	法律	有效

续表

发布日期	发布部门	政策文件名称	效力级别	时效性
2011年8月24日	文化部	关于加强国家级非物质文化遗产代表性项目保护管理工作的通知	规范性文件	有效
2012年2月2日	文化部	关于加强非物质文化遗产生产性保护的指导意见	规范性文件	有效
2012年5月4日	财政部、文化部	国家非物质文化遗产保护专项资金管理办法	部门规章	有效
2015年7月11日	国务院办公厅	关于支持戏曲传承发展若干政策的通知	规范性文件	有效
2017年1月25日	中共中央办公厅、国务院办公厅	关于实施中华优秀传统文化传承发展工程的意见	规范性文件	有效
2017年3月24日	国务院	关于转发文化部等部门中国传统工艺振兴计划的通知	规范性文件	有效
2018年1月4日	文化部	"中国民间文化艺术之乡"命名和管理办法	部门规章	有效
2018年7月18日	文化和旅游部	关于大力振兴贫困地区传统工艺助力精准扶贫的通知	规范性文件	有效
2018年12月10日	文化和旅游部	国家级文化生态保护区管理办法	部门规章	有效

后记

本书是集体智慧的结晶,由肖波牵头统稿,主要执笔人为陈秋宁、胡小米、黄晶莹,经过几轮修改磨合,并得到《中国道路·文化建设卷》主编傅才武教授和编辑的悉心指点,得到经济科学出版社的大力支持与积极鼓励。

在此谨向关心、支持、鼓励、指导和参与本书写作的各位师友表示衷心感谢!

由于时间仓促、水平有限,本书尚有诸多不足之处,恳请读者批评指正。